이주한의

한국사혁명

이주한의 한국사 혁명

이주한

도서출판 말

"이 책을 한국사 혁명의 주체인

여러분께 바칩니다."

역사학은 인과관계를 추적하는 학문이거늘,
인과관계와 무관하게 역사를 기술한다면 역사학이 무슨 필요가 있겠는가?
기존 책들이 그러했던 것은 지은이의 부주의였다.
역사학이 본래 그런 것은 아니다.
기존의 역사책에서 맥락을 밝히지 않았더라도 우리는 그것을 찾아야 한다.
단재 신채호, 『조선상고사』 중에서

일러두기

1. 단군왕검이 건국한 조선을 (고)조선으로 표기했다.
2. 이 책에서 인용한 『삼국사기』와 『삼국유사』는 고 이재호 부산대학교 명예교수가 솔출판사에서 낸 책(1997년)에서 따왔다.
3. 각 장 뒤의 '나의 눈으로 역사 바로보기' 질문은 편집자가 작성했다.
4. 이 책에서 강단사학계는 국사편찬위원회, 한국학중앙연구원, 동북아역사재단 등 정부 산하기관과 대학에서 역사학을 주도하는 일군, 한국사의 정설을 통제하는 주류역사학계를 말한다.

"역사의 광복을 아직 찾지 못하였구나"

평창 겨울올림픽이 개막하던 날 미국 유력 방송인 NBC의 앵커가 준비가 잘된 평창올림픽을 칭찬하다 말고 느닷없이 '한국인들은 한때 일본의 지배를 받은 것을 고마워한다.'는 취지의 망언을 늘어놓았다. 이런 황당한 말을 들은 국민들은 일제히 항의 소동을 벌였다. 미국의 인기 있는 앵커라면 최고 지식인에 속한다. 이 같은 지식인들이 한국 역사에 대한 상식이 얼마나 왜곡되었는지 그 심각함을 알 수 있다. "우리는 역사의 광복을 아직 찾지 못하였구나." 하는 탄식이 절로 나오지 않을 수 없었다.

그래서 책꽂이에서 다시 한 번 이주한이 쓴 『한국사가 죽어야 나라가 산다』는 책을 찾아 읽어보았다. 왜 저자가 역사책을 쓰면서 "한국사가 죽어야 한다."는 극단적인 말을 하게 되었는지 이해하게 되었다. 이주한은 우리가 미처 그 심각도를 느끼지 못할 때 이미 시대의 양심에서 우러나온 고발을 한 것이다. 그런 이주한이 이번에 또 다시 『한국사 혁명』이란 책을 낸다고 하니 또 한 번 그의 소리를 듣게 되었다.

이주한의 책을 읽으면 오래전에 내가 뵈었던 독립운동 선열들의 절규나 개탄 같은 소리가 내 귀에 들린다. 그분들은 일제에 강점되었던 시기나 그 전후 사회가 혼란했던 시기에 이미 역사가 정돈되지 않았다고 걱정했었다. 그분들은 일제에 의해 왜곡된 역사부터 되찾아야 나라가 독립도 되고 건설도 된다는 신념에 차 있었다. 하지만 혼란스러운 해방정국과 냉전상황 그리고 동족상잔의 비극 속에서 그분들이 역사 바로잡는 작업을 미처 손도 못 댄 채 역사의 무대에서 퇴장했다. 그리고 그 빈 공간에 일제에 의해 왜곡된 역사가 버젓이 판을 치게 되었다. 이를 두고 많은 이들이 대일항쟁기 총독부에서 만든 역사에서 헤어나지 못한 식민사관의 잔재가 다시 살아났다고 개탄했다. 그러면 식민사관은 어떤 탈을 쓰고 우리 앞에 나타났을까?

첫째, 국제주의라는 탈을 쓰고 있다. 일제에 빌붙어 호의호식하며 충실하게 따랐던 자들의 일차적인 주장은 민족주의에 대한 거부다. 그들은 자신들의 친일행각을 국제주의라는 간판으로 합리화했다. 그들은 우리 민족의 열등성을 강조해가며, 민족을 개조해야 할 터인데 왜 민족주의를 고수하느냐고 비판했다. 그러다가 논리가 궁해지면 왜 역사학이 민족지상을 앞세운 파시즘으로 가려고 하느냐고 매도했다. 그래서 단재처럼 역사를 "아我와 비아非我의 대결"로 보는 것은 잘못이고 국제적인 친선으로 나가야 한다고 했다. 말이 국제친선이지 사실은 일본이 만든

총독부사관을 그대로 두어야 한다는 전제를 두고 하는 말이었다.

둘째, 역사는 실증되어야 한다는 탈을 쓰고 있다. 역사를 실증하려면 우선 1차 자료를 보아야 한다. 고고학에서 나온 결과는 이런 1차 자료에서 나온 사실을 증명하는 보완책으로 써야 할 것이다. 그런데 모일慕日주의 또는 모화慕華주의에 빠진 사학자들은 우선 이웃나라들이 내린 결론부터 기본으로 삼고 증명하려 할 뿐, 한 발짝도 스스로 1차 자료에서 얻어진 사실史實을 인정하려 하지 않는다. 한문으로 기록된 원자료 읽기를 왜 피할까?

셋째, 역사연구는 역사를 가르치는 강단사학자의 한정된 몫이라는 거대한 탈을 쓰고 있다. 우리나라처럼 역사연구가들이 도제식으로 형성된 나라도 아마 드물 것이다. 그러므로 역사학자들은 대개 과거 대일항쟁기나 전후시기의 모모 제국대학이나 일류대학에서 공부했던 학자들이 '갑'이 되어 도제식으로 학벌을 형성하였다. 마치 사교집단과 같은 도제식 카르텔에서 다른 견해를 절대 용서하지 않는다. 그 집단에서 벗어나 홀로 역사를 연구하는 상당한 사람들도 사이비로 매도당하고 있다. 어느 젊은 사학도로부터 직접 들은 말이다. "제가 봐도 이런 역사는 무리인 줄 알지만 내놓고 주장하지 못합니다. 일시에 학위, 대학의 자리, 연구비를 받을 수 없게 됩니다." 도제식으로 꽉 짜인 이런 집단이 힘을 발휘하기에 이웃나라의 침략적인 문화자금(?)이 그들을 향해 몰려들어온다는 말도 들려온다.

이런 병들이 우리나라의 지식인들을 좀먹고 있는 상황에서 미국의 유력한 방송 NBC의 앵커가 망언하는 것은 당연한 결과가 아닌가? 몇 년 전 하버드대학에서 연구한다는 이유만으로 미국인 학자 개인에게 수억 원을 주어서 왜곡된 한국사를 출판시키고자 했다가 시민들의 문제제기로 중단된 사실이 있다. 이를 두고 역사전문가가 아닌 시민들이 역사연구에 개입했다고 비난하는 사람도 있었다. 얼핏 그 말이 옳은 것 같지만 바로 그런 괴이한 출판물이 오늘의 한국역사를 왜곡하여 세계 지식인들에게 잘못 인식시킨 주범임을 알아야 한다. 도제식 집단이 왜곡된 역사를 독점하도록 방치하는 것은 시민의 양심에서 벗어난다.

　그러므로 이주한의 『한국사 혁명』은 대단히 적절한 시기에 나온 한국사의 경고서가 될 것이다. 왜곡된 역사를 바로잡기 위해서는 혁명적인 변화가 있어야 하는 것은 물론이다. 그 혁명을 통하여 독립운동 선열들, 이를테면 백암 박은식, 석주 이상룡, 단재 신채호, 성재 이시영, 위당 정인보 같은 분들의 역사학을 오늘의 역사로 새로 정립하는 대대적인 작업이 이루어져야 한다.

2018년 3월
우당기념관에서 이종찬

우리의 삶과 세상을 바꾸는 힘, 역사혁명에 있다

이 글을 읽는 당신은 아직 무엇이 당신을 기다
리고 있는지 모른다. 진실은 충격적으로 드러난
다. 언젠가부터 눈에 거슬리기 시작하던 사소한
의문들이 모여서 불현듯 의미를 띠는 것이다. 의
문을 제기할 수 있을 만큼 여러분의 수는 충분
한가? 더 이상은 잊어버리지 않을 만큼.
　　　　　　 – 막심 샤탕의 『악의 유희』 중에서

　2018년 3월 1일, 서대문형무소역사관에서 문재인 대통령은 3·1절 기
념사를 통해 3·1운동의 정신과 독립운동가들의 삶을 대한민국 역사의
주류로 세울 것이다, 우리에겐 3·1운동이라는 거대한 뿌리가 있다, 잘
못된 역사를 우리의 힘으로 바로 세워야 한다면서 이렇게 선언했다.

　독도는 일본의 한반도 침탈 과정에서 가장 먼저 강점당한 우리 땅입니
다. 우리 고유의 영토입니다. 지금 일본이 그 사실을 부정하는 것은

제국주의 침략에 대한 반성을 거부하는 것이나 다를 바 없습니다. 위안부 문제 해결에 있어서도 가해자인 일본정부가 "끝났다."라고 말해서는 안 됩니다. 전쟁 시기에 있었던 반인륜적 인권범죄행위는 끝났다는 말로 덮어지지 않습니다. 불행한 역사일수록 그 역사를 기억하고 그 역사로부터 배우는 것만이 진정한 해결입니다.

- 2018년 3월 1일, 문재인 대통령의 3·1절 기념사 중에서

문재인 대통령은 기념사에서 "1,700만 개의 촛불이 가장 평화롭고 아름다운 방식으로 국민주권의 역사를 되살려냈다, 저와 우리 정부는 촛불이 다시 밝혀준 국민주권의 나라를 확고하게 지켜나가겠다, 우리는 더 이상 우리를 낮출 필요가 없다, 우리 힘으로 광복을 만들어낸, 자긍심 넘치는 역사가 있다."고 천명했다.

한국사는 태풍의 핵

일본정부는 즉각 기자회견을 열고 "결코 받아들일 수 없고 극히 유감"이라며 강하게 반발했다. 일본정부는 2015년 12·28 한일 위안부 합의로 위안부 문제에 대해 최종적이고 불가역적인 해결을 했고, 한국이 독도 영유권에 관해 받아들일 수 없는 언동을 반복하고 있다고 항의했다. 2018년 2월에 일본정부는 '독도는 일본의 고유영토'라는 내용을 고등학교 교과서에 강제적으로 넣는 고등학교 학습지도요령 개정안 초안을 발표했다. 초·중학교 학습지도요령은 2017년 개정을 통해 '독도는

일본 땅'이라고 이미 명시해놓았다. 일본정부는 위안부 문제 또한 "1mm 도 움직이지 않는다."고 밝힌 바 있다.

2018년 1월 4일 청와대에 초청된 일본군'위안부' 피해자 이용수 할머니는 "2015년 12월 28일 합의 이후 매일 체한 것처럼 답답하고, 한스러웠다. 그런데 대통령께서 이 합의가 잘못되었다는 것을 조목조목 밝혀주어 가슴이 후련하고 고마워서 그날 펑펑 울었다."라며 "대통령께서 여러가지로 애쓰시는데 부담 드리는 것 같지만 이 문제는 해결해 주셔야 한다. 소녀상을 철거하라고 하는데, 소녀상이 무서우면 사죄를 하면 된다. 국민이 피해자 가족이다. 위안부 문제가 해결되면 세계평화가 이루어진다."고 말했다.

2018년 2월 평창동계올림픽에서 북한 응원단은 독도가 표기된 단일기(한반도기)를 들고 응원했다. 일본정부는 강하게 문제제기 했다. 이에 북한은 "이번 올림픽경기대회에서 북과 남이 이용할 통일기에 독도를 표기하지 못할 근거는 전혀 없다, 독도는 법적 근거로 보나 역사적 근거로 보나 우리 민족 고유의 영토로서 그 영유권은 우리 민족이 가지고 있다, 이번 겨울철 올림픽경기대회 기간에 통일기에 독도를 표기하는 것은 누구도 이해하지 못할 문제도 아니고 또 따지고들 문제는 더더욱 아니다."라고 발표했다.

2018년 2월 9일, 한일정상회담에서 일본의 아베 총리는 "(평창올림픽 이후) 한·미 군사훈련을 연기할 단계가 아니다. 예정대로 진행하는 것이 중요하다."고 요구했다. 문재인 대통령은 이에 대해 "이 문제는 우리 주권의 문제이고 내정에 관한 문제"라고 불쾌감을 표현했다. 2월 9일

평창동계올림픽 개회식 전 세계 주요 정상급 접견장 행사에 마이크 펜스 미국 부통령과 아베 총리는 10여 분 늦게 와 별도의 공간에 있었다. 뒤늦게 한·미·일 대표가 자리를 함께했으나 펜스 부통령은 북한 김영남 최고인민회의 상임위원장을 외면한 채 5분 뒤 자리를 떠났다. 대북 제재·압박을 높이려는 미국과 일본정부가 남북 평화모드를 경계하는 것이다.

김영남 위원장은 평창 개막식에서 남북선수단 공동입장을 보며 눈물을 흘렸고, 북한 삼지연관현악단이 서울 국립극장에서 공연을 펼칠 때도 눈물을 보였다. 북한 김여정 노동당 중앙위 제1부부장은 청와대 방명록에 "평양과 서울이 우리 겨레의 마음속에서 더 가까워지고 통일 번영의 미래가 앞당겨지기를 기대합니다."라고 썼다. 그는 문 대통령과 김정숙 여사에게 "꼭 평양을 찾아오세요." 하는 말도 남겼다.

문재인 대통령의 대북특사단은 3월 6일, 2018년 4월말 판문점 평화의집에서 제3차 남북정상회담을 열기로 합의했다고 발표했다. 북한 김정은 노동당 위원장은 미국과 비핵화를 주제로 한 대화의사를 대북특사단에 밝혔다. 2018년 5월 북미대화도 예정되어 있다.

2017년 4월 중국 시진핑 주석이 "한국은 중국의 일부였다."라고 했다는 말이 미국 트럼프 대통령을 통해 전해진 바 있다. 중국은 현재 중국 영토에서 있었던 모든 역사를 중화민족의 역사로 보고, 북한지역을 자신의 강역으로 여기고 있다.

격동하는 세계 그 중심에 한국이 있다. 우리는 분단된 조국에서 살고 있고, 미국과 중국, 일본, 러시아의 쇼비니즘은 점점 고조되고 있다. 강대국들은 모두 자국의 전략 이익에 맞춰 움직인다. 자국의 전략 이익을 버리고 한국을 대하는 강대국은 없다. 그 한가운데에 한국이 있다. 세계에 몰아칠 역사대전에서 한국사는 태풍의 핵이 될 것이다.

중국과 일본이 주체, 한국은 객체인 한국사

2018년 2월 23일, 「조선일보」는 "동북아역사지도 다시 추진한다"는 제하의 기사를 냈다.

> 8년 동안 45억 원을 들여 제작했으나 출간되지 못한 채 파기됐던 동북아역사재단의 '동북아역사지도' 사업이 다시 추진된다. 김도형 동북아역사재단 이사장은 22일 열린 기자 간담회에서 "기존 자료를 바탕으로 지도를 다시 만들어 임기(2020년) 안에 모두 간행할 예정"이라고 밝혔다.

촛불정부에서 재개되는 동북아역사지도는 과연 어떤 것일까? 중국의 동북공정과 일본의 역사왜곡에 대응하기 위해 설립된 동북아역사재단은 2008년 이후 8년간 60여 명의 역사학자들을 동원하고 47억 원을 투입해 동북아역사지도집을 만들어왔다.

2015년 동북아역사재단이 30억 원의 예산을 더 확보하고 3년을 연장하려는 과정에서 이 사업을 검토한 국회 동북아역사왜곡대책특별위원회는 큰 충격에 빠졌다. 이 지도들은 일관해서 독도를 우리강역에서 삭제했다. 지도 편찬 책임자인 임기환(서울교육대학교 역사교육과 교수)은 당시 국회 특위가 독도를 넣지 않은 이유를 묻자 단순한 "실수"라고 답했다. 그러나 8년간 60여 명의 학자가 참여해 매년 두 차례씩 자체평가를 받은 이 지도집은 독도를 일관해서 넣지 않았다. 국회 특위의 문제제기 이후 5개월간의 수정기간을 주었는데도 지도집 편찬자들은 끝까지 독도를 배제했다. 이후 지도집 심사단을 재구성해 실시한 동북아역사재단의 자체 평가에서 형편없는 낙제점을 받아 지도집 발간은 중단되었다.

또 이 지도집은 한반도 북부를 중국사의 강역으로 설정했고, 조조가 세운 위나라가 경기도 일대까지 차지했다고 그렸으며, 조선총독부의 정설에 따라 4세기까지 백제, 신라, 가야 등이 없는 것으로 그렸다. 1차 문헌사료와 고고학자료 등에 의거하지 않고, 중국의 동북공정과 일본 극우파의 역사관을 한국의 국책기관이 그대로 추종한 지도집이었다. 국회 특위에서 활동했던 도종환 의원이 2017년 문화체육부장관 후보로 지명되자, 역사학계는 「조선일보」, 「한겨레」, 「경향신문」, 「한국일보」 등을 통해 연일 그를 사이비역사학에 물든 위험한 인물로 매도하고 나섰다.

문 대통령의 가야사 발언에 반발하는 역사학계

2017년 6월 1일 문재인 대통령이 청와대 수석보좌관회의 모두 발언에서 "우리 고대사는 삼국 이전의 역사가 제대로 연구되지 않은 측면이 있다."며 "특히 가야사는 제대로 연구되지 않았다."고 언급했다. 한국고대사학회 회장 하일식(연세대학교 사학과 교수)은 곧바로 한국고대사학회 홈페이지에 "대통령이 역사의 특정 시기나 분야 연구나 복원을 지시하는 것 자체가 적절치 않다."라는 글을 게시했다. 하일식은 6월 6일 「조선일보」와 가진 인터뷰에서 "정부가 역사에 개입하는 행위를 한다면 국정교과서 추진이나 다를 바 없다고 생각한다."고 주장했다. 그는 이 인터뷰에서 "많은 회원은 가야사 문제엔 '우려스럽다'는 생각을 갖고 있고, (문체부 장관 후보자인) 도종환 의원에 대해서는 격앙스러운 반응을 보이고 있다."며 비난했다.

독도 문제와 북한강역을 비롯한 한국사 전체의 맥락을 좌우하는 핵심이 조선총독부의 임나일본부설 위에 구축돼 있기 때문에 이처럼 역사학계의 대대적인 반발이 일어난 것이다. 19세기 일본에서 정한론이 거세게 일면서 근대역사학이라는 이름을 달고 만들어진 한국 침략이론이 임나일본부설이다. 임나일본부설은 720년에 편찬된 일본의 고대사서 『일본서기』에 나오는 허구적인 기록을 근거 삼아 일제의 역사학자들이 황국사관에 입각해 만든 이론이다. 서기 4~6세기에 일본의 야마토왜가 한반도 남부를 지배했다는 주장이다.

임나일본부설을 집대성한 제국주의 역사학자 스에마쓰는 "일본의 한반도 영유(임나)는 그 자체만으로도 일본의 자랑이며, 구한말의 일본에 의한 한국 병합은 고대의 복현(復現, 다시 실현함)이다. 이는 앞으로 영원히 일본이 한국에 대한 예속을 주장할 수 있는 정신을 인도해준다."고 말했다. 임나가 한국의 가야라는 것이 이 이론의 핵심이다. 그러나 그 구체적인 근거는 전혀 없다. 임나와 한국의 가야는 별개였다. 그러나 일제가 만든 임나일본부설을 정설로 만든 한국 역사학계는 임나가 한반도에 있었다는 주장을 고수하기 위해 사활을 건다. 문재인 대통령의 가야사 발언에 대해 "역사는 역사학자에게 맡기라.", "임나일본부설은 극복되었다."는 역사학계의 주장은 이러한 배경에서 나왔다. 가야사는 한국사의 뇌관이다.

모두가 역사의 주체고 역사혁명의 주역

단재 신채호 선생(1880~1936)은 『조선상고사』에서 "조선은 특수한 문화를 가지고 특수하게 발달해왔음에도 불구하고, 문화 발달의 공을 언제나 기자나 진의 유민遺民에게 돌리기 위하여 수많은 위증을 하고 있다."라고 비판했다. 그는 『독사신론』에서 역사를 편찬하는 이들에게 "일본사람들이 비록 망령되나 어찌 역사의 기록을 날조하겠는가, 이러한 사실들이 반드시 있는 것이므로, 우리 역사에 수입하지 않을 수 없다."고 하며 일본인들의 말을 망령되이 믿으며 우리 자신을 기만하는 것이라고 질타했다. 광복 후에도 "일본의 역사학자들이 역사를 날조하고, 한국의 역사학자들이 아무런 비판 없이 그것을 따르겠어?" 하는 사고방식이 왜곡된 역사를 떠받들어왔다.

그래서 지금 우리도 한국 역사학계와 진보언론 등이 일제의 주장을 고스란히 되풀이할 리가 없다는 판단을 내리기 전에 나와 우리의 눈으로 구체적인 사실관계를 확인해야 한다. 신채호 선생이 순국하기까지 평생 추구한 것은 나와 우리가 주체로 바로 서자는 사상이었다. 그는 나라의 독립과 민주주의를 위해 무장투쟁을 하면서도 우리 역사의 진실에 목숨을 걸었다. 신채호 선생은 『독사신론』 서문에서 다음과 같이 말했다.

사소한 견문과 사소한 연구로 역사 저술가로 자처할 수 없을뿐더러, 또한 시비와 득실도 스스로 판단하기 어려워서, 역사를 읽는 여가에 그때그때 느낀 대로 기록해둔 것들을 들어서 국내의 동지들에게 보여주고자 하는 것이다. 이것은 정연하게 조직한 하나의 학설도 아니고, 찬란하게 재단하여 만든 역사도 아니고, 다만 내가 느낀 바대로 복잡하게 써낸 것에 불과하다. (…) 아, 독자 제군은 혹 의리義理에 어긋나는 바가 있거든 내치거나 바로잡아 주고, 논단에 틀린 것이 있거든 비평해 주고, 또 혹 연구하는 데 근거로 삼기에 합당한 진귀한 책이 있으면 참고할 수 있도록 해준다면, 이 글을 완성시키는 일만 쉬워질 뿐아니라 여러 사람의 지식과 여러 사람의 힘을 합하여 조국 역사의 매몰된 광명을 다시 빛나게 할 수 있을 것이니, 이는 저자가 간절히 바라는 바이다.

– 단재 신채호 원저, 박기봉 옮김, 『조선상고문화사』, 비봉출판사, 2016, 217쪽

누구보다 엄밀하게 '나'의 역사학을 쓰면서도 우리가 함께 만들어가는 역사를 그는 추구했다. 모든 이들이 '역사하기'의 주체가 되어 함께할 때 역사의 객관성과 진리성은 높아간다. 이것이 역사의 진정한 의미와 가치고 인류의 역사는 그렇게 흘러왔다. 우주학은 하늘을 보는 자, 철학은 철학하는 자, 예술은 예술하는 자, 종교는 신앙하는 자, 정치는 정치하는 자, 과학은 과학하는 자의 것이듯, 역사는 역사를 생각하는 자의 것이다. 모두가 역사가요, 역사를 만드는 주체들이다.

"역사는 역사학자들에게 맡기라."는 역사학계의 말과 달리 역사의 진실을 추구하는 이들은 거의가 겸손하다. 삶의 현장, 가장 낮은 곳에서

묵묵히 땀 흘리는 자들을 보라. 그들은 인간과 역사를 꿰뚫어 보면서 겸손함을 체득했다.

내가 만난 최고의 석학들도 예외가 없었다. 한국정신대문제대책협의회 공동대표를 역임하신 이효재 교수님(1924~ , 이화여자대학교 명예교수), 최재석 교수님(1926~2016, 전 고려대학교 명예교수)은 내가 찾아 뵐 때마다 눈을 빛내시며 "어떻게 생각하세요?"라며 꼭 내 생각을 물었다. 1980년 대 이후 (고)조선 연구의 한 획을 그은 윤내현 교수님(1939~ , 단국대학교 명예교수)은 늘 진실한 말씀과 깊은 배려를 하시며 상대의 말을 귀담아 들으셨다. 내가 만난 석학들은 정직한 탐구와 개방적인 연구과정을 추구했고 사실과 진실을 생명처럼 여겼다. 그리고 그들은 활발한 토론과 비판, 소통을 요구했다. 이처럼 세계와 역사를 파악할 최고의 기회는 낮은 자세로 모두와 소통하는 과정에서 나온다고 나는 생각한다.

역사혁명은 나와 우리의 존엄성과 가치를 살리는 과정을 동반할 때 빛을 발한다. 낮은 곳을 향해 흐르는 물이 바다를 이루고 짙은 어둠이 새벽을 여는 법이다. 경쟁을 강요하며 사색을 가로막는 교육시스템, 그릇된 역사관과 가치관을 반복하는 지배층의 지식인들이 우리에게 고된 삶을 몰아왔다. 모든 사람은 자신의 조상과 자신이 삶을 영위하는 공동체가 있다. 그 공동체는 유구한 역사를 통해 슬픔과 기쁨, 절망과 희망, 고통과 분노를 함께 나눠온 나와 우리이다. 슬픔과 고통은 인간이 피할 수 없는 삶의 깊이고 공동체의 핵심이다.

타자의 관점에 선 역사관과 세계관은 삶을 파괴한다. 일제의 황국사관과 중국의 패권주의, 즉 인류의 평화를 저해하는 제국주의 이념을 역사학계가 고수하면서 이를 숨겨왔다. 역사학계는 누구의 입장과 관점에서 역사를 보는가, 과연 그들이 내세우는 것이 사실인가, 누구를 위한 어떤 사실인가, 그것은 타당하며 객관적인 해석인가를 우리는 끊임없이 물어야 한다.

만해 한용운 선생(1879~1944)은 어떤 나라도 남의 나라가 망하게 하는 것이 아니라 스스로 망한다고 했다. 그는 개인의 자존심과 국가의 자존심이 중요하다고 했다. 조선 독립운동이 일본의 압박만을 피함이 아니고, 행복의 증진도 받지 않겠다고 했다. 그는 "조선청년은 자애하라."고 호소했다. 우리는 우리의 역사와 문화를 어떻게 인식하고, 그것을 누려왔는가.

나의 은사이신 역사학자 박정신(전 숭실대학교 교수) 교수님은 오클라호마 주립대학교 교수 시절에 학생회가 주최한 '문화의 밤' 행사에서 큰 충격을 받았다. 인도, 파키스탄, 방글라데시, 인도네시아 등에서 온 학생들이 제각기 그들의 고유의상을 입고, 그들의 가락에 맞춰 춤을 췄다. 그들의 웃음 띤 얼굴엔 자기 문화에 대한 사랑과 자부심이 넘쳐흘렀다. 그들이 만들어내는 소리와 움직임은 수준급이었다. 그들은 노래와 춤의 도사들이 아니라 전기공학, 기계공학, 경영학을 공부하던 학부생들, 대학원생들, 그들의 가족들-아내와 아이들-이었다. 박정신은 "우리 가운데 누가 강강수월래를 우리의 고유 가락에 맞추어 선녀처럼 무대를 날 수가 있는가? 우리 가운데 누가 징과 꽹과리를 치며 농악의 한마당을 연출해 낼 수 있는가? 나와 너를 넘어서서 우리를 엮어내는 우리를 뭉쳐놓은 우리의 문화가 없어서 그곳에 '우리'가 없었는가? 왜 우리는 '우리'가 없었는가?" 하는 충격에서 헤어나지 못했다고 고백한다(박정신, 『상식의 역사학, 역사학의 상식』, 55~61쪽 요약).

그는 우리의 국제화가 이른바 '선진'이라는 그 한 곳을 향한 '일방의 국제화'이지, 교류나 교환의 두 주체 사이의 의미 있는 국제화, 이를테면 '쌍방의 국제화'가 아니라고 말한다. 바람직한 국제화는 주체의식을 가지고 추진되는 '쌍방의 국제화'라고 그는 말한다. 그는 자신을 외국 것을 더욱 배우되 우리 것에 대한 지식, 사랑, 자부가 전제되는 개방화, 국제화를 주장하는 민족주의적 국제주의자, 국제주의적 민족주의자로 자처한다.

주체의 눈으로 역사를 보자

독립혁명가 우당 이회영 선생(1867~1932)은 독립투쟁 과정에서 모든 불평등한 계급적 착취와 억압, 봉건적 인습의 굴레를 타파했다. 그는 집안의 종들을 자유민으로 풀어주고, 남의 종들에게는 경어를 썼다. 첫 번째 부인과 사별한 그는 1908년 이은숙 여사와 상동교회에서 결혼했다. 청상과부가 된 자기 누이동생을 재가시켰다. 그는 인간과 만물이 평등하다는 사상을 자기 삶에서 철저하게 실천했다. 사회를 바꾸는 혁명은 자신을 혁명하는 과정과 동반해야 힘이 있다. 나와 사회를 동시에 바꾸는 것이 진정한 역사혁명이다.

나는 역사를 어떻게 보고 있을까? 누구의 시각으로 역사를 보고 있을까? 나의 역사관은 어떻게 만들어졌을까? 삶이 던지는 물음에 답하며 걸어온 자취가 인류의 역사다. 인간사회의 변화과정을 추적하는 역사는 지금 우리에게 많은 질문을 던지고 있다. 시대는 역사혁명을 요구하고 있다. 이 책을 통해 역사를 어떻게 볼 것인가, 어떤 역사를 그려 나가야 할 것인가를 여러분과 함께 생각해 보고자 한다. 단편적인 사료들 속에서 침묵하는 이야기를 상상과 추론으로 끊임없이 물음을 던지며 새로운 사실을 발견하고 주체적으로 해석하는 것이 역사다. 산 정상에 올라 커다란 산세의 흐름을 조망하며 나와 우리가 가야 할 길을 살핀다고 생각하며 이 책을 보았으면 한다.

　계간지 『이제 여기 그 너머』와 학술대회 등에서 발표한 글 중 일부도 새롭게 써서 여기에 담았다. 새로운 눈을 얻으면 새로운 세상이 펼쳐진다. 이 책이 여러분께 역사를 보는 또 하나의 눈이 되기를 나는 소망한다. 이 책은 주체의 눈으로 역사를 보자는 이주한의 한국사 혁명이다. 여러분 모두의 한국사 혁명을 고대한다. 생명과 사랑의 원천인 부모님과 가족, 늘 부족함을 일깨워주는 아내와 아들, 나의 축복 같은 운명인 지인들, 그리고 역사혁명의 주체인 여러분께 고개 숙여 깊은 고마움을 전한다. 흔쾌히 추천의 말씀을 주신 이종찬 임시정부기념관 건립추진위원장님께 존경과 감사를 바친다.

여러분의 한국사 혁명을 꿈꾸며
2018년 3월에 이주한 쓰다

차 례

1부

청산하지 못한 역사

만일 사실의 진위를 불문하고
하나는 취하고 하나는 버리다가는
역사상의 위증죄를 범할 것이다.
단재 신채호, 『조선상고사』 중에서

1장
누구의 눈으로
역사를 보는가

강단사학계는 임나를 가야로 전제하고, 『삼국사기』, 『삼국유사』의 초기기록을 근거 없이 부정하면서 임나일본부설을 극복했다고 말한다. 또한 조선총독부의 고적 조사로 중국이 설치한 한사군이 현재의 중국대륙이 아니라 한반도 서북부에 있었던 것으로 입증되었다고 주장한다. 한사군에 의해 우리 역사가 비로소 발전하기 시작했고, 단군은 신화일 뿐 역사적 사실과 무관하다고 단정한다. 모두 임나일본부설을 기반으로 구축된 일제의 침략논리들이다.

역사학계의 철벽

2014년 어느 날, 구순에 이르신 최재석 교수(전 고려대학교 사회학과 명예교수)께서 내게 점심을 같이하자고 전화하셨다. 다음날 교수님을 찾아뵈니 무척 어두운 표정이셨다. 무슨 일인지 물은 후 다음과 같은 대화를 나눴다.

"큰일입니다. 내 제자 교수들이 계속 소식을 전해옵니다. 지금 이병도 사단이 그들을 비판한 사람들을 죽이려 한다는 얘기가 계속 나오고 있답니다."

"교수님, 그건 걱정하지 않으셔도 됩니다."

"이기동(전 한국학중앙연구원장) 측근들하고 저쪽 사람들이 원수를 갚겠다고 하는데요?"

"원수를 갚는다고요?"

"네. 반드시 원수를 갚겠다고 한대요. 저 사람들이 얼마나 무서운 사람들인데요. 정말 무서워요."

"교수님, 아무 걱정 마십시오. 지금은 세상이 달라졌습니다."

"어떻게 달라졌어요?"

"이제 많은 사람들이 우리 역사의 진실을 알고 있습니다. 오히려 그쪽이 죽게 생겼습니다."

"저들은 끝까지 포기하지 않습니다."

"교수님, 저희도 끝까지 포기하지 않습니다."

최재석(1926~2016)은 한국사회사와 고대한일관계사 연구에 일생을 바쳤고 제1회 한국사회학회 학술상, 제46회 3·1문화상 등을 수상했다. 1959년부터 2012년까지 53년간 연평균 6편 총 324편의 논문을 발표했으며, 이를 바탕으로 25권의 저서를 출간했다. 논문 수도 압도적이지만 연구의 깊이 측면에서 한국사 연구의 큰 지평을 열었다고 할 수 있겠다.

1980년대 들어 고대사회사 연구의 일환으로 한국고대사를 검토하기 시작한 그는 충격적인 사실을 발견했다. 한국고대사회사를 연구하기 시작한 사람, 그 연구를 지속한 사람 모두 일본인이며 한국 사람은 한 명도 없었다. 고대한일관계사 연구에 본격적으로 뛰어든 그는 일본 사학자들이 『일본서기』의 허구적인 내용을 은폐하려고 『삼국사기』의 기록을 조작으로 치부해간 과정을 체계적으로 비판했다.

그가 1985년 발표한 논문 「삼국사기 초기 기록은 과연 조작된 것인가」는 일본과 한국의 역사학계를 발칵 뒤집은 획기적인 연구였다. 그는 이병도, 이기백, 이기동 등 한국 고대사학자들이 일본 사학자들의 주장을 그대로 받아들여 『삼국사기』 초기 기록이 조작됐다고 주장했음을 밝혀냈다. 이병도(1896~1989)는 조선총독부 산하 조선사편수회 출신으로 서울대학교에 사학과를 창설했으며, 한국역사학계의 태두로 불리는 인물이다. 이기백(1924~2004)은 이병도의 수제자로 1970년대 이후 역사학계의 수장 역할을 했고, 이기동은 이기백의 역할을 이어받았다.

최재석은 쓰다 소키치, 이마니시 류, 이케우치 히로시, 스에마쓰 야스카즈 등 이병도의 스승을 비롯한 일본의 대표적인 제국주의 역사학자 30명의 주장을 체계적으로 검증했다. 그리고 일제가 정한론에 의거해 만든 임나일본부설, 즉 서기 4~6세기에 야마토왜가 한반도 남부를 지배했다는 설을 유지하기 위해, 이와 상반된 상황을 기록한 『삼국사기』

불신론을 내세웠음을 논증했다.

> 일본인들은 그들의 역사 조작에 방해가 되는 『삼국사기』나 『삼국유
> 사』는 조작으로 몰고, 가야와 미마나(임나)가 동일국이라는 증거는 하
> 나도 제시함이 없이 말로만 가야와 미마나는 동일국이라고 주장하고
> 있다. 그러나 가야와 미마나가 전혀 별개의 나라라는 증거는 있을지언
> 정 같은 나라라는 증거는 아무데도 없다. 이러한 일본인들의 주장에
> 어찌하여 한국 사학자들도 무조건 동조하며 가야와 미마나가 동일국
> 이라고 주장하는지 모르겠다.
> – 최재석, 『고대한일관계사 연구』, 경인문화사, 2010, 143쪽

일제는 임나가 가야라는 전제하에 임나일본부설을 구성했고, 한국
역사학계는 이를 그대로 따랐다. 임나일본부 관련 기록이 한국과 중국
의 1차 사료에는 없다. 오히려 『삼국사기』, 『삼국유사』에는 그와 상반되
는 기록들만 있을 뿐이다. 일제는 아무런 근거 없이 이 기록들을 부정하
고, 19세기 이래 가야와 임나를 동일국으로 설정했다. 그리고 한국 역사
학계는 이를 정설로 만들었다. 『일본서기』의 왜곡·허구 기사와 사실
기사를 구분하고 중국과 한국의 관련 사료들을 모두 섭렵한 최재석은
"『일본서기』의 허구·왜곡 정도도 심하지만 일본 고대사학자들의 왜
곡·허구 주장은 『일본서기』의 그것과는 비교되지 않을 만큼 정도가 심
하다."고 비판했다.

그러나 그의 논문과 공개적인 질의에 대해 한국 고대사학계는 30여
년간 침묵으로 일관했다. "비판해 달라. 근거를 제시하라. 한마디라도

논평은 있어야 하는 것 아닌가?" 등의 질문은 2016년 그가 영면에 들기까지 유령 취급을 받았다. 아직도 『삼국사기』 초기 기록 불신론은 한국 역사학계의 정설이다. 이에 따라 그들은 고구려, 백제, 신라 등의 초기 역사는 물론 (고)조선 등 한국사의 뿌리를 역사로 인정하지 않고 있다. (고)조선에서 나온 삼국의 초기 수백 년 역사도 인정하지 않는데, (고)조선 2천여 년 역사를 사실로 보지 않는 것은 어쩌면 당연한 결과인지도 모른다. 국내에서 최초로 (고)조선으로 박사학위를 받은 후 대표적인 (고)조선 논자로 활약하는 송호정(한국교원대학교 교수)의 주장을 보자.

> 고조선사가 하나의 일괄된 입장으로 정리되지 못하는 것은 한국고대사의 발전단계에 대한 기본적인 시각 차이에서 기인할 것이다. 대개 삼국 초기부터 고대국가 성립을 주장하는 논자들은 고조선도 일찍부터 발전된 국가였다고 보고 있다. 반면 삼국 초기는 아직 부가 중심이 되어 중앙집권적 고대국가를 수립하지 못했다고 보는 논자들은 고조선을 삼국 초기 단계와 비슷한 초기국가 단계로 이해한다. 이러한 인식 차이가 고조선사의 해석에도 그대로 적용된 것이다. 따라서 고조선사에 대한 해명은 이러한 한국고대사에 대한 기본 인식을 포함하여 그 발전 논리가 명확히 정리되면 좀더 체계를 잡을 수 있을 것으로 기대된다.
>
> – 송호정, 『단군, 만들어진 신화』, 산처럼, 2002, 155쪽

역사학계가 (고)조선을 보는 시각이 삼국의 초기역사를 어떻게 보는가에 달려있음을 알 수 있다. (고)조선 연구가 1차 문헌사료와 고고학자

료에 따른 귀납적인 연구과정이 아니라 삼국의 역사를 보는 인식에 따라 연역적으로 이루어지고 있는 것이다. 이렇듯 『삼국사기』 초기 기록 불신론을 만든 임나일본부설은 한국사의 전체 흐름과 체계를 결정짓는 최대 쟁점이다. 한국사의 정설을 통제하는 주류역사학계(국사편찬위원회, 한국학중앙연구원, 동북아역사재단 등 정부 산하기관과 대학에서 역사학을 주도하는 일군, 이하 편의상 강단사학계로 표기)는 이런 사실을 교묘하게 감추고 있다. 강단사학계는 임나를 가야로 전제하고, 『삼국사기』, 『삼국유사』의 기록을 근거 없이 부정하면서 임나일본부설을 극복했다고 말한다. 또한 조선총독부의 고적 조사로 중국이 설치한 한사군이 현재의 중국대륙이 아니라 한반도 서북부에 있었던 것으로 입증되었다고 주장한다. 한사군에 의해 우리 역사가 비로소 발전하기 시작했고, 단군은 신화일 뿐 역사적 사실과 무관하다고 단정한다. 모두 임나일본부설을 기반으로 구축된 일제의 침략논리들이다.

보통 (고)조선이 건국된 기원전 24세기경을 기준으로 우리 역사를 반만년 역사라고 말한다. 삼국과 가야의 역사를 제하고도 2018년 현재까지 (고)조선 역사가 반 이상을 차지한다. 일제가 왜곡하기 전에 우리 선조들은 (고)조선 역사를 허구적인 신화로 인식하지 않았다. 이성계가 역성혁명 후 국호를 조선이라 한 것도 이런 역사에서 비롯되었다.

점심을 마치고 헤어지면서 최재석 교수는 젊은이들이 있는 곳이면 어디든 당신을 불러달라고 당부하셨다. 강단사학계를 '이병도 사단'으로 지칭하며 '철벽'으로 표현한 그는 젊은이들이 우리 역사의 희망이라고 하셨다. 그는 차에 올라탄 내가 자리를 잡고 앉을 때까지 기다리다 손을 흔드셨다. 다른 때와 달리 그의 표정은 밝지 않으셨다. 나는 그 이유를 시간이 한참 지난 후 알게 되었다. 그의 우려대로 이병도 사단의 철벽은 강고했다.

역사학계의 무서운 아이들

2016년 「조선일보」는 "국사학계의 '무서운 아이들'"이라는 제목으로 다음과 같은 논평을 실었다.

> 최근 한국 역사학계에 잔잔한 파문이 일었다. 학술 계간지 『역사비평』의 봄·여름호를 통해 한국사 연구자 6명이 재야사학계의 고대사 해석을 정면 비판하고 나선 것이다. (…) 이번 『역사비평』의 특집은 재야사학계의 비판에 대한 주류 역사학계의 응답으로 볼 수 있다.
> ─「조선일보」, 2016년 7월 26일. 김성현 기자

『역사비평』 2016년 봄호는 '한국고대사와 사이비역사학 비판'이라는 제목으로 세 편의 논문을 실었다. 이 글들은 안정준(경희대학교 연구교수), 기경량(가천대학교 강사), 위가야(성균관대학교 박사과정 수료), 강진원(서울대학교 강사) 등이 썼다. 그들은 2015년에 '젊은역사학자모임'을 결성한 후 강단사학계의 통설을 비판하는 학자들을 사이비 역사학자로 규정했다. 당시 「조선일보」, 「한겨레」, 「경향신문」, 「한국일보」 등은 이들의 주장을 공정한 취재와 사실관계 확인 없이 기사의 논조로 삼아 바로 대서특필했다. 강단사학계와 대부분의 언론이 보수와 진보를 떠나 일사분란하

게 한목소리를 냈다. 상식적으로 있을 수 없는 일이었다. 평소에는 사안마다 논조를 달리하던 언론이 천편일률적인 기사를 연일 보도했다. 조선총독부가 독립투쟁 의지를 말살할 때 "사이비 애국심을 조장"한다며 휘두른 '사이비' 공세가 역사 전면에 다시 등장했다. 『역사비평』을 직접 보자.

> 이 글에서 다루고자 하는 또 다른 '역사 파시즘'은 우리나라 상고사를 주된 연구대상으로 하며, 과거 국가의 국력과 영토에 이상 집착하는 일련의 비합리적인 행위들을 말한다. 다양한 해석 가능성이 존재하는 역사연구에서 '사이비'라는 딱지를 붙이는 것은 난폭하게 느껴지는 측면이 있는 것이 사실이다. 그럼에도 불구하고 이러한 용어를 사용하는 이유는 이들이 이미 학문의 범주를 벗어났다고 판단하기 때문이다.
> － 『역사비평』, 역사비평사, 2016, 220쪽

이 글은 기경량(가천대학교 강사)이 썼다. 과연 '학문의 범주'가 무엇이기에 다양한 해석 가능성을 부정할까? '과거 국가의 국력과 영토에 이상 집착하는 일련의 비합리적인 행위들'은 무엇이며 사이비 역사학자들은 누구일까?

> '재야在野'란 초야에 묻혀 있다는 뜻으로, 역사학 관련 학위를 가지고 있지 않은 사이비 역사학자들을 지칭하는 용어로 흔히 사용되었다. 그러나 사이비역사학을 하는 이들이 반드시 '재야'에만 국한되어 있는 것은 아니다. 한국고대사 전공자인 윤내현과 근대사 및 사회학 전공자인

신용하, 그리고 최근 활발하게 활동하고 있는 복기대(고고학)·이덕일(한국근대사)의 경우처럼 역사 관련 분야의 학위를 취득한 인물들도 존재한다. 따라서 '재야'라는 용어로는 사이비 역사학의 범주를 온전히 정의할 수 없다.

– 위의 책, 235쪽

역사학 관련 학위를 가지고 있지 않은 이들은 사이비 역사학자이고, '재야'로 흔히 지칭한다고 한다. 그런데 역사학 관련 학위를 취득한 이들이 재야에도 존재하니 그보다는 '사이비 역사학자'라는 지칭이 옳다고 한다. 이런 터무니없는 주장이 논문 형식으로 역사 비평지에 실리는 경우를 다른 나라에서 찾을 수 있을까? 게다가 저명한 석학이 학문적으로 탁월한 연구성과를 발표하거나 주요한 문제인식을 환기하는 글도 아닌 몇몇 소장학자의 주장을 대다수 언론이 대대적으로 다룬 사실을 어떻게 봐야 할까?

역사학 관련 학위 취득 여부가 사이비 여부를 결정하고, 역사학 학위를 취득해도 강단사학계가 설정한 '학문의 범주'를 벗어나면 '사이비'라는 주장은 파시즘과 다름없다. 역사학 관련 학위가 없는 동서고금의 역사가들, 기존 학문의 범주를 벗어난 역사학자들은 모두 '사이비'라는 것이다. 위에 실명으로 거론된 학자들이 "과거 국가의 국력과 영토에 이상 집착하는 일련의 비합리적인 행위들"을 했다는 근거는 전혀 제시되지 않았다. 다만 그들을 단죄하는 폭력적 언어만 난무했을 뿐이다.

학문의 가장 근본적인 속성은 기존의 관념과 통설에 질문을 던지는 비판정신에 있다. 다양한 관점과 해석, 독창적인 이론이 활발하게 제기

될 때 학문은 발전한다. 우리는 젊음을 내세운 역사학도들이 독선적이고 패쇄적인 학문권력에 도전하기는커녕 척박한 풍토에서 어렵게 학문에 정진해온 중진학자들에게 '사이비' 딱지 붙이기에 나선 이유와 맥락을 놓쳐서는 안 된다. 강단사학계의 주류권력에 중독된 젊은이들이 '사이비'로 매도한 이들은 일제강점기(이하 대일항쟁기로 표기)에 조선총독부가 확립한 식민사학을 1차 문헌사료와 고고학자료를 통해 꾸준히 비판해온 역사학자들이다.

일제는 이 땅을 영구적으로 식민지배하기 위해 역사왜곡과 말살에 가공할 노력을 기울였다. 광복 후 반민특위 활동이 무산되고 분단되면서 우리 사회는 그들이 만든 역사를 전면적으로 검토·해체하는 과정을 밟지 못했다. 한국 현대사의 깊은 질곡이다. 젊은역사학자모임은 일제 식민사학에 대한 학문적 비판을 '사이비역사학'이라며 공세를 취했다. 그들은 일제의 반도사관에 대한 비판에 대해 다음과 같이 주장했다.

> 바로 한국사가 반도의 역사가 아니며 대륙에서 전개된 역사라고 주장하는 것이다. 이들은 한국사의 '열등성'을 부정하고자 고대의 '우리 역사'가 전개된 공간을 '반도'가 아닌 '대륙'에서 찾고자 부단히 노력하였다. 그러나 이것은 '반도의 역사는 열등하다'는 일제 식민주의 사관의 그릇된 명제를 그대로 수용하고 있다는 점에서 근본적인 한계를 가지고 있다.
> – 위의 책, 228쪽

한국사의 강역이 반도에 국한되지 않는다는 것은 역사적 사실이다.

(고)조선과 부여·고구려·발해 등의 역사가 그렇다. 그런데 그들은 사실을 사실로 인식하면 열등성을 부정하기 위한 노력이고, 나아가 일제 식민주의 사관을 그대로 수용한 것이라고 말한다. 사실 여부를 비판하는 과정은 생략되고, 사실을 덮기 위한 프레임을 앞세운 허수아비 공격이다. 사실에서 벗어난 해석과 주장은 역사학이 아니다. 다음과 같은 주장 역시 그들의 그릇된 시각을 잘 보여준다.

> 급기야 최근에는 앞에서 확인한 것처럼 정치권 일부의 동조를 얻어 동북아역사재단과 같은 국책기관을 공격하기에 이르렀다는 데 문제의 심각성이 있다.
> – 위의 책, 242쪽

대한민국의 주권은 국민에게 있고, 모든 권력은 국민으로부터 나온다. 모든 국민은 국책사업을 감시·비판할 권리와 의무가 있다. 국책기관의 사업에 대한 비판을 '공격', '심각성'으로 받아들이는 것은 반민주적·반민중적인 태도다. 그들이 말하는 정치권 일부란 국회를 말한다. 국회는 정부의 사업을 감시할 의무와 권한이 있다.

가야사는 한국사의 뇌관

젊은역사학자모임은 민주주의의 근간을 부정하는 반헌법적인 주장을 아무런 문제인식 없이 언론 인터뷰에서도 계속했다. 언론은 사실관계를 확인하거나 공정한 취재를 하지 않았고, 그들에게 매도당한 이들의 반론권이나 토론 역시 배제했다. 이런 상황은 2017년도에 더욱 전면적으로 발생했다.

문재인 대통령은 2017년 6월 1일 수석보좌관회의에서 '가야사 연구 및 복원 필요성'을 거론했다. 가야사의 지역적 범위가 넓어 영호남 통합에 이바지할 수 있는 사업이라는 취지라고 그는 설명했다. 다음은 "대통령 '가야사' 언급…, '역사 도구화' vs '반발은 전문가 오만'"이라는 제하의 언론기사다.

> 문 대통령은 "국정기획자문위원회가 지방정책 공약을 정리하고 있을 건데, 그 속에 가야사 연구와 복원 부분을 꼭 포함해 줬으면 좋겠다."며 "우리 고대사가 삼국사 중심으로 연구되다 보니 그 이전 역사가 연구 안 된 측면이 있고 가야사는 신라사에 덮여서 제대로 연구되지 않았다."고 했다.
>
> 이어 "일반적으로 가야사가 경남 중심이고 경북까지 조금 미친 역사라 생각하는데 사실 더 넓다. 섬진강 주변 광양만·순천만, 심지어 남원 일대, 금강 상류 유역까지도 유적들이 남아 있다."며 "가야사 연구 복원은 영호남 공동사업으로 할 수 있어 영호남 벽을 허물 수 있는 좋은 사업"이라고 설명했다. 그러면서 "국정기획위가 놓치면 다시 과제로 삼기 어려울 수 있으니 이번 기회에 충분히 반영되게끔 해달라."고 당부했다.
>
> -「뉴스1」, 2017년 6월 11일, 박정환 기자

이 기사는 가야 역사를 연구·복원하자는 문재인 대통령의 발언 이후 학계 논쟁이 격렬하게 벌어지고 있다고 말한다. 또한 "대통령이 특정한 역사연구를 지시하는 것은 바람직하지 않으며 정치권이 역사를 도구화해선 안 된다."는 주장이 나온다고 했다. 한편, "어떤 연구를 수행할지를 오직 고대사 연구자 자신들만 결정할 수 있다고 생각하는 것은 전문가의 오만"이라며 "국가 자원을 효율적으로 배분하고 운용해야 할 위치에 있는 대통령이 해당 분야의 전문가들이 갖지 못하는 종합적·거시적 안목에서 연구과제를 제시하는 게 비판의 대상은 아니다."라는 목소리도 소개했다.

"가야사에 얽힌 노무현 전 대통령과 문재인 대통령의 개인적 인연"이라는 제하의 「중앙일보」 기사를 살펴보자.

의전비서관 등으로 노 전 대통령과 청와대에서 5년을 함께한 오상호 노무현재단 사무처장은 "노 전 대통령은 청와대에서도 편할 때 역사 얘기를 많이 했고, 봉하마을에서 농사 짓고 책을 쓰면서 주변 가야 유적지를 찾아가 휴식을 취하곤 했다."고 전했다. 그는 또 "우리 역사에서 가야사가 차지하는 비중이 큰데도 역사에 제대로 편입되지 않았고, 일본이 가야사를 왜곡해 임나일본부설任那日本府說을 주장하는 걸 안타까워했다."고 전했다. 임나일본부설은 일본의 야마토왜大和倭가 4세기 후반에 한반도 남부지역에 건너와 백제·신라·가야를 지배하고, 특히 가야에는 일본부日本府라는 기관을 설치해 6세기 중엽까지 직접 지배했다는 일본 역사학자들의 주장이다. 하지만 이는 사실이 아닌 것으로 한국 역사학자에 의해 입증됐다.

노 전 대통령의 가야 역사에 대한 이런 깊은 관심을 문재인 대통령이 그대로 이어받았을까. 문 대통령은 지난 1일 수석보좌관회의에서 "가야사 연구와 복원은 영·호남 벽을 허물 수 있는 좋은 사업이다. 국정기획자문위원회가 국정과제로 꼭 포함해주면 좋겠다."고 강조했다. "약간 뜬금없는 이야기일 수도 있다."는 문 대통령의 언급처럼 이 얘기는 많은 반향과 함께 가야사를 잘 모르는 이들의 궁금증을 불러일으켰다.

- 「중앙일보」, 2017년 6월 6일, 황선윤 기자

기사에 따르면 문 대통령은 "노 전 대통령의 역사인식 등을 잘 아는 상태에서 가야사를 국정과제화 했을 것"이라고 한다. 문 대통령은 고등학생 시절부터 역사에 관심이 많았다. 그의 자서전 『문재인의 운명』의 '대학, 그리고 저항'을 보면 맨 앞에 "나는 원래 대학에서 역사를 전공하고 싶었다. 학교 다니는 내내 역사과목이 가장 재미있었고, 성적도 제일 좋았다. 지금도 나는 역사책 읽는 걸 좋아한다. 처음 변호사할 때 '나중에 돈 버는 일에서 해방되면 아마추어 역사학자가 되리라'는 생각을 한 적도 있다. 그래서 대학입시 때에도 역사학과를 가고자 했다."라는 구절이 나온다. 그가 사학과가 아닌 법대에 간 이유는 담임 선생님과 부모님이 반대했기 때문이다. 성적이 법·상대에 갈 수 있는 등수라는 게 그 이유였다고 한다. 문 대통령은 우리 역사에 대한 깊은 이해를 통해 가야사를 비롯해 고대사의 많은 부분이 일제에 의해 훼손·왜곡되었다는 사실을 잘 알고 있을 것이다.

도둑이 제 발 저린다고 강단사학계는 벌집을 쑤신 듯이 들고 일어났다. 당시 강단사학계는 언론카르텔을 통해 대대적으로 반발했다. 한국 고대사학회장인 하일식은 「조선일보」와의 인터뷰에서 "대통령이 역사의 특정 시기나 분야 연구와 복원을 지시하는 것 자체가 적절치 않다."고 주장했다. 그는 이 인터뷰에서 "많은 회원은 가야사 문제엔 '우려스럽다'는 생각을 갖고 있고, (문체부장관 후보자인) 도종환 의원에 대해서는 격앙스러운 반응을 보이고 있다."고 말했다.

> 문체부장관 후보자인 도종환 의원의 역사관에 대해서도 문제로 삼았다. 하 교수는 홈페이지에 올린 글에서 도 의원이 '상고사 정립'을 내세운 재야사학자들을 옹호한 것에 대해 우려스럽다고 썼다.
> 문제는 이런 생각을 가진 사람이 문체부장관이 되면, 엉뚱한 쪽으로 예산을 돌릴 수 있는 여지가 교육부장관보다 훨씬 많다는 데 있다. 문체부에서 예산을 대는 문화 강좌와 지역 축제가 생각보다 많다. 도 후보자는 유명 재야 역사학자를 스승처럼 여기고 있다는 말도 들었다. 유사역사학에 경도된 사람들의 문제는, 한번 그렇게 사고하면 사이비 종교에 빠진 듯 대화나 토론이 안 된다는 것이다. 우리는 도종환 후보자에 대해선 일단 지켜보는 중이다.
> – 「조선일보」, 2017년 6월 6일, 유석재 기자

가야사를 제대로 복원하면 임나일본부설은 설 땅이 없다. 2017년 강단사학계는 문 대통령의 가야사 언급과 도종환 의원의 문체부장관 후보지명을 전면 비난하고 나섰다. 도종환 의원이 2015년 국회 동북아역사왜곡특별위원회에서 강단사학계가 편찬한 동북아역사지도집의 문제

점을 지적했기 때문이다. 그는 국회 동북아특위 활동을 통해 조선총독부의 이론을 정설화한 강단사학계의 폐단을 잘 알고 있었다. 강단사학계와 진보·보수를 막론한 언론카르텔이 도종환 문체부장관 후보자를 사이비역사학 추종자로 무차별 공격한 이유가 여기에 있었다. "도종환, '역사관 비판' 반박 '싸울 땐 싸우겠다'" 제하의 기사를 보자.

인사청문회를 앞둔 도종환 문화체육관광부장관 후보자(더불어민주당 의원)가 최근 학계 관계자들이 제기한 '재야 역사관 추종' 의혹·비판을 정면으로 반박했다. 그는 또 문재인 대통령의 가야사 복원 지시와 관련해 "일본 지원을 받은 국내 학자들이 임나일본부를 가야로 쓴 논문들이 많아 대응해야 한다."는 주장도 내놓았다.

도 후보자는 최근 「한겨레」와 한 통화에서 "동북공정, 독도 침탈에 대비해 우리 역사관이 확고해야 한다. 학계의 문제 제기는 잘못된 것이며, 만약 청문회 때 이 문제를 질문하면 그대로 (내 의견을) 답변할 것"이라고 밝혔다. 그는 "후보자로 지명되기 며칠 전, 김세연 의원(바른정당)이 주최한 고려 국경선 실체 토론회에서 '국회의 동북아역사왜곡특위 활동을 재개해야 한다'고 축사를 한 것을 문제삼고 있다."며 "지난해 부실 논란을 빚으며 교육부 평가에서 40점대의 낮은 평점을 받은 '동북아 고대역사지도 사업'이 중단되자 징계를 받은 일부 학자들과 제자들이 '맺힌 것'을 풀려는 의도도 있는 것 같다."고 했다.
　-「한겨레」, 2017년 6월 6일, 노형석 기자

도종환 장관은 기자에게 "일본이 임나일본부설에서 임나를 가야라고 주장했는데, 일본의 연구비 지원으로 이 주장을 쓴 국내 역사학자들 논문이 많다. 여기에 대응해야 한다."는 말도 했다. 일본이 임나일본부설에서 임나를 가야라고 주장하는데, 일본의 연구비 지원을 받는 국내 역사학자들이 있다는 그의 말을 주목해야 한다.

강단사학계 일부는 지난날 자신들이 국정 역사교과서를 반대했다며 마치 객관적인 역사학과 민주주의를 옹호해온 것처럼 겉모습을 취했다. 2017년 6월 5일, 가야사 연구의 권위자로 일컬어지는 주보돈(경북대학교 교수)은 언론 인터뷰에서 이렇게 주장했다.

> 기자 문 대통령의 발언이 자칫 정부 주도의 관변 역사연구로 흐를 수도 있을 것 같은데.
> 주보돈 연구자들이 우려하는 것도 바로 그것이다. 정부 주도의 역사연구는 정치논리에 따라 흘러갈 수 있다.
> 기자 앞으로의 과제는.
> 주보돈 학술의 영역은 학술에 맡겨야 한다는 점을 정부가 분명히 명심해야 한다.
> ─『중앙일보』, 2017년 6월 5일, "가야사는 영·호남 소통의 열쇠이지만… 고대사 연구에 정치논리 개입은 안 돼", 김정석 기자

주보돈은 한 방송 인터뷰에서 도종환 문체부장관에 대해 역사를 모르는 사람이 주제넘게 역사에 대해 아는 척하고 있다며 말이 안 된다는 취지로 비난했다(카톨릭평화방송, 2017년 6월 7일). 2017년 6월 6일자 『한겨레』는 도종환 장관 인터뷰 기사를 "역사학자들의 해석 자체를, 권력을

가진 비전문가가 재단한다는 점에서 명백히 선을 넘어선 내용이다. 장관 후보자의 이야기로 적절치 않다고 본다."는 주보돈의 말로 마무리했다.

대부분의 언론은 도종환 문체부장관의 국회 동북아특위 활동 비난에 대한 구체적인 사실관계를 확인하지 않았다. 역사를 대중과 분리하고, 강단사학계의 전유물로 보는 "역사는 역사학자에게 맡기라"는 프레임이 연일 기사로 소개되었다.

「조선일보」는 문재인 대통령의 발언 직후 대표적인 임나일본부설 논자인 김태식(홍익대학교 교수)과 인터뷰했다. 김태식은 "대통령이 특정 역사주제에 대해 지시하는 것은 원론적으로는 바람직하지 않다."고 말했다. 그러나 대통령은 특정 역사주제에 대해 언급할 수 있다. 국정교과서를 만들라는 것도 아니고 특정 역사를 연구하지 말라는 것도 아니지 않은가. 따라서 원론적으로 문제될 것이 없다. 한 나라의 대통령은 조국의 역사에 대해 깊은 애정과 관심을 갖고, 역사를 논해야 한다. 게다가 한국은 중국과 일본의 역사 침탈이라는 심각한 상황에 처해 있다. 정치적인 침략 이전에 반드시 역사 침탈이 있다. 역사는 정치의 근간이다. 특정하지 않은 역사주제는 세계에 없다. 민족분단을 극복하기 위해서도, 일제가 심어놓은 식민사학을 타개하기 위해서도 역사에 대한 연구는 무엇보다 중요한 과제다.

강단사학계가 말하는 특정하지 않은 역사란 무엇일까? 사실상 역사를 논하지 말라는 것이다. 역사학을 자신들의 전유물로 여기는 것이다. 문재인 대통령의 2018년 3·1절 기념사도 특정한 역사로 가득했다. 강단사학계 논리대로라면 "왜 대통령이 특정한 역사를 논하는가? 역사는 역사학자에게 맡기라."고 비난해야 할 일이다. 김태식의 인터뷰를 조금 더 보자.

가야에 대해서는 일본 학자들도 많은 연구를 내놓았지요.
『일본서기』 등을 토대로 한 일본인 학자들의 '임나일본부설'은 1880년
대부터 시작됐어요. 우리가 연구를 못 하는 틈을 타서 가야 지역이 자
기 땅이라고 주장한 거지요. 이제는 일본 학계도 그렇게 주장하지는
않지만 구미歐美의 개설서나 백과사전에는 아직도 그런 내용이 상당
히 반영돼 있습니다.
    일본인 학자들과 경쟁하고 세계 학계에 우리 주장을 알리기 위해서
도 20여 명 정도에 불과한 우리 가야사 연구자의 인력과 역량을 대폭
강화해야 합니다.
    -「조선일보」, 2017년 6월 7일, 이선민 기자

    김태식은 일본 학자들이 우리가 연구 못 하는 틈을 타 가야 지역이
자기 땅이라고 주장했다고 한다. 그렇다면 왜 강단사학계는 연구를 못
했을까? 왜 일본 학자들의 역사 침탈에 아무런 대응도 하지 못한 것일
까? 학문은 학자에게 맡기라고 강변하는 강단사학계가 도대체 무엇을
한 것인가? 이는 연구인력을 대폭 강화하고 돈을 지원해 해결될 문제가
아니다. 학문은 학계에 맡기라면서 돈은 국가에서 대라고 하니 앞뒤가
맞지 않는다. 대부분의 언론이 일방적으로 문재인 대통령의 가야사 언
급과 도종환 장관을 비난했다.
    특히 「조선일보」는 "대통령이 특정 역사연구 지시하는 나라가 어딨
나", "대통령의 가야사 연구 지시, 학문 생태계 어지럽혀" 등의 기사를

연일 냈다. "대통령이 역사연구의 우선순위를 정한다는 것 자체가 연구
자들을 무시한 비전문가적 발상(「조선일보」, 2017년 6월 7일)"이라는 것이
다. 「조선일보」 독자권익보호위원회는 6월 정례회의에서 「조선일보」
보도에 대해 이렇게 호평했다.

> 문재인 대통령이 6월 1일 청와대 수석·보좌관회의에서 '가야사 연구와
> 복원'을 국정과제에 포함시키라고 지시한 것에 대해 한국고대사학회
> 장 하일식 교수 인터뷰(6월 6일)를 통해 비판한 기사는 좋았다. 어떤
> 정권이든 대통령이 학문영역을 연구해달라고 하는 것은 잘못이다. 그
> 부작용과 폐단이 많음을 잘 설명해줬다.
> -「조선일보」, 2017년 6월 16일

「조선일보」는 "도종환 문체부장관 후보, 재야 역사학 경도 우려"라는
제하로 한국고대사학회의 성명서 발표를 보도했다.

> 한국고대사학회(회장 하일식)가 도종환 문화체육관광부장관 후보자에
> 대해 우려를 표명하는 성명서를 13일 오후 홈페이지에 올렸다. 도 후보
> 자는 학계를 중심으로 '재야 역사학에 지나치게 경도돼 있다.'는 비판
> 을 받고 있다.
> 이들은 성명서에서 "과거 그(도종환 후보자)는 의회 권력으로 학문영
> 역을 침해했고, 역사학계를 '식민사학'으로 매도하는 태도를 곧잘 표출
> 해 왔다."고 말했다. 이어 도 후보자가 19대 국회의원 시절 활동한 동북
> 아역사왜곡대책특위에 대해 ▲환상적 민족주의에 젖어 학문을 겁박하

고 연구를 방해했으며 ▲ 유사역사 주창자들의 주장을 반복하며 학계가 오랜 연구를 밝혀낸 사실조차 부정했다고 주장했다.

도 후보자 등이 '낙랑군이 평양이 아닌 요서遼西에 있었다.'는 생각을 밝힌 것에 대해서는 "평양은 조선 후기 이후로 낙랑으로 비정됐고 수천 기의 무덤과 수만 점의 유물로 확인된 통설"이라며 반박했다. 성명서는 또 "문체부 산하에는 문화재청, 전국의 여러 박물관이 있어 업무의 많은 부분이 역사와 밀접히 연관된다."며 "장관은 역사·문화와 관련하여 큰 권한을 지닌 직책이어서 장관이 된 뒤에 그가 벌일 수 있는 행위를 경계하는 것"이라고 했다.

– 「조선일보」, 2017년 6월 14일, 유석재 기자

2018년 2월 1일 국토교통위원회는 전체회의를 열고 문재인 정부의 100대 국정과제에 포함된 가야문화권 조사 관련 법안 제정에 대한 공청회를 열었다. 채미옥 전 국토연구원 문화국토연구센터장은 공청회 자료를 통해, 가야의 역사와 문화유산을 연구·조사하고 복원해 역사적으로 재조명하고 국제적 관광명소로 발전시켜 지역경제를 활성화하는 내용을 담은 가야문화권특별법을 제정할 필요가 있다고 밝혔다. 채 전 센터장은 "가야는 역사기록이 매우 부족해 고고학적 발굴을 통해 실체를 규명해나가야 하는 문화권"이라며 "이는 임나일본부설 등 역사왜곡을 바로잡아 우리의 역사적 정체성을 확립하는 데도 중요하다."고 강조했다(「연합뉴스」, 2018년 2월 1일).

독도가 우리 강역이 아니라는 강단사학계

중국의 동북공정과 일본의 역사왜곡에 대응하기 위해 설립된 동북아역사재단은 2008년 이후 8년간 60여 명의 역사학자들을 동원하고 47억 원을 투입해 동북아역사지도집을 만들어왔다. 이 지도집은 우리 역사를 시대별로 지도 위에 표현하자는 취지로 진행한 사업이다. 2015년 동북아역사재단은 이 사업을 3년 더 연장하고 30억 원의 추가예산을 확보하려 했고, 국회 동북아특위가 이를 검토하는 과정에서 지도집이 공개되었다. 지도집을 본 국회 특위위원들은 여야를 떠나 모두 충격을 받았다. 지도집에 독도가 삭제돼 있었기 때문이다.

지도집 편찬 책임자인 임기환(서울교육대학교 교수)은 당시 국회 특위가 독도를 넣지 않은 이유를 묻자 단순한 "실수"라고 답했다. 그러나 8년간 60여 명의 학자가 참여해 매년 자체평가를 받은 이 지도집은 독도를 일관되게 배제했다. 동아시아 전도 31매에 독도가 표시되지 않았다. 한국사 전도 역시 독도가 빠진 경우가 있었고, 일본이 독도 영유권을 주장하기 시작한 1950년대 일본 행정구역을 나타낸 지도에도 독도는 없었다. 국회 특위의 문제 제기 이후 발주처인 동북아역사재단이 5개월간의 수정기간을 줬는데도 편찬자들은 독도를 넣지 않았다. 이후 동북아역사재단 자체 평가에서 최종 14점이라는 낙제점을 받아 동북아역사지도집 발간이 중지되었다.

동북아역사재단은 2008년부터 매년 두 차례씩 16차례 자체 심사를 했다. 2008년 8월부터 2015년 7월까지 15차례는 평점 84.8~95점으로 모두 합격점인 80점 이상을 받았다. 그러다 2015년 12월 15일 최종 결과

보고 심사에서는 평점 14점에 그쳤다. 2015년 7월 심사 때 받았던 84.8점에 비해 70점이 떨어졌다. 제대로 심사하자 불과 5개월 만에 70점 이상 평가가 하락한 것이다.

지도집 평가에 참여한 동북아역사재단 김종근 연구위원은 동북아역사지도에 대해 "독도가 우리나라 영토라는 내용은 핵심인데 이런 원칙을 위배했다."고 밝혔다. 또한 독도는 우리나라 영토교육에서 중요한 대상이라며 "교육부 검정기준에서는 독도가 빠져 있는 우리나라 지도가 실린 사회과 지리부도 출판사의 경우 국가정체성 위반으로 즉시 심사 탈락"이라고 설명했다. 그는 "독도 표기가 부실한 동북아역사지도를 심사에서 통과시켰다면 재단은 온 국민의 지탄을 받으며 공중분해됐을 가능성이 높다."고 말했다(「연합뉴스」, 2016년 5월 17일). 동북아역사재단은 지도학적 기준이 동북아역사지도를 평가하는 가장 핵심적인 기준인데, 이 지도집이 "지도학적 기준에 미치지 못한다."며 기존 사업을 파기하고 원점에서 재추진하기로 했다.

뉴라이트 출신으로 2015년 9월에 취임한 동북아역사재단 김호섭 이사장조차 "저도 어이가 없다. 특별감사 요청 여부도 검토하겠다."고 말했다. 김호섭은 지도제작 책임자들을 불러 "독도는 꼭 그려 넣어라. 대한민국 국민세금으로 만드는 지도에 독도 점이라도 찍어오라."고 강하게 요구했다고 한다. 이는 여러 사람이 있는 자리에서 그가 한 발언이다. 그런데도 끝내 지도제작 책임자들은 독도를 표시하지 않았다.

노웅래 의원(더불어민주당)은 "애초부터 산학협력단이 동북아역사지도를 제작할 능력이 있었는지 의문"이라며 "관리만 제대로 됐다면 8년간 47억 원의 세금이 낭비되는 일은 없었을 것"이라고 비판했다. 또 노 의

원은 산학협력단이 규정에 맞지 않게 11억 9천여만 원을 사용했다고 밝혔다. 유은혜 의원(더불어민주당)은 "직원 몇 명의 징계로 그칠 일이 아니라 교육부가 특별감사에 나서 진상을 밝혀야 한다."고 했다(「연합뉴스」, 2016년 6월 30일). 이 사건으로 국회 특위에 참석해 학술자문을 한 한가람역사문화연구소 이덕일 소장은 강단사학계와 언론으로부터 사이비 역사학자로 비판받았고, 국회 특위 위원이었던 도종환 장관은 사이비역사학에 물든 위험한 인물로 낙인찍히게 되었다.

동북아역사재단 설립·운영에 관한 법률 제1조는 다음과 같다.

> 제1조(목적) 이 법은 동북아역사재단을 설립하여 동북아시아의 역사문제 및 독도 관련 사항에 대한 장기적·종합적인 연구·분석과 체계적·전략적 정책개발을 수행함으로써 바른 역사를 정립하고 동북아시아 지역의 평화 및 번영의 기반을 마련함을 목적으로 한다.

이처럼 동북아역사재단의 설립목적은 동북아시아의 역사문제 및 독도 관련 사항에 대해 전략적으로 대처하고 바른 역사를 정립하는 데 있다. 독도를 우리 강역에서 배제하는 것이 바른 역사인가? 동북아역사재단 설립·운영에 관한 법률 제5조 5항은 '동북아시아 역사 및 독도 관련 홍보·교육·출판 및 보급'이다. 동북아역사지도집 편찬사업은 재단의 설립·운영에 관한 법률과 완전히 배치되는 사업이었다. 동북아역사지도집을 아베 정부의 문부성이 발간했다면 '동북아시아 역사 및 독도 관련 홍보·교육·출판 및 보급'이라는 취지에 부합했을 것이다.

그것뿐만이 아니다. 이 지도집은 한반도 북부를 중국사 강역으로 설정했고, 조조가 세운 위나라가 경기도 일대까지 차지했다고 그렸다. 또한 일제의 임나일본부설에 따른 『삼국사기』 불신론에 입각해 4세기까지 한반도 남부에 백제, 신라, 가야 등이 없는 것으로 표현했다. 이 지도집은 중국이 동북공정을 추진하는 과정에서 만든 담기양譚其驤의 『중국역사지도집』에 의존하고, 조선총독부가 타율성과 정체성의 역사로 정립한 이론들에 전적으로 의거했다. 1차 문헌사료와 고고학자료 등은 일체 반영되지 않았다. 중국의 동북공정과 일본 극우파의 역사관을 한국의 국책 역사기관이 그대로 반복하는 지도였다. 강단사학계의 사업을 구체적으로 분석해보면 이런 결과가 수없이 많다. 강단사학계가 조선총독부 이래 관과 유착한 채 무소불위의 학문권력과 이권을 누려왔기 때문이다.

임기환은 지도집 편찬자들과 함께한 자리에서 "동아시아문화지도를 제시해서 (고)조선의 특별성을 약화시키자."라고 발언하기도 했다. 이 사실은 국회 특위가 회의록을 검토하는 과정에서 밝혀졌다. 임기환의 발언에 대해 당시 참석자 누구도 이의를 제기하지 않았다. 모두 같은 생각을 한 것으로 추정할 수밖에 없다. 독도를 끝까지 한국사 강역에 넣지 않은 것도 독도의 특별성을 약화시키자는 그들의 암묵적인 합의에서 나왔을 가능성이 크다. 동북아역사지도집은 국회 특위의 문제 제기가 없었다면 30억이 더 투입되고, 그대로 출간되었을 것이다. 중국의 동북공정과 일본 극우파의 논리를 추종한 지도를 대한민국 이름으로 발간했을 경우, 중국과 일본은 그것을 근거로 북한과 독도에 대한 영유권을 주장하고 세계는 이를 공인했을 것이다. 2018년 평창올림픽에서 사용된 한반도기에 독도가 빠졌음을 잊어서는 안 된다.

무소불위 강단사학계와 언론 카르텔

2015년 국회 특위의 활동으로 강단사학계의 실상이 드러나고 지도집 편찬이 위기에 처하면서 젊은역사학자모임이 결성되었다. 「경향신문」은 "사이비역사학은 왜 위험한가" 라는 제목으로 다음과 같은 기사를 실었다.

> 동북아역사재단의 한국사지도 제작 중단 사태는 역사학계가 '사이비역사학'이라는 말을 만들고 공세적으로 반격해야 한다는 위기감을 가져다주었다. 정치권에 의해 학문 연구가 중단된 사례였다. 도종환·김태년 의원 등 국정교과서 전환에는 당론으로 반대했던 야당의원들마저도 이 사안에서는 새누리당 의원들과 같은 태도를 보였다. 한국고대사 전공자인 하일식 연세대 사학과 교수는 "청와대와 교육부, 동북아재단의 관료들 가운데 일부가 1980년대 널리 퍼진 사이비역사학에 동조하고 있고 학계의 다수를 식민사학으로 몰아붙이고 있다."고 말했다.
> - 「경향신문」. 2016년 3월 12일. 박은하 기자

이 기사는 학문적으로 만든 동북아역사지도집을 사이비역사학에 경도된 정치권이 외압으로 중단시켰다고 주장했다. 「경향신문」은 젊은역사학자모임의 주장을 여러 차례 다뤘는데, 기경량과 나눈 인터뷰 기사를 보자.

일부 지식인들마저 왜 사이비역사학에 쉽게 동조할까.

주류에 대한 반감이 원인인 것 같다. 주류는 잘못돼 있다는 생각을 하며, 주류를 공격하는 것에 대해서는 호의를 갖고 이들의 전략에 쉽게 넘어간다.

동북아역사재단의 한국사지도 제작 중단은 학계에 어떤 영향을 미쳤나.

우리나라에 아직까지 제대로 된 역사지도가 나오지 못했다. 이번에 비로소 처음으로 시도한 것이다. 완벽하다고 볼 수는 없다. 의견이 다른 부분도 있고 오류도 있을 수 있다. 하지만 최대한 합의된 결과를 담았고, 오류가 있더라도 출간이 되고 나면 이 오류에 대한 토론이 학계에서 일어나 수정될 수 있다. 이 모든 노력이 수포가 됐다.

국회에 '동북아역사왜곡특위'라는 모임까지 있다. 관심이 높다.

정치권력을 가진 사람들은 역사에 관심을 가지되 전문적 분야는 학계에 맡기고 지원해주는 게 가장 좋다. 연구에 직접 개입하기 시작하면 거기서 문제가 발생한다.

교과서 국정화는 역사학에 어떤 영향을 미칠까.

"현재 국사편찬위원장(박근혜 정부에서 국정 역사교과서를 주도한 김정배 전 고려대학교 총장-필자)이 역사학을 전공한 분이라 사이비역사학에 대한 인지는 충분히 하고 있을 것이다. 교과서 필진들이 학자적 양심에 따라 커트해줄 것이라 생각하지만, 정치적 목적으로 시작한 국정화라 정치적 입김이 안 좋은 방향으로 미칠 수 있어 걱정된다. 1980년대 교과서 국정화 파동 때도 워낙 사이비역사학의 입김이 커서 실제 교과서에 반영되기도 했다.

－「경향신문」, 2016년 3월 12일, "'닫힌역사학'은 가짜 역사학이다", 박은하 기자

언론은 근거를 구체적으로 확인한 후 그 타당성을 검증하지 않은 채 사이비역사학이라는 용어를 사용했다. 강단사학계의 정설에 대한 비판을 주류에 대한 반감, 주류 공격에 대한 호의라고 오만하게 매도한 데 대해서도 같은 관점을 취했다.

동북아역사지도집이 제대로 된 역사지도가 아니라는 점은 검증과정에서 드러났다. 오류에 대한 토론이 없었던 게 아니라 국회 특위 활동 과정에서 진행되었다. 만약 그런 시간이 없었다면 당시 동북아역사지도집은 그대로 출간되었을 테고, 이후 학계의 토론은 차단되었을 것이다.

강단사학계는 정설과 다른 이론을 가진 이들을 학계로 보지 않는다. 그들이 사이비역사학이라는 개념을 들고 나온 배경이다. 전문적 분야는 학계에 맡기고 국가는 그저 지원해달라고 한다. 하지만 있을 수 없는 일이다. 국가는 어떤 분야든 국민의 혈세가 어떻게 쓰이는지 철저히 조사하고 검증해야 한다. 이를 인정하지 않는 그 어떤 조직도 국가의 예산 지원을 받아서는 안 된다.

기경량은 박근혜 정부의 국정교과서 추진에 대해 당시 김정배 국사편찬위원장이 사이비역사학에 대한 인지를 충분히 하고 있을 것이라고 말했다. 그를 비롯한 강단사학계는 겉으로는 국정 역사교과서를 반대하는 척하며 다른 것을 우려한다. "안 좋은 방향"이 걱정이라고 하는데, 그것은 무엇을 말하는 것일까? "'식민사학'이라는 주홍글씨, 어디까지 타당한가"라는 제목의 신문 기사에 답이 있다.

한가지 되짚어볼 장면이 있다. 지난해 9월 11일 오후 경기도 과천 국사편찬위원회에서 '2015 개정 교육과정에 따른 역사과 편찬 준거 개발시

안 공청회'가 열렸다. 국편은 당시 교육부 위탁을 받아 검정 역사교과서 집필기준을 개발하고 있었다. 공청회에는 집필기준 연구진 임기환 교수, 강석화 경인교대 교수, 김수자 이화여대 교수 등이 참석했다. 첫 순서인 주제발표가 끝난 후 세 사람은 공청회장 문 앞에 섰다. 가운데 선 임기환 교수가 성명서를 낭독했다. '역사교과서 국정화에 반대하는 우리의 입장'이라는 제목의 성명서다. 성명서는 "역사교과서 국정화 논의과정을 돌아볼 때, 아직 통설로 자리잡지 못한 견해나 특정한 역사 인식을 교육현장에 제시하기 위한 방법의 하나로 국정발행 체제를 고려하는 것은 아닌가 하는 우려가 적지 않다."며 "만일 역사교과서가 국정제로 환원되고, 그 내용도 학계의 정설을 담지 못할 경우 역사교육이 감내해야 할 피해는 만만치 않을 것이라고 생각한다."는 내용이었다. 정부 위탁으로 집필기준을 연구한 연구진이 집필기준을 발표하는 자리에서 정부가 추진하는 국정화에 반대 선언을 한 것이다.

-「경향신문」, 2016년 3월 11일, 정원식 기자

이 기사는 임기환이 국정 역사교과서를 반대했다며 그를 옹호하는 관점에서 썼다. 하지만 임기환이 그렇게 움직인 맥락을 봐야 한다. 국정 역사교과서는 물론 검정 역사교과서도 강단사학계가 국사편찬위원회 등을 통해 집필기준을 마련하고 검정해왔다. 임기환 등이 국정 역사교과서를 반대한 진짜 이유는 역사교과서에 자신들이 정한 정설과 다른 견해가 담길지 모른다는 우려에 있었다. 앞서 기경량이 국정 역사교과서를 실무적으로 총괄한 김정배가 사이비역사학에 대해 잘 알고 있을 것이라고 한 말을 생각해보면 된다. 그들은 왜 다양한 견해를 두려워할까? 자신들이 정설로 만든 학문에 자신이 없고, 지금껏 누려온 이권이 흔들리기 때문일 것이다.

강단사학계가 국가 예산으로 진행한 사업들이 어떤 과정으로 이루어지는지 윤내현(단국대학교 명예교수)의 발언을 통해 살펴보자. 윤내현은 하버드옌칭연구소에서 접한 문헌들을 분석한 후 1980년대 이후 (고)조선 연구의 획기적인 전환점을 가져온 대표적인 역사학자다. 그는 2012년에 「교수신문」과 인터뷰를 했는데, 제목이 "중국의 한국 고대사 왜곡보다 우리 학자들의 태도가 더 문제"였다. 그 내용을 요약해서 정리하면 아래와 같다.

중국의 동북공정, 즉 중국의 한국고대사 왜곡보다 더 문제가 되는 것은 우리 역사학자들의 떳떳하지 못한 학문적 태도다. 주류사학계는 지금도 그렇지만, 일본총독부에서 만들었던 한국사, 그 기초를 벗어나지 못하고 있었다. 문헌을 사실대로 해석하는 것이 가장 중요하다. 오류 없도록, 그렇게 해서 거기에 의견을 달아야 하지 않을까. 고고학자료도 해석을 정확하게 해야 한다. 중국에서 고고학 조사자료를 발표하면 우리 학계에서는 그걸 그대로 따른다. 정치한 해석을 하고, 합리적 설명이 가능해야 인정할 수 있는데도 말이다. 연진장성에서 유물이 출토됐다고 한다면 이것도 논리적으로 따져봐야지, 중국측 발표를 그대로 믿는 건 아니라고 본다.

한 번은 중국 중학교 역사시간 수업을 견학해본 적이 있다. 중국지도를 그려놓고 설명하는데, 만리장성이 청천강까지 그려져 있다. 그 근거가 한국의 유명한 역사학자가 고증한 내용이라고 가르친다. 이런 태도가 중국의 역사 왜곡을 불러왔다고 본다. 또 하나, 학계에서는 주류사에 반하는 학설도 들여다봐야 하는데, 그걸 폐쇄해버리면 학문의 발전은 어렵다고 본다.

나 같은 사람은 주류학계의 주장과 전혀 다른 주장을 해왔다. 그렇다면 한 번쯤 불러서 '당신 얘기도 해보시오' 해야 하지 않나. 동북아역사재단은 단 한 번도 내 얘기를 경청한 적이 없다.

고대사는 우리 역사의 뿌리에 해당한다. 역사는 지식도 키우지만 의식을 키우는 학문이라고 생각한다. 역사가 제대로 교육이 안 되면 민족의식이 바로 설 수 없다.

-「교수신문」, 2012년 9월 25일, 최익현 기자

윤내현의 이 말은 강단사학계의 실상을 잘 보여준다. 그의 말대로 1차 사료 등의 문헌을 사실에 입각해 해석하는 것이 가장 중요하다. 고고학자료도 정확한 분석이 중요하다. 중국은 만주지역에서 성터가 발견되면 무조건 연나라 장성 또는 진나라 장성이라고 주장한다. 중국 요령성 북쪽 지역에서 발굴되는 성벽이나 초소 유적에 대해 그들은 예외 없이 그렇게 결론을 내린다. (고)조선, 고구려가 쌓았을 가능성은 배제하고 무조건 전국시대 연나라가 쌓은 장성이고, 이후 진나라의 만리장성으로 연장된 진장성이라고 단정한다. 그런데 한국의 강단사학계가 그것을 그대로 따른다. 다른 견해에 대해서는 폐쇄적인 태도를 취한다. 이렇게 해서 만리장성은 한반도까지 확장되었다.

1987년 만리장성이 세계문화유산으로 등재될 때, 동쪽 끝은 중국 하북성 산해관으로 길이가 6,300km였다. 2012년 6월, 중국 국가문물국은 만리장성을 흑룡강성 신장까지 늘려 21,196.18km라고 발표했다. 중국사회과학원이 만든 『중국역사지도집』은 만리장성이 한반도 북부지역 깊숙한 곳까지 들어오도록 그렸다. 강단사학계가 근거를 제공한 결과다.

고고학적 유적과 유물이 대량으로 발굴되고 기존의 견해가 수정되어야 할 시점이 되면 강단사학계는 엉뚱한 논리로 상황을 모면했다. 견해가 다른 학자들과는 토론하지 않았다. 이미 기본적인 연구를 다 했다고 보고 이를 정설화하니, 다른 견해에 대해서는 닫힌 태도를 취하는 것이다. 「경향신문」의 다른 기사를 살펴보자.

> **유독 이병도 이름이 계속 거론되는 이유는 뭔가?**
> **안정준** 조선사편수회 출신이고, 해방 이후 남한에 남은 몇 안 되는 역사학자 중 한 사람이기도 하고.
> **기경량** 역사학으로 학위받은 첫 번째 인물이고, 서울대 교수를 지냈고, 문교부장관도 했다. 상징성이 큰 인물이다.
> **위가야** 1920년~1940년대에 실증사학이란 걸 했던 사실상 유일한 인물이라고 봐도 된다.
> – 「경향신문」, 2016년 4월 11일, "정치외교 이득 따라 움직이는 게 진짜 학문 맞나"
>   젊은역사학자들 방담. 심진용 기자

강단사학계는 이병도가 조선사편수회에서 일제의 역사왜곡에 앞장선 사실을 실증사학이라고 평가했다. 그가 조선사편수회 출신이라는 사실이 문제되지 않는다, 조선총독부가 실증사학을 추구했다는 주장이다.

이 인터뷰에서 젊은역사학자모임 대표인 안정준은 "이병도 선생이 기초적인 연구를 다 해놨는데, 거기서 기본적인 걸 따른다고 우리가 이병도 선생 학파가 되는 거고 식민사학자 되는 건가?"라고 답했다. 이병도는 일제 학자들이 왜곡하고 조작한 침략이론을 그대로 따랐다. 그의 이론을 따르면 이병도 학파가 되는 거고 식민사학자가 되는 것이다. 이들의 논리는 만취한 운전자가 사고를 내고 "만취했다고 음주운전자인가?"라고 항변하는 행위와 같다.

대한민국의 역사학자와 국회의원들이 "독도는 우리 땅이 아니다.", "북한은 원래 중국사 강역"이라는 주장에 동조하지 않았다고, 강단사학계와 진보와 보수를 막론한 언론들은 '사이비역사학', '권력의 학문 개입'이라는 프레임을 가동했다. 이를 구체적으로 들여다보면 우리 사회를 움직이는 보이지 않는 힘의 원리와 그 작동방식이 고스란히 드러난다.

역사관과 세계관은 삶의 나침반이다. 주체성을 부정하고 억압하는 역사관으로 당당한 삶을 만들어갈 수 없다. "누구의 눈으로 세상을 보는가?"를 끊임없이 묻지 않으면 삶의 주체가 아닌 객체, 즉 지배 대상이 되고 삶은 나락으로 떨어진다.

2018년 2월 23일 「조선일보」는 "동북아역사지도 다시 추진한다"는 제하의 기사를 냈다.

8년 동안 45억 원을 들여 제작했으나 출간되지 못한 채 파기됐던 동북아역사재단의 '동북아역사지도' 사업이 다시 추진된다. 김도형 동북아역사재단 이사장은 22일 열린 기자간담회에서 "기존 자료를 바탕으로 지도를 다시 만들어 임기(2020년) 안에 모두 간행할 예정"이라고 밝혔다. 중국·일본의 역사 왜곡에 대응하기 위해 추진된 이 지도는 연세대·

서강대 산학협력단이 제작했으나 2016년 재단측이 "지도학적 기준에 미치지 못 할 정도로 완성도가 떨어진다."며 '협약 해약과 사업비 회수'를 결정했다. 그러나 참여학자들은 "재야학자들의 주장을 무책임하게 받아들인 결과"라며 반발했다.

새 '동북아역사지도'는 동북아역사재단이 자체 제작할 계획이다. 김 이사장은 "한사군의 위치처럼 논쟁이 많은 부분에 대해서는 '의견이 합치되지 않는 부분이 있다.'고 쓰는 것도 한 방법"이라고 밝혔다. 또 재단이 2년 동안 이어온 기존 역사학계와 재야사학계의 상고사 토론회를 계속하지는 않을 것이라고 했다.

– 「조선일보」, 2018년 2월 23일, 유석재 기자

촛불정부가 들어서도 강단사학계의 힘은 그대로다. 동북아역사지도집은 강단사학계의 의도대로 강행될 예정이다. 동북아역사재단은 "토론을 계속하지는 않을 것"이라고 쐐기를 박았다. 「한국일보」도 "지난 4, 5년 외풍 시달려… 동북아역사지도 사업 재개하겠다"는 제하의 기사에서 "한사군 위치 문제를 두고 좌초돼 '유사역사' 논란을 거세게 불러일으켰던 동북아역사지도 사업이 재개된다."며 다음과 같이 보도했다.

김도형 동북아역사재단 이사장은 22일 열린 기자간담회에서 "상고사 문제, 국정 역사교과서 문제 등 지난 4~5년간 재단이 외풍에 휘둘린 측면이 있다."며 "동북아역사지도 문제의 경우에는 내용 검토를 통해 단계적으로 공개하도록 하겠다."고 말했다. (…)

김 이사장은 "형식논리상 지난 정부 아래 재단이 '출판 불가' '향후

자체제작'이란 결론을 내려놓은 상황이기 때문에 지금 당장 다시 쓸 수는 없다."면서 "그러나 10여 년 동안 공을 들인 작업인 만큼 올 하반기부터 검토를 거쳐 문제 없는 부분들부터 다시 되살릴 수 있도록 하겠다."고 말했다. 임기 3년 내 전체 공개가 마무리될 수 있을 것이라고도 했다. 고대사 등 유사역사에 물든 정치권의 압박이 심한 부분에 대해서는 사견을 전제로 "지도 위에다 텍스트를 함께 쓰는 조선시대 인문지리서의 방식을 원용해볼 생각"이라고 말했다.

- 「한국일보」, 2018년 2월 23일, 조태성 기자

잠시 사이비역사학 등의 외풍이 있었지만 동북아역사지도집을 다시 되살리겠다고 한다. 이덕일의 증언에 의하면, 몇 년 전 중앙일간지 편집인을 역임한 중견 언론인의 지인이 동북아역사재단에 들어갔는데 독도 누락 지도문제를 쉽게 해결할 수 있을 것으로 보았다고 한다. 그러나 막상 재단 내 학자들을 상대해보니 아니더라고 했다. 독도가 일본 땅이라는 것이 이들의 확신이라는 사실을 알고 경악했다는 것이다.

또 다른 중견 언론인이 동북아역사재단에 전화해 칼럼을 쓰려고 한다면서 "독도가 어느 나라 것인지에 대한 재단의 견해를 들려달라."고 요청했다. 당연히 "독도는 우리나라 것이지요."라는 답변이 나올 줄 알았는데 자신은 독도 담당자가 아니라면서 전화를 다른 곳으로 돌렸다고 한다. 동북아역사재단에 근무하는데, 독도 담당자라야 독도가 어느 나라 소유인지 알 수 있는 상황인 것이다. 그런데 받는 사람마다 전공이 아니라고 빼더란다. 결국 최종적으로 들은 답변이 "독도 문제에 대해서는 우리 재단의 입장이 정리되어 있지 않다."는 것이었다. 중견 언론인

은 그 일을 겪고 평생 언론밥을 먹고도 역사계의 실상을 몰랐던 자신을 자책했다고 한다. 강단사학계는 광복 후 70여 년간 숱한 위기를 넘기며 조선총독부의 역사학을 유지해왔다. 1980년대에도 그랬다.

위기를 맞은 1980년대 강단사학계

앞에서 "1980년대 널리 퍼진 사이비역사학", "1980년대 교과서 국정화 파동 때도 워낙 사이비역사학의 입김이 커서 실제 교과서에 반영되기도 했다." 등의 강단사학자 발언들을 살펴봤다. 과연 무엇을 말하는지 사실관계를 확인해보자.

1980년대는 광주민중항쟁으로 시작되었다. 19세기의 동학농민혁명과 3월혁명, 4·19혁명, 부마민중항쟁의 맥을 이은 광주민중항쟁은 1980년대 민주화운동의 도화선이 되었다. 한국 현대사의 획기적인 전환점인 1980년대에 역사에 대한 깊은 성찰과 역사교육에 대한 문제인식이 분출했다. 국정 국사교과서에 대한 비판이 젊은 역사학자들 중심으로 활발히 제기되었다.

1980년대 후반 한국 사회는 커다란 전환기를 맞이했다. 1987년 6월 민주항쟁으로 정부 수립 이후 계속되던 권위주의 통치제제가 무너지기 시작하고 사회 각 분야에서 민주화 움직임이 활발히 일어났다. 학계와 교육계의 민주화운동은 학교 역사교육에도 커다란 영향을 미쳤다. 역사학자와 역사교사들은 정권의 홍보 역할을 하는 역사교육, 지배층의 이데올로기를 반영하는 역사교과서를 비판하고, 민족과 민중의 관점을 따르는 역사교육을 주장했다. 이러한 움직임은 민중을 주체로 보는 역사학의 체계화를 지향하는 민중사학과 '살아있는 역사교육'을 내세우는 역사교육운동으로 나타났다. 한국근현대사 연구도 활발히 전개되었다.

— 역사교육연구소, 『우리 역사교육의 역사』, 휴머니스트, 2015, 205~206쪽

사회 각계각층에서 강단사학계와 박정희 정권이 내세워온 관제민족주의, 역사의 주체를 지배층 중심으로 인식하는 반민중성, 일제 합리화, 맹목적 반공과 반통일 지향적 역사인식 등에 대한 광범위한 비판이 제기되었다. 박정희 정권과 강단사학계의 민족주의는 조선총독부의 식민주의 사학에 근거한 국가주의·국수주의·제국주의 이데올로기였다. 독재정권은 국사교과서 발행권과 '민족주의'에 대한 해석을 독점했다.

드디어 1980년대 후반에 이르러 국수적이고 파시즘적 민족주의, 지배이데올로기로서의 민족주의의 전달자 역할을 거부하는 역사 교사들의 집단적 움직임이 나타났다. 역사교사들은 국가가 만든 국사교과서가 독재정권의 정당성 확보와 권력유지에 기여하고, 사회 내부 모순과 갈등을 은폐하기 위한 것임을 간파하였다. 민족주의를 지향한다는 역사교육이 민족 통일이 아닌 반공과 독재, 반민족주의와 반민중을 추구하며, 결과적으로 반민족적인 역사상을 그리는 것을 비판하였다.

— 전국역사교사모임 지음, 『역사, 무엇을 어떻게 가르칠까』, 휴머니스트, 2008, 248~249쪽

박정희가 내세운 허구적인 민족주의를 한국의 저항적 민족주의 전통과 구분하지 않는 것은 실증적인 태도가 아니다. 당시 강단사학계가 편찬한 한국사는 반민족적인 황국사관이었고, 반민중적·반민주적 파시즘이었다. 이병도가 1948년에 낸 『조선사대관』을 개정해 1954년에 출간한 『국사대관』, 이기백이 1960년에 쓴 『국사신론』을 1967년에 개정한 『한국사신론』은 국사교과서는 물론 대부분의 한국사 개설서의 저본이자 부동의 정설이었다. 그들의 역사학은 어떤 것일까?

'국사'가 아닌 '한국사', '개론'이 아닌 '신론'을 통해 이기백이 목표로 삼았던 것을 한마디로 요약하면, 식민주의 사관에 대한 안티테제로 대두한 민족주의 사관을 변증법적으로 지양할 수 있는 '제3의 길'로 실증사학을 확립시키는 것이었다. 이기백은 '이병도 선생 추념사'에서 "일정한 목적을 위하여 역사적 사실을 왜곡하는 경향이 확대되어가는 현실 속에서, 객관적이고 합리적인 사실 고증은 역사학을 지켜가는 마지막 보루"와 같은 것이라며 실증사학에 대해 의미를 부여했다.
– 도면회·윤해동 엮음, 『역사학의 세기』, 휴머니스트, 2009, 289쪽

이병도는 조선사편수회에서 일본의 대표적인 역사학자들의 이론을 따랐고, 이기백이 추구한 역사학은 신채호를 비롯한 독립혁명가들의 사실에 입각한 역사학에 맞서 실증주의 외피를 쓴 이병도의 역사학을 확립하는 것이었다. 이기백이 내세운 "식민주의 사관 극복"이라는 주장은 사실상 실체 없는 수사에 불과했다.

30년 전인 1988년 여름 계간 『역사비평』 창간호에 실린 「국사교과서

의 반민족성」은 새로운 교과서는 "첫째, 교육내용에 있어서 정치권력의 개입에 의한 왜곡을 막아내면서 현 단계의 민족적 모순을 해결하려는 통일 지향의 교과서이어야 한다. 둘째, 편찬 주체에 있어서 교사, 학생, 학부모의 참여에 의한 집필, 발행, 선택권이 보장되어야 한다. 셋째, 발행 방법에 있어 국정, 검인정제도를 폐지하고 자유 발행제를 채택해야 한다. 교육내용에 대한 선정이나 편찬, 집필은 그 주체가 누구냐에 따라 교육의 질을 달리한다."고 주장했다(『역사비평』, 역사비평사, 1988년 여름호, 286~287쪽에서 발췌). 『역사비평』 1988 여름호에 실린 또 다른 글 「고교 국사교과서 근현대편의 서술과 문제점」도 국사교과서에 대해 다음과 같이 비판했다.

> 교과서가 국정화 됨에 따라 학생들은 국사교과서에 실려 국가적 권위를 갖는 역사지식을 고정 불변의 통조림 된 완성품으로 간주하게 되었고, '국사'를 암기과목으로만 수용하는 풍조를 강요·강화시켰다. 이는 현실을 변화·발전시켜가는 역사 주체인 민중을 구성하는 개개인의 주체적인 노력에 의해 역사는 변혁되고 창조된다는 역사적 사고의 형성을 근저에서부터 차단하고 있다. 나아가 학생들이 성숙한 의식을 가진 능동적이고 주체적인 민중의 일원으로 성장하는 것을 저해하고 있다. 이처럼 국정 국사교과서는 대체로 보아 현 사회의 집권세력과 독점자본의 재생산구조를 지탱하는 이데올로기적 도구로서 기능하고 있다.
> – 위의 책, 290쪽

당시 이 글을 쓴 젊은 역사학자는 한국사학계가 우리 민족의 역사적

과제에 맞춰 해결해 나아갈 연구방법론과 학문적 체계가 미흡하다고 비판했다. 그는 일제하의 식민주의 사학이나 소위 문헌고증사학, 그리고 해방 후 정권·체제 측의 역사인식을 대변하면서 민중과 맞선 연구 성과들은 교과서에서 배제되는 것이 맞다고 주장했다. '사이비역사학' 운운하는 작금의 『역사비평』이 새겨봐야 할 글이라고 생각한다.

국정교과서는 언제나 강단사학계가 주도

1980년대에 있었던 식민주의 사학(이하 식민사학) 논쟁을 살펴보자. 1980년대에 1차 사료에 의한 문헌 연구뿐만 아니라 만주 지역에서 (고) 조선의 유물과 유적이 대대적으로 발굴되고, 민주화 열망이 분출하면서 강단사학계는 위기를 맞았다. 지킬 박사와 하이드 씨라는 이름을 붙이면 걸맞을 젊은역사학자모임은 당시에 있었던 식민사학에 대한 비판을 강단사학계의 입장에서만 바라보고 '사이비역사학'이라고 매도했다. 이를 많은 언론이 최소한의 사실관계 확인 없이 주요 기사로 다뤘다.

지킬 박사의 얼굴을 한 하이드 씨들은 1980년대에 교육부 역사담당 편수관을 담당했던 윤종영이 쓴 『국사교과서 파동』을 근거로 주장을 펼치면서 최소한의 사료 비판 원칙을 지키지 않았다. 그들의 방식은 하이드 씨가 아니라 낮의 지킬 박사 눈으로 보면 터무니없는 악의로 가득했음을 알 수 있다. 박사 '타이틀'과 생물학적 '젊음'을 내세운 그들은 역사학에서 가장 중요한 사료 비판의 '가나다' 에서 벗어나 사료를 왜곡하고 허구적인 프레임만 가동했다. 사료는 어떻게 다뤄야 할까? 먼저 윤종영이 쓴 『국사교과서 파동』 서문을 보며 생각해 보자.

> 이때 가장 힘들었던 것은 일상적인 교과서 편수 업무가 아닌, 1970년대
> 후반부터 일기 시작한 세칭 재야학자들과 기존 학자와의 '식민주의 사
> 관 논쟁'이었다. 이 와중에 재야학자들의 중요 공격목표와 쟁점의 대
> 상이 되었던 것은 다름 아닌 국사교과서였다. 재야학자들은 기존 학
> 계의 학자들을 개인적으로 선정하여 공격할 수 없었기에, 기존 학계
> 의 합작물이라 할 수 있는 교과서를 대상으로 하여 파상적인 공세를
> 취하였다.
> – 윤종영 지음, 『국사교과서 파동』, 혜안, 1999, 5쪽

윤종영이 말하듯 당시 문제를 제기한 이들은 학계의 학자들을 개인
적으로 선정해 공격할 수 없어서, 기존 학계의 합작물인 국사교과서를
비판했다. 그런데 젊은역사학자모임은 이를 왜곡해 애초에 강단사학계
가 적극 국정교과서를 반대하고 재야학자들이 국정 역사교과서 문제를
야기한 것으로 호도했다. (젊은역사학자모임은 2016년에 『역사비평』에 실은 글
들을 2017년에 『한국고대사와 사이비역사학』이라는 단행본으로 출간했다.) 그들의
주장을 보자.

> 국사교과서 국정화 조치에 대한 역사학계와 교육계의 반응은 매우 부
> 정적이었다. 역사교육의 획일화를 가져온다는 것이 그 이유였다. 하지
> 만 정부는 학계의 반대 여론을 무시한 채 1974년부터 국정 국사교과서
> 를 교육현장에 배포하였다. 그런데 이는 생각지도 못한 방향에서 파문

을 일으키게 된다. 1974년 7월 25일 재야 역사 단체였던 한국고대사학회(회장 안호상)는 성명서를 발표하였다. 국정 국사교과서가 단군을 신화로 규정하여 한국사의 범위를 위축시키고, 일제의 식민지 사관을 그대로 도습한 역사교육을 강요하고 있다는 것이었다.

– 젊은역사학자모임, 『한국고대사와 사이비역사학』, 역사비평사, 2017, 16~17쪽

이 글의 주장과 달리 국정 역사교과서 편찬을 주도한 이들은 강단사학계였다.

국사학자들은 점차 역사교육에 관심을 가지고 국사교육을 강화하는 한편, 한국사 연구성과를 학교 교육에 반영하고자 했다. 박정희 정부의 국사교육 강화 정책은 이러한 목적을 실현할 수 있는 좋은 기회였다. 그래서 다수의 국사학자들이 박정희 정부의 국사교육 강화사업에 능동적이고 적극적으로 참여했다.

– 역사교육연구소, 『우리 역사교육의 역사』, 휴머니스트, 2015, 182쪽

일제의 통감부와 총독부 시대를 거치며 한국사는 식민 지배를 위한 관제국사가 되었다. 일제는 1906년 통감부를 설치한 이후부터 학제를 개편하고 교과서 검정제를 실시해 사상통제를 했다. 일제는 교과서를 조선총독부가 직접 편찬하거나 일본 문부성 검정을 거쳐 조선총독부가 인가한 것만을 사용하도록 했다. 광복 후 미군정과 이승만·박정희 정부를 거치며 이병도·이기백 등이 관제역사학의 전통을 이었다. 이병도를 태두로 한 강단사학계는 광복 후 황국사관을 국사로 편찬하면서 조선

사편수회의 식민사학을 정설화하고, 이에 비판적인 견해를 '재야사학', '국수주의', '관념주의'로 몰았다. 관학을 선, 다른 견해를 악으로 규정해 다양한 이론을 이단시했다. 이렇게 관제역사학을 통해 식민사관은 한국 사회를 움직이는 근원적인 가치관과 역사관이 되었다. 이런 흐름은 기 경량의 글을 통해서도 알 수 있다.

> 더구나 국사교과서의 국정화는 국가가 제시한 특정 역사 해석에 독점적이면서도 우월적인 권위를 부여하였다. 검인정 체제하의 다양한 역사 해석이라는 병립구도가 깨지고, 국가가 인정한 단 하나의 '국사'가 역사 해석의 표준으로 공식화되었다. 이런 '국사'의 단일화는 남들과 매우 다른 독특한 역사상을 가지고 있던 안호상 등에게 큰 자극을 주었던 것으로 보인다. 국사교과서가 국정화가 시행되자 안호상 등은 자신들이 믿고 있던 역사상을 '국사화'하기를 욕망하게 되었다. 그리고 이 욕망을 관철시키기 위해 전직 문교부장관이었던 자신의 사회적 자산과 역량을 모두 동원하여 기존 역사학계를 공격하고 압력을 행사했다. 사이비역사학의 대두는 1974년의 국사교과서 국정화가 초래한 또 다른 형태의 반동이자 부작용이었던 셈이다.
>
> – 젊은역사학자모임, 『한국고대사와 사이비역사학』, 역사비평사, 2017, 27~28쪽

국정교과서에 대한 비판을 "국사화에 대한 욕망"으로 치부하면서 이를 기존 역사학계에 대한 '공격'과 '압력', '사이비역사학의 대두', '반동', '부작용'이라고 표현했다.

국정 역사교과서 실시를 앞둔 1972년, 박정희 정부는 20명으로 구성

된 국사교육강화위원회를 조직했다. 실무를 맡은 관료 4명 이외의 16명
은 역사전공자들이었다. 16명은 동양사 1명, 서양사 1명, 역사교육 1명과
국사학자 13명으로 구성되었다. 한국사를 전공한 원로와 중견 학자들을
상당 부분 망라했다. 국사교육강화위원회는 국사교과서 국정화를 그대
로 받아들였다.

> 결국 국사학계가 국사교육 강화를 위해 박정희 정부의 교육 이념과
> 국사교육 강화 정책을 받아들였다고 할 수 있다. 뒤집어 보면, 대통령
> 정무비서실이 국사학계의 요구를 수렴해 국사교육 강화안을 만들었던
> 측면도 있다.
> – 역사교육연구소, 『우리 역사교육의 역사』, 휴머니스트, 2015, 188~189쪽

강단사학계가 박정희 정부의 교육이념을 받아들이기도 했고, 주도하
기도 했다는 평가다. 박정희 정부가 만든 역사교육과정의 틀과 역사교
육 내용은 지금까지 거의 그대로 이어져왔다.

> 당시 한국사의 내용 체계와 요소는 약 40년이 지난 현재의 한국사 교
> 육과 비교해도 큰 차이가 없다. 이는 박정희 정부 시절의 국사 교육이
> 해방 이후 한국사 연구성과를 받아들여 국사교육의 내용을 체계화했
> 기 때문이다. 그렇지만 박정희 정부의 역사교육에는 학문이나 교육적
> 측면뿐 아니라 정치적 목적도 반영되었다. 이를 위해 박정희 정부는
> 국사교육을 강화하는 한편, 정치 도구화했다. 이러한 역사교육 정책은
> 역사 해석과 역사관을 통제하고, 역사연구와 교육의 범위와 폭을 제약

했다.

- 위의 책, 203쪽

「프레시안」은 2017년 6월 13일자 기사에서 기경량의 말을 다음과 같이 받아쓰기 했다.

> 박정희 전 대통령이 유신을 선포한 게 1972년이다. 이듬해인 1973년, 박정희 정부는 검인정 방식이던 국사교과서를 국정화 하겠다고 선언했다. 당시에도 역사학자들이 격렬히 반대했었다. 그러나 박정희 정부는 국사교과서 국정화를 밀어붙였다.
> - 「프레시안」, 2017년 6월 13일, "역사학계 입장 발표, 도종환 후보자 '역사관' 논란 본격화", 성현석 기자

기경량의 사실 왜곡을 「프레시안」뿐만 아니라 상당수 언론이 사실관계 확인 없이 그대로 공조하고 나섰다.

윤보선, 김대중, 김영삼 등이 '사이비역사학' 지지자?

사료를 다룰 때는 누가, 언제, 어디서, 무엇을, 어떻게, 왜 어떤 입장과 관점에서 기록했는지를 객관적으로 접근해야 한다. 당시 국사교과서에 대한 문제 제기를 윤종영은 "엄청난 시련"의 관점에서 서술했다.

더욱이 재야학자들은 전직 대통령을 의장으로 한 '민족사 바로잡기 국민회의'라는 단체를 결성하고, 여러 방법을 동원하여 조직적으로 국사교과서 개정운동을 전개함으로써 나에게 엄청난 시련을 안겨주었다.

　- 윤종영 지음, 『국사교과서 파동』, 혜안, 1999, 6쪽

윤종영이 언급한 '민족사 바로찾기 국민회의'는 1988년에 국사교과서 편찬 준거안이 확정 발표된 뒤 국사교과서 심의를 다시 해야 한다는 건의서를 대통령과 문교부장관에게 보냈다. 내용을 요약하면 다음과 같다.

국사교과서가 일제의 식민사관을 그대로 답습해 일제의 지배를 합리화하고 있다. 국사교과서 심의 내용이나 심의과정이 비공개로 진행되고 있다. 부당한 심의를 은폐하기 위해 편찬심의 회의록이 없다. 심의위원을 다양하게 구성하고 공개토론·공개심의 원칙을 지켜야 한다. 현재 국사편찬위원은 대부분이 일본인들이 왜곡시킨 국사 내용을 신봉하고 있는 학자들로 구성돼있다. 국사편찬위원회 위원을 완전 개편해야 한다. 한국정신문화연구원(현 한국학중앙연구원)은 국학센터로서의 기능을 다하지 못하고 정치이념 교육이나 실시하고 반공이나 연구하는 어용기관으로 국민들이 인식하고 있다. 한국정신문화연구원은 완전 개편돼야 한다.

　- 윤종영 지음, 『국사교과서 파동』, 혜안, 1999, 289~294쪽

이 건의서에 의장 윤보선과 김대중, 김영삼 등이 서명했다. 타당한 문제 제기들이었다. 젊은역사학자모임의 주장에 따르면 윤보선과 김대

중, 김영삼 등이 모두 '사이비역사학'에 빠진 인물들이다. 1981년에 국회에서 국사교과서에 대한 공청회가 있었는데, 주로 고대사와 관련된 것이었다. 이를 지켜본 윤종영은 다음과 같이 기록했다.

> 나는 이틀 동안의 공청회를 보면서 많은 것을 생각하였다. 이 공청회에서 주요 쟁점으로 부상한 것은 한국사 가운데서도 주로 고대사 분야에 관계된 것이었다. 단군·기자의 실존 문제, 고조선의 강역 문제, 한사군의 존재와 위치 문제, 신라의 강역 문제, 백제의 중국지배 문제 등으로, 이는 국사교과서 내용에 한정된 문제라기보다 현 우리 국사학계가 해결하여야 할 과제이다.
> – 위의 책, 94쪽

이 글에서 윤종영은 강단사학계가 "재야학자의 주장을 학문적으로 압도할 만한 연구 결과물을 내놓지 못하는 데 문제의 심각성이 있다."고 말했다. 재야학자들의 주장을 학문적으로 깊이 있게 다루기보다 황당무계한, 일고의 가치도 없는 내용이라고 일축하려고만 했다는 것이다. 강단사학계가 "학문적인 고고성만을 내세워 대학이나 폐쇄적인 학계의 울타리 속에 파묻혀 대중과 유리된 채 안주" 하는 것이 더욱 큰 문제라고 그는 비판했다. 그러면서도 그는 "이 공청회로 국사학계가 고대사 분야에 많은 관심을 갖게 되고 국사교과서에 재야학자들의 주장이 일부 수록될 수 있었던 것이 하나의 수확"이라고 평가했다(위의 책, 94~95쪽).

국사교과서 '파동'이고 자신에게 '엄청난 시련'을 안겨줬지만, 그것이 학문적으로 의미가 있었고 수확이었다고 평가했다. 강단사학계의 비학문적인 태도도 질타했다. 이것이 당대에 기록된『국사교과서 파동』이라는 1차 사료 기록이다. 그런데 젊은역사학자모임은 이 사료를 제대로 다루지 않고 강단사학계에 대한 사이비 역사학자들의 비학문적 공격이었다고 왜곡했다.

역사학의 기본은 1차 문헌사료 비판

1987년 국사교과서 문제로 국사교육심의회 고대사 분과회의가 열렸다. 김정배, 이기동, 윤내현 등이 토론을 벌였다. 계속『국사교과서 파동』이라는 사료를 보자.

한사군 문제에 대하여는, 김·이·윤 교수 모두 한사군을 한국사 주류에서 제외시켜야 한다는 데 의견을 같이하였으나 한사군의 위치비정에 대해서는 약간 상이한 견해를 보였다. 윤 교수는, "기자조선이나 그 뒤를 이은 위만조선, 또 위만조선의 고토에 세워진 한사군은 모두 북경 부근의 난하유역에 위치하였다."라고 본 데 대해 김·이 교수는, "한사군의 위치를 한반도 안팎 어디에서 구하든 간에 모두 강점과 약점을 가지고 있으므로 앞으로 집중적인 종합 검토가 필요하다고 생각한다. 문헌 기록만으로 본다면 한사군을 한반도 밖에서 구하는 것도 일리가 있으나, 평양 부근에서 현재 유물이 다수 출토되고 있어 이에 대해서도 일단 충분한 고려를 하여야 한다고 생각한다. 그래서 교과서에서는 한사군은 본문에 수록하지 말고 각주로 처리하고 위치 문제도 각주에서 취급하는 것이 좋을 것 같다."는 의견을 보였다. 이에 대해 김원룡 교수나 정영호 교수 등 고고학 전공 교수들은 평양 부근에서 출토된 한대 유물과 점제현 신사비 등을 들어 '한사군 국내설'을 지지하는 입장을 취하였고, 손보기 교수는 점제현 신사비 위조설을 주장하며 민족주의 사학자 정인보·신채호 선생의 '한반도 밖에 설'이 맞다는 주장을 하였다.

  - 윤종용, 『국사교과서 파동』, 혜안, 1999, 135~136쪽

한사군의 위상과 성격에 대해서는 바라보는 관점에 따라 타협이 가능해도 한사군의 위치에 관해서는 조정이 불가능한 것이다.

『국사교과서 파동』에 실린 김정배(전 국사편찬위원장), 이기동(전 한국학중앙연구원장)의 주장에 주목하자.

"한사군의 위치를 한반도 안팎 어디에서 구하든 간에 모두 강점과 약점을 가지고 있다. 문헌기록만으로 본다면 한사군을 한반도 밖에서 구하는 것도 일리가 있다."

학문의 생명력은 사실과 진실에 있다. 강점과 약점에 따라 절충하고 봉합하는 것은 학문이 아니다. 한사군과 관련해 가장 가까운 시기에 기록된 중국의 1차 사료에 의하면 한사군은 한반도에 없었고, 중국 요서지역에 있었다. 한사군의 위치를 추정할 사료가 중국의 1차 사료들이다. 그 사료들에 한사군이 한반도에 있었다고 기록된 것은 없다. 한사군의 중심인 낙랑군의 위치를 중국 고대 사서들은 일관해서 '요동'으로 기록했다. 그래서 김정배와 이기동은 "문헌기록만으로 본다면 한사군을 한반도 밖에서 구하는 것도 일리가 있으나"라고 말하고 고고학 유물로

회피했다.

한사군의 위치를 밝히려면 한사군이 설치됐다는 시기와 가장 가까운 시기의 1차 사료를 우선 검토해야 한다. 서기전 2세기에 (고)조선은 연나라와 패수를 경계로 하고 있었다. 연나라의 위만이 (고)조선으로 망명해 위만국을 세웠는데, 이를 사마천이『사기』「조선열전」에 기록했다. 여기에 사마천은 위만이 '동쪽'으로 경계인 패수를 건너 (고)조선으로 망명했다고 썼다. 중국 고대 지리서인『산해경』을 통해서도 연나라의 동쪽이 조선이었음을 확인할 수 있다. 일제의 주장처럼 패수가 압록강, 청천강, 대동강이면 이 강들이 동쪽에서 서쪽으로 흐르므로, 위만이 남쪽으로 패수를 건넜다고 해야 한다.『사기』주석서에서 신찬도 위만이 조선에 와서 도읍했다는 왕검성의 위치를 역시 패수의 '동쪽'이라고 했다.『사기』,『한서』의 다른 주석자인 안사고도 "신찬의 설이 옳다."고 했다. 한사군은 낙랑군을 중심으로 현도·임둔·진번군이 있었다고 전해지므로 낙랑군의 위치를 찾으면 나머지 군현의 위치도 파악할 수 있다.

후한(서기 25~220) 때 중국의 137개 강에 대해 서술한『수경』에 패수가 나온다. "패수는 낙랑군 누방현에서 나와서 동남쪽으로 임패현을 지나서 동쪽으로 흘러 바다로 들어간다."(東入于海)고 기록했다. 패수는 '동쪽'으로 흘러서 바다로 들어가는 강이다. 중국 북위의 역도원(?~527)과 일제학자들, 이병도 등이 '동쪽으로 흘러 바다로 들어간다'(東入於海)는『수경』의 '동'자를 '서'자로 바꾸어 한반도 북부의 강으로 곡해했다. 후한 때의 학자 허신(58~147)도『설문해자』에서 "패는 강이다. 낙랑 누방현에서 나와서 동쪽으로 바다로 들어간다."고 기록했다. 다른 1차 사료에서도 낙랑군이 현재의 평양일대에 있었다는 기록은 없다.

『한서』「설선열전」 "안사고가 말하기를 낙랑은 유주(현재 북경)에 속해 있다."

『후한서』「최인열전」 "장잠현은 낙랑군에 속해 있는데 그 땅은 요동에 있다."

『후한서』「광무제본기」 "낙랑군은 옛 조선국이다. 요동에 있다."

『사기』 "낙랑 수성현에는 갈석산이 있으며, (만리)장성의 기점이다."는 『태강지리지』 기사 주석.

고대의 요동은 현재의 요동과 달리 현재의 북경 동쪽에 있었다. 이는 새로운 사료가 발견되거나 학문적으로 정연한 비판이 전제되지 않는 한 부정할 수 없는 사실이다. 한사군의 위치를 강단사학계는 일제 학자들의 발표 결과에 따라 한반도 북부로 보지만, 중국의 1차 문헌사료에 따르면 한사군의 위치는 중국의 요동·요서지역으로 추정할 수밖에 없다. 이 사실과 진실을 부정하고, 1차 사료를 떠나 다른 무엇에서 그 사료의 의미를 부인하기 위한 목적으로 증거를 찾는 것은 역사학이 아니다. 1차 사료를 보는 강단사학계의 태도는 이런 태도를 취한다. 그리고 자신들이 억단한 결론과 다른 견해는 무시하거나 그런 이론을 주장하는 이들을 폄훼하고 매도한다.

1차 문헌사료 비판은 역사학의 출발점이다. 1차 사료는 이를 해석한 2, 3차 사료보다 우선적인 가치를 갖는다. 1차 사료에 의거한 사실들을 도외시하고 다른 잣대를 우선하면 역사학의 기본에서 벗어난다. 그런데 김정배, 이기동 등 강단사학계의 중진들은 약점과 강점을 논하고, 종합 검토가 필요하다며 평양일대의 유물에 기댔다. 그 유물은 신채호, 정인보가 연구한 대로 일제가 조작한 것임이 이후 북한학계의 연구로 밝혀졌다. 이는 뒤에 다룬다(80쪽 이하 참조). 앞서 제시한 1차 사료 등을 근거로 한사군의 위치를 논하면 사이비역사학이 된다. 강단사학계의 정설, 즉 '학문의 범주'를 벗어났기 때문이다. 강단사학계가 내세우는 근거는 무엇일까? 바로 조선총독부가 발견한 고고학 유적과 유물이다.

조선총독부의 이론을 어떻게 보는가

젊은역사학자모임의 위가야는 시라토리 구라키치, 이나바 이와키치, 이마니시 류 등 일제 학자들의 한사군 이론에 대해 이렇게 말한다.

> 이들은 한사군의 남방 경계에 대해서는 의견을 달리했지만, 적어도 그 영역이 한반도 북부 전역에 미치고 있었다는 것에 대해서는 일치된 견해를 보여주었다. 이들의 연구는 한정된 문헌에 대한 비판을 중심으로 진행되었으므로, 엄밀히 말하자면 추론의 영역을 벗어날 수 없는 것이었다. 하지만 당시 진행된 고적조사를 통해 확인된 유적과 유물들이 문헌이 제공하는 부족한 정보를 보완할 수 있는 물적 증거가 되었다.
> – 젊은역사학자모임, 『한국고대사와 사이비역사학』, 역사비평사, 2017, 244쪽

한사군의 위치를 한반도 북부로 본 일제 학자들의 주장, 즉 1차 문헌사료 근거가 없는 것을 '한정된 문헌', '문헌이 제공하는 부족한 정보'로 표현했다. 이 부족한 정보를 조선총독부가 실시한 고적조사를 통해 물

적 증거를 확인했다고 한다. 일제 어용학자들의 한사군 연구가 순수한 학문적 목적에 있지 않고 황국사관에 입각한 침략주의의 일환이었음은 역사적 사실이다. 한사군으로 인해 단군조선의 역사는 부정되고, 한국사는 중국의 식민지로 시작되었다는 타율성의 역사가 만들어졌다. 그런데 이 글은 조선총독부에서 동원한 도쿄제국대학 공과대학 교수였던 세키노 다다시의 고적 조사에 대해 다음과 같이 설명한다.

> 세키노는 1910년부터 1915년까지 조선총독부 촉탁의 신분으로 조선 전역의 고적을 조사했다. 이 과정에서 대동강 일대의 토성리 토성 등을 비롯하여 그 지역이 과거 낙랑군의 중심지였음을 알려주는 유적들이 발굴·조사되었으며, 이후 1920년대 중후반에 이르기까지의 조사를 통해 확인된 유적과 유물들은 낙랑군의 중심지가 평양이었음을 확인시켜주는 핵심적인 증거로 인정받았다.
> – 위의 책, 124쪽

결국 문헌적 사료로는 부족하지만 일제 학자들이 추론한대로 조선총독부가 조사한 유적과 유물을 통해 한사군의 위치를 한반도 북부로 확정했다는 주장이다. 젊은역사학자모임은 강단사학계의 정설을 앵무새처럼 반복한다. 국사편찬위원회가 수십 년간 심혈을 기울여 편찬했다고 자부하는 『한국사』를 보자.

> 고조선의 대동강 중심설은 일제강점기를 통하여 일본인 학자 및 우리 학자들에 의하여 체계화되었다. 일본인 학자들은 이를 식민지배의 역

사적 설명도구로 활용하기도 하였는데 특히 1930년대에 집중적으로 발굴된 평양일대의 중국계 유물·유적을 결정적 증거로 활용하였다.

　– 국사편찬위원회, 『한국사』4, 탐구당, 1997, 75쪽

낙랑군 연구로 박사학위를 받고 활약하는 오영찬(이화여자대학교 교수)의 글도 이를 벗어날 리가 없다.

낙랑군에 대한 본격적인 연구와 함께 구체적인 역사상이 정립된 것은 일제강점기 이후의 일인데, 여기에는 고고학 발굴 조사자료들이 결정적인 역할을 하였다. 낙랑고분 발굴 조사는 1909년 도쿄제국대학 건축학과 세키노 다다시에 의해 개시되었다.

　– 오영찬, 『낙랑군 연구』, 사계절, 2006, 16쪽

강단사학계는 조선총독부가 추진하고 결론 내린 고고학 발굴에 전적으로 기대고 있다. 위가야의 글을 마저 읽어 보자.

일본인들의 한사군 연구는 문헌 비판을 통해 실증하고, 고적조사를 통해 확인된 고고자료가 실증의 물적 근거를 제공했다는 점에서 학문적 설득력을 가질 수 있었다. 하지만 그들의 연구는 한사군의 성격을 식민지로 규정한 채 그 위치를 확인하는 데 그쳤다.

　– 젊은역사학자모임, 『한국 고대사와 사이비역사학』, 역사비평사, 2017, 66쪽

일제의 한사군 연구는 문헌과 고고자료로 실증했기에 학문적으로 타

당하나, 다만 한사군을 식민지로 규정한 것이 문제였을 뿐이라고 한다. 과연 이 말은 사실일까? 일제는 한사군 위치를 확정하면서 실증은커녕 문헌사료를 배제했고, 당시부터 제기된 고고 자료 조작 의혹은 이후 북한학계에 의해 사실로 밝혀졌다. 조선총독부가 내세우는 대표적인 고고 발굴인 점제현비만 해도 조작이었다. 조선사편수회의 이마니시 류는 평안남도 용강군에서 발견된 이 비가 낙랑군 점제현의 치소였음을 증명한다고 주장했고, 세키노 다다시가 이를 뒷받침했다.

그러나 점제현비가 대충 다듬어졌고 기초에는 시멘트를 썼고, 용강군 일대의 화강석이 아니라는 점 등이 북한 사회과학출판사에서 1986년 이후 발간한 『조선고고연구』에서 드러났다. 점제현비에 대해 2,000년 전에는 물이 들어왔던 곳에 어떻게 비를 세울 수 있었겠느냐고 고고학자 손보기(1922~2010, 전 연세대학교 교수)는 말했다. 손보기는 1960년대에 해방 후 남한에서 최초로 구석기 유적을 발굴한 고고학계의 원로다.

1890년대부터 일본은 우리 역사를 왜곡하려는 갖은 일을 다하였다. 그들의 침략정책을 합리화하고 이를 밀고 나가려는 데 그 뜻이 있었다. 역사의 왜곡, 말살을 두려움 없이 서슴지 않았다. 랑케사학을 과학성 있는 역사연구에 쓰려던 생각과는 달리 미리 정해놓은 정책에 맞추어 가는 방법을 썼다. 광개토대왕릉비의 조작, 점제비를 옮겨 세우는 일, 고분의 발굴, 고건축조사, 고고조사들은 모두가 문화재의 파괴·약탈·도굴과 이어지는 부정한 일이었다. 총독부 중추원의 조선사편수회, 조선 고적조사위원회들의 조사들은 우리 겨레의 문화를 값없는 것으로 만들려는 노력으로 일본보다 앞선 문화의 흔적을 흐리게 하려는 것이었다. 이들은 문화재의 도굴을 북돋게 되었고 고분이 도굴된 것이 1만 여에 달한다고 일인이 적고 있다.

– 한민족학회 편, 『한민족』 제3집, (주)교문사, 1991, 1~2쪽

문성재(인하대학교 고조선연구소 연구교수)는 2018년에 발간한 『한국고대 사와 한중일의 역사왜곡』에서 이렇게 주장한다.

> 국내 강단학자들은 거의 모두가 낙랑군이 평양에 있었다고 주장하는 자들이다. 그런 그들이 어떻게 세키노가 생뚱맞게도 대량의 낙랑유물 을 사들인 장소가 중국 북경이라는 사실에 대하여 전혀 이상하게 생각 하지 않는 것일까? 이건 정말 엄청난 불가사의이자 아이러니이다. 그 들 주장처럼 낙랑군이 평양에 있었다면 세키노는 그 많은 유물을 찾아 서 굳이 중국까지 갈 이유가 없었다. 당시에는 비행기가 상용화되지 않은 시대였다. 서울에서 북경까지는 배를 타든 기차를 타든 며칠이나 소요되던 시절이었다. 정말 평양이 낙랑군 자리라면 그런 고생을 할 필요 없이 평양만 가면 얼마든지 유물을 찾아낼 수 있었을 것이다. 그 런데도 북경까지 가서 한나라와 낙랑 관련 유물들을 쓸어 온 것이다.

– 문성재, 『한국고대사와 한중일의 역사왜곡』, 우리역사연구재단, 2018, 407쪽

세키노가 중국 북경에 다녀온 후인 1920년대부터 한반도, 특히 평양 지역에서 봉니, 와당 등 다양한 '낙랑' 관련 유물들이 쏟아져 나왔다. 한사군 설치 이후 2,000년간 침묵하던 유물들이었다. 세키노가 북경을 다녀오기 전에는 국내에서 '낙랑' 두 글자가 분명하게 박혀 있는 유물은

출토된 일이 없었다. '신의 손' 세키노의 조사 보고를 강단사학계는 100% 사실로 전제한다. 문성재는 이렇게 말한다.

> 세키노가 어떤 인물인가? 그는 1918년 북경에서 낙랑 출토 유물들을 쓸어 담아 오기 한참 전부터 "조선사를 타율적인 종속 과정으로 틀 지우기 위한 증거를 찾는 것이 주된 목적"이었던 인물이다. 당시 "낙랑은 곧 한나라이며 조선 또한 한의 강역이라는 설을 확고한 사실처럼 과대 포장해 전파"한 그런 인물이다. "오랫동안 중국의 지배와 간섭만 받아 왔던 한반도 전역을 남부의 고토를 되찾은 일본이 결국 해방시켜 줬다."라는 삐뚤어진 역사관과 일본우월주의에 사로잡혀 있었던 인물이다.
> – 위의 책, 409쪽

문성재는 세키노가 애초부터 '타율성론'이라는 정답을 정해 놓고 한민족의 역사를 거기에 억지로 끼워 맞추려고 애썼다고 말한다. 남들은 평생 발굴조사를 해도 한 건도 성공하기 힘든데 세기적인 발견을 해마다 몇 건씩 줄줄이 성공시켜서 오죽하면 세키노의 별명이 '신의 손'이냐고 반문한다. 그는 세키노가 북경을 다녀가기 전과 후의 상황을 대조해 보라고 한다.

위가야는 일제가 한사군을 식민지로 규정해 결과적으로 제국일본의 식민지배 정당화에 이용했기에, 일본인들의 한사군 연구가 식민사학이라는 비판에서 자유로울 수 없다고 한다. 그러나 광복 후 이를 강단사학계가 극복했다고 한다. 이 말이 사실일까?

지킬 박사와 하이드 씨의 운명

한국에서 대표적인 한국사 개설서로 통용돼온 이기백의 『한국사신론』을 보자.

> 한의 군현이 그들의 식민정책을 수행한 중심지는 낙랑군이었다. 그 낙랑군에는 군태수 이하의 관리와 상인 등 한인이 와 살면서 일종의 식민도시를 건설하고 있었다.
> – 이기백, 『한국사신론』, 일조각, 2001, 37쪽

『한국사신론』은 "식민정책을 수행한 중심지는 낙랑군", "제작과정과 사용자로 보면 (고)조선인과는 아무런 관련이 없는 한인에 의한 문화", "호화로운 식민도시" 등 한사군을 식민지로 서술했다. 『한국사신론』을 비롯해 강단사학계에서 펴낸 거의 모든 책들이 천편일률적으로 이와 같은 기조를 벗어나지 않는다. 서울대학교에서 교재로 쓰이는 『한국사 특강』을 보자.

> 기원전 108년 왕검성이 함락된 후 고조선 지역에는 한漢나라의 군현이 설치되었다. 한 군현의 지배 아래에서 고조선인들은 차별을 받았고 중국계인들은 군현 내의 주요 거점에 세워진 토성에 주로 거주하며 지배족속으로 군림했다. 고조선사회의 기존의 상급 조직은 해체되었고, 읍락 단위로 군현조직에 예속되었다.
> – 한국사특강편찬위원회, 『한국사 특강』, 2008, 17쪽

윗글은 노태돈(서울대학교 명예교수)이 썼다. 그는 (고)조선이 한의 지배 아래 차별을 받았고 중국계인들이 지배족속으로 군림하고, (고)조선은 이에 예속되었다고 했다. 윗글은 다음과 같이 이어졌다.

고조선사회의 중심부였던 한반도 지역에서는 중국 군현의 지배가, 비록 점차 그 지배 지역이 축소되어 갔지만, 4세기 초까지 지속되었다. 이 중국 군현과 그 세력의 원천인 중국의 왕조는 예·맥·한족 사회의 정치적인 성장을 압박하는 외적 요소로서 작용했다. 한편 중국 군현을 통해 유입된 새로운 선진문물은 그것이 정치적으로 독립된 예·맥·한족에게 수용될 경우 새로운 발전의 동력으로 전화될 수 있는 가능성을 안고 있었다. 이러한 상황 아래에서 기원전 1세기 이후 한편으로는 중국 군현의 직·간접의 지배에 저항하고, 한편으로는 그 선진문물을 수용하면서 고조선사회의 외곽에서 예·맥·한족의 여러 나라가 차례로 성립하여 발전해 나갔다. 그중 일찍이 국가를 성립한 것이 고구려였고, 이어 백제와 신라가 등장했다. 한편 중부 만주의 길림 장춘 지역에서 부여가 고구려보다 더 이른 시기에 성립했으며, 5세기 때 이후 한반도 남부 해안지대와 낙동강 서안 지역에서 가야의 여러 소국도 국가 형성을 향해 발돋움 했다. 삼국은 고조선사회의 외곽에서 시간적 선후를 지니며 각각 성립했고, 4세기 중반 이후 서로 국경을 접하게 되기 전까지는 상당 기간 상호 깊은 교섭 없이 독자적으로 발전해 나갔다.
– 위의 책, 17~18쪽

노태돈은 한사군을 통해 중국의 선진문물이 들어오면서 한국이 발전하기 시작했다고 설명하고 있다. 중국의 선진문물 수용으로 부여, 고구려, 백제, 신라 등이 성립, 발전하기 시작했는데, 이 열국들은 (고)조선에서 나온 것이 아니라, (고)조선 외곽에서 나왔다고 한다. 부여, 고구려, 백제, 신라, 가야는 (고)조선에서 나왔다. 그런데 노태돈은 (고)조선과 열국의 역사를 분리하고 거기에 한사군을 넣었다.

"삼국은 (고)조선 사회의 외곽에서 시간적 선후를 지니며 각각 성립했고, 4세기 중반 이후 서로 국경을 접하게 되기 전까지는 상당 기간 상호 깊은 교섭 없이 독자적으로 발전해 나갔다."는 그의 설명도 유의해서 봐야 한다. 열국들이 (고)조선에서 나온 것을 부정하고 서기 4세기까지 상호 깊은 교섭이 없었다는 것인데, (고)조선에서 나온 나라들이 깊은 교섭이 없었다는 것은 사실과 다르다.『삼국사기』는 (고)조선 사람들遺民이 혁거세를 왕으로 세웠다는 기록으로 시작한다. "5세기 때 이후 한반도 남부 해안지대와 낙동강 서안 지역에서 가야의 여러 소국도 국가 형성을 향해 발돋움 했다."는 주장도 사실이 아니다. 일단 이 논리의 맥락을 짚도록 하고 자세한 내용은 뒤에 다루겠다. 강단사학계가 한사군을 어떻게 보는지 계속 보자.

> 한나라는 고조선 땅에 '군'이라는 식민지, 즉 한군현을 만들었다. 군 밑에는 현을 두고 한인漢人 군 태수와 현령을 보내 식민 통치를 하였다.
> －『아틀라스 한국사』, 사계절, 2010, 25쪽

『아틀라스 한국사』는 교원들을 양성하는 한국교원대학교에서 지은 책으로 학생들이 보는 스테디셀러다. 윗글은 (고)조선 박사 1호로 (고)

조선과 관련해 가장 많은 활동을 하는 송호정이 썼다.

> 한은 낙랑군을 설치함에 있어, 중심 지역에 군현을 설치하여 주변 세
> 력들을 모두 중원의 통제 아래 두려는 정치적 목적을 보다 강하게 의
> 도하였다.
> - 오영찬, 『낙랑군 연구』, 사계절, 2006, 63~64쪽

오영찬은 낙랑군으로 박사학위를 받고 활약하는 대표적인 논자다.
안정준은 「오늘날의 낙랑군 연구」에서 다음과 같이 말한다.

> 또한 낙랑군·대방군에 대한 고고자료의 발굴은 일제시기에 끝난 것이
> 아니었다. 일제시기에 발굴한 낙랑 지역 고분의 수는 70여 기에 불과
> 한 반면, 해방 이후 북한에서 발굴한 낙랑고분의 수는 1990년대 중반
> 까지 무려 3,000기에 달한다. 현재 우리가 아는 낙랑군 관련 유적의
> 대다수는 일제시기가 아닌 해방 이후에 발굴되었다 해도 과언이 아니
> 며, 학계에서 가장 주목하는 낙랑 관련 유적·유물들 역시 주로 이 시
> 기에 새롭게 발견되었다는 사실을 간과해선 안 된다.
> - 젊은역사학자모임, 『한국고대사와 사이비역사학』, 역사비평사, 2017, 172쪽

안정준은 광복 후 북한의 고고자료 발굴과 연구로 낙랑군이 평양일
대에 있었음이 확증된 것처럼 주장했다. 그러나 이는 사실과 전혀 다르
다. 북한학계는 그와 정반대의 주장을 해왔다. 북한학계의 연구를 직접
보자.

일제어용사가들의 견해에 의하면 기원전 108년에 한 무제가 고조선을 정복하고 설치하였던 락랑군이 무려 420여 년 동안이나 평양일대에 존재하면서 식민지통치를 실시하였다는 것이다. 더욱이 어처구니없는 것은 한나라 락랑군의 설치와 더불어 '원시상태'에 있은 조선민족이 문명시대에 들어서게 되었으며 이때부터 조선의 력사가 시작되었다고 주장한 것이었다. 이것은 력사적 사실과 맞지 않는 부당한 궤변이다. 그것은 해방 후 우리 고고학자들에 의하여 발굴된 평양일대의 락랑무덤 자료들이 잘 말해준다. 해방 전에 일제어용사가들은 조선강점 전 기간에 걸쳐 평양일대에서 근 100기에 달하는 락랑무덤을 파헤쳤지만 해방 후 우리 고고학자들은 평양일대에서 일제어용사가들이 파본 것에 30배에 달하는 근 3,000기에 달하는 락랑무덤을 발굴 정리하였다. 우리 고고학자들이 발굴 정리한 락랑무덤 자료들은 그것이 한식 유적 유물이 아니라 고조선문화의 전통을 계승한 락랑국의 유적유물이라는 것을 실증해준다. 락랑국은 고조선의 마지막 왕조였던 위만조선이 무너진 후에 평양일대의 고조선 유민들이 세운 나라였다.

– 사회과학원, 『평양일대 락랑무덤에 대한 연구』, 중심, 2001, 10~11쪽

해방 후 고고학자들이 평양일대에서 조선총독부가 파본 것에 30배에 달하는 근 3,000기에 달하는 낙랑무덤을 발굴 정리했더니, 한漢의 유적·유물이 아니라 (고)조선 유민들이 세운 낙랑국 유적·유물이라는 것이다. 안정준은 이런 사실을 왜곡했다.

지킬 박사는 밤마다 약물을 주사했고 밤에 일어난 일을 전혀 기억하지 못했다. 약물투여가 반복되면서 하이드 씨의 악마적 행위는 더욱 잔

혹해졌다. 그러다 비참한 최후를 맞았다. 주류권력에 중독된 젊은역사학자모임이 지킬 박사와 하이드 씨의 운명과 같은 길을 걷고 있다. 그들의 중독현상은 이제 돌이키기 힘든 상황으로 접어들었다. 그들은 자신을 통제하지 못하고 점점 비이성적으로 사고할 것이다. 권위주의적인 권력에 복종하는 자는 스스로 이를 정당화하고 더욱 주류편향에 서며 자신을 객관화하지 못한다.

1980년대는 (고)조선 연구의 커다란 전환점이었다. (고)조선에 대한 체계적인 1차 문헌 비판과 고고학자료에 의거해 (고)조선의 강역이 만주와 한반도에 걸쳐 있었음이 과학적으로 밝혀졌고, 대중적으로 이를 인식하게 되었다. 이것이 국사교과서에 일부 반영되었는데, 송호정은 다음과 같이 불만을 드러냈다.

> 중·고등학교 국사교과서에는 고조선이 만주와 한반도에 걸쳐 광대한 영토를 가졌던 것처럼 씌어 있다. 이러한 내용이 교과서에 실린 것은 1980년대 후반부터이다. 그 전에는 고조선의 영역이 평양을 중심으로 북쪽으로는 청천강을 넘지 않는 것으로 설명했다. 이처럼 교과서의 내용이 바뀌기까지는 우여곡절이 있었다. 교과서 내용을 시정하라는 소송이 제기되기도 했고, 이 문제로 국회에서 공청회가 열리기도 했다. 대부분의 한국사 개설서는 여전히 고조선의 영역을 제각기 다르게 설명하고 있다. 아직 학계의 의견이 통일되어 있지 못하다는 이야기다.
> – 송호정, 『단군, 만들어진 신화』, 산처럼, 2004, 235쪽

송호정 등은 1980년대 이후 (고)조선이 만주와 한반도에 걸쳐 광대한

영토를 가졌던 것처럼 역사교과서에 기록된 것을 못마땅해 한다. 그들은 속으로 (고)조선의 영역이 평양을 중심으로 한반도 서북부 일대에 있었다고 생각하고 이를 정당화하기 위해 갖은 노력을 한다. 그러나 역사적 사실이 그들의 주장과 전혀 다르게 밝혀지면서 학문적 토론과 대중적인 역사인식 공유를 차단하기 위해 "사이비역사학", "역사는 전문가에게 맡기라" 등의 공세를 펼쳤다.

나의 눈으로 역사 바로보기

1. 일제 침략사관의 핵심은 타율성론, 정체성론, 반도사관 등입니다. 일제가 이런 침략사관을 유포한 이유에 관해 생각해봅시다.

2. 문재인 대통령의 가야사 발언에 대해 강단사학계가 반발하는 근본적인 이유는 무엇일까요?

3. 강단사학계가 한사군의 위치를 한반도 북부로 보는 시각에 어떤 문제점이 있는 걸까요?

2장
중국과 일본의
시각으로 보는 한국사

한민족의 정체성이 한반도에서 나왔는데, 한반도는 중국의 문물을 받아서 일본에 전하는 육교의 구실을 해왔다고 한다. 조선총독부의 이마니시 류는 "일본의 문화가 반도에서 왔다고 하지만 그것은 반도의 문화가 아니라 중국의 문화가 반도를 경유한 데 지나지 않는다."고 했다. 한민족이 독자적으로 만든 문물은 없고, 일본에 전파된 한국 문물도 없다는 주장이다. 이것이 반도사관의 속성이다. 이를 그의 제자 이병도가 고스란히 한국사의 요체로 전수했다. 한민족의 정체성이 유사 이래 대륙과 해양, 한반도에 걸친 공간에서 형성된 사실을 왜곡한 것이다.

조선사편수회의 역사를 따르는 한국사

2016년 11월 28일 한국사 국정교과서 집필진 명단이 공개됐다. 고대
사는 신형식(이화여자대학교 명예교수), 최성락(목포대학교 교수), 서영수(단국
대학교 명예교수), 윤명철(동국대학교 교수)이 참여했다. 신형식, 최성락, 서
영수는 강단사학계 주요 인물이다. 전·현직 국사편찬위원회 등 국책기
관 연구원이 다수를 차지했다. 국정교과서 집필 책임자인 김정배의 인
맥이 많았다. 현대사 집필진은 뉴라이트 인사들이 차지했다. 현대사 집
필 교수 중 역사전공자는 나종남 육군사관학교 군사사학과 교수 1명인
데, 그는 '건국사관'을 주장하는 한국현대사학회 회원이고, 나머지는 정
치·경제·법학 전공자들이다.

김정배는 "폐쇄적 민족사관이나 투쟁 일변도의 역사서술이 민주시민
의 자질을 함양하고 민주시민사회를 건설하는 데 있어 어떤 공과가 있
는지를 되돌아봐야 한다."며 "이번 교과서는 이런 관점을 반영해 만들
고자 노력했다."고 했다(「조선일보」, 2016년 11월 28일).

촛불혁명으로 탄생한 문재인 정부는 박근혜 정부가 추진한 국정 역
사교과서를 적폐 1호로 청산했다. 역사의 중요성을 상징하는 의미심장
한 일이다. 2017년에 국정 역사교과서 편찬을 실무적으로 총괄한 김정
배와 이기동은 각각 국사편찬위원장과 한국학중앙연구원장에서 사퇴
했다. 김정배는 고구려연구재단 이사장, 고려대 총장, 한국학중앙연구
원장을 역임한 후 박근혜 정부에서 국사편찬위원장에 임명됐다. 그는
국사편찬위원장직을 사퇴하면서 기존 검정교과서 집필진이 좌편향 돼
국정교과서로의 회귀가 불가피했고, 자신은 소신껏 균형 잡힌 역사교과

서를 만들었다고 주장했다. 국정 역사교과서를 평가 심의한 이기동은 이병도가 만든 진단학회 회장을 역임하고 이기백에 이어 한국고대사의 수장 역할을 해왔다. 박근혜 정부에서 한국학중앙연구원장에 임명된 그는 2015년 「조선일보」 인터뷰에서 역사교과서의 문제점에 대해 이렇게 말했다.

> 노무현 대통령 시절은 그렇다 쳐도 이명박 대통령 5년 동안 무엇을 했는지 묻지 않을 수 없습니다. 정권 초기에 좌편향이 가장 심각했던 금성출판사 한국근현대사 교과서에 일부 수정 명령을 내리기는 했지만 근본 대책을 마련하지는 않았습니다. 지금 문제가 된 한국사교과서만 해도 집필 기준과 검정의 틀은 이명박 정부 때 만들어졌습니다. 박근혜 정부도 초기부터 국정화 논의만 시작해놓고 결론을 내리지 않아서 저쪽에 방어막을 칠 시간을 주었습니다. 지금도 정부와 여당이 이렇게 중요한 문제를 끝까지 밀고 갈 의지와 능력이 있는지 의문입니다.
> – 「조선일보」, 2015년 10월 22일, "분단국이 교과서 내주는 건 스스로를 무장해제하는 것", 이선민 선임기자

정부는 짧아도 역사는 길다. 강단사학계가 이명박·박근혜 정부의 역사관을 배후에서 떠받치고 있었다. 이 인터뷰에서 이기동은 역사교과서의 다양성이 필요하다는 주장에 대해 분단국인 한국은 국가가 역사교육을 관장해야 하고, 역사교과서를 교사와 학생에게 맡기는 것은 덜된 지식인들의 허위의식이라고 주장했다. 평생 메카시즘을 내세워온 그는 제주 4·3사건의 희생자들을 '공산폭도'로 매도한 바 있다. 국정 역사교

과서에 대해 정부와 여당이 끝까지 밀고 갈 의지와 능력이 있는지 의문이라고 한 이기동의 발언에서 강단사학계의 적극적인 주도와 참여로 박근혜 정부의 국정 역사교과서 추진이 이루어졌음을 확인할 수 있다.

김정배와 이기동은 한국고대사를 전공하며 조선총독부사관을 전수받은 학자들이다. 역사와 관련한 국가기관의 주요직책은 조선사편수회 출신인 이병도와 신석호(1904~1981, 전 고려대학교 교수, 국사편찬위원장 역임)이래 지금까지 그들이 만든 학맥들이 차지해왔다. 1980년대에 민주화 열망이 분출되며 강단사학계는 위기를 맞았고, 김대중·노무현 정부의 소위 '잃어버린 10년'에 한국현대사에 대한 다양한 해석이 나오자 강단사학계는 극우세력과 함께 한국근현대사와 관련한 역사해석의 차이를 이념논쟁으로 몰고 갔다. 그들은 식민지·독재 근대화론과 반공을 앞세워 친일·친미·친자본 세계화 이데올로기를 주창했다.

질문을 억압하고 정답을 주입하는 한국사

식민사학에 대한 비판이 대중적으로 크게 일자 강단학계는 2016년에 한국고대사 강좌를 개설했고, 2017년 3월에 그 내용을 『우리시대의 한국고대사』 1, 2권 책으로 발간했다. 이를 「조선일보」를 비롯해 「한겨레」, 「경향신문」 등이 주요하게 다뤘음은 물론이다. 국정 역사교과서를 주도한 김정배, 이기동에 이어 한국고대사학계의 핵심인물로 역할해온 노태돈(서울대학교 명예교수)은 이 책 서문에서 다음과 같이 주장했다.

이른바 재야사학측에서는 학계의 주된 학설을 일제의 식민사학에 젖은 왜곡된 것이라고 비판하였다. 그에 대해 기성학계에서는 부당한 비난으로서 비논리적인 주장일 뿐이라고 일축하였다. 2015년에 전개된 양측의 논란은 그전보다 더 격한 양상을 보이고 있다. 국사 이해를 둘러싼 이런 논란의 가장 큰 피해자는 국민이다. 특히 학계의 학설과 이를 담은 교과서가 온통 비난의 대상이 되는 상황을 보면서 당혹해하는 학생과 그들을 지도하는 교사가 그 직접적인 피해자들이다. 학생이 교과서를 불신하면 교육이 무너진다. 이에 대한 대응책으로서 학계의 주장을 시민사회에 직접 전하기 위해 강좌를 열게 되었다.
– 한국고대사학회 편, 『우리시대의 한국고대사1』, 주류성, 2017, 10쪽

한국고대사와 관련해 기성학계에 문제 제기와 시비가 계속 있었는데 부당한 비난이라는 것이다. '학계의 학설'을 담은 교과서가 비난의 대상이 되면서 그 피해를 학생과 교사들이 본다고 한다. 노태돈이 말하는 '학계의 학설'을 담은 교과서는 학교 현장에서 어떤 평가를 받고 있을까?

지금까지 국가가 교과서 국정제와 검정제를 통해 학교 지식의 생산, 유통, 소비의 독과점 체제를 고수해온 것은 정치권력 혹은 문화권력의 헤게모니 행사라고 할 수 있을 것이다. 그러한 헤게모니 행사는 다른 견해나 해석을 인정하지 않는다는 점에서 오히려 편향적이다.

현상 유지를 고수하는 사람들은 자신의 소견을 독과점 교과서를 통해 '진실'로 승격시키고, 그 밖의 다른 해석을 거짓으로 매도한다. 그러나 해석과 논쟁의 가능성을 막는 순간 역사는 죽고, 역사 이야기는 도

그마가 된다. 역사는 다양한 해석과 논쟁의 가능성을 열어 둘 때 생동
한다.

– 전국역사교사모임 지음, 『역사, 무엇을 어떻게 가르칠까』, 휴머니스트, 2008, 69쪽

국가가 국정교과서는 물론 검정교과서도 관리·통제함으로서 국가의
검열을 거친 내용만 일률적인 정답으로 만들고, 다양한 견해와 해석을
막으면 역사는 도그마가 되고 생명력을 잃는다는 견해다. 조선총독부가
구축한 정설 이외의 시각과 이론을 철저하게 배제하려는 강단사학계의
폐쇄적인 태도는 우리사회에 큰 영향을 미쳐왔다.

결국 국정체제에서 만들어지는 국사교과서는 큰 방향에서 한국사회의
주류사상 편향 위에 있게 된다. 진실은 하나이고 교과서는 그 하나의
진실을 담아야 한다는 관념이 국정교과서 체제를 떠받들어왔으며, 그
러한 논의를 주도하는 세력들이 국사교과서의 역사상을 결정짓기도
했다.

– 전국역사교사모임 지음, 『역사, 무엇을 어떻게 가르칠까』, 휴머니스트, 2008, 64쪽

강단사학계의 관학체제가 주류사상 편향 위에 선 역사상을 구축해
이를 체계적으로 주입해 독립적이고 창의적인 사유를 억압해온 것이다.
그 결과는 어떻게 되었을까?

형식적으로는 다수의 대중이 사회를 운영하는 주체이고 또 그래야 한
다고 표방되었지만, 사회운영과 밀접히 연결된 지식체계인 역사는 실

질적인 사회운영 층의 독점적 소유물로 남아 있었던 것이다. 역사지식의 대중화조차도 제대로 이루어지지 못하는 상황에서 대중이 실질적인 사회운영 담당자로서의 안목과 식견을 갖추기는 불가능에 가까울 수밖에 없었다.

— 위의 책, 296쪽

대중을 소외시킨 주류편향의 역사학은 지배층의 권력유지에 복무하는 이념으로 기능하고 배타적인 학문권력을 체질화하면서 과학적인 학문에서 벗어나게 되었다. 역사학은 끊임없이 새로운 사실을 발견하고 해석하는 학문이다. 모든 학문이 그렇듯 역사학은 겸손한 자세로 정직하고 개방적인 연구를 하는 과정에서 대중적인 토론을 통해 객관성을 확보한다. 역사적 진실을 파악할 최선의 방법이 바로 대중적인 토론이다. 지식은 개인의 전유물이 아니라 인류의 공유물이다.

교과서는 국가의 국정과 검정을 통한 인정제가 아니라 자유발행제가 되어야 한다. 2013년, 교학사 역사교과서가 채택률 0% 가까이에 이른 후 박근혜 정부는 역사교과서 국정화를 서둘렀다. 국가가 편찬한 교과서만 인정하는 나라는 극소수고, 대부분의 민주주의 국가는 교과서 집필과 채택에서 학자·교육자·학부모·학생 등의 참여를 보장한다. 역사 본연의 의미도 각 주체들의 참여로 만들어진다.

나는 호기심 갖기, 보는 눈 기르기, 필요한 자료 찾기, 내 생각 갖기, 내 생각 표현하기가 아이들이 학교에서 길러야 할 능력이라고 생각한다. 역사수업에서도 마찬가지이다. '역사'라는 재료를 통해 이런 능력을 길러 줄 수 있느냐 없느냐가 좋은 역사수업이냐 아닌가를 결정한다. 주제를 주고 정리를 하게 하면 학생들은 먼저 정답부터 찾으려 한다. 정답이 없다고 이야기하면 "교사가 바라는 해답은 무엇일까?" 고민한다. 무엇보다도 이런 태도와 사고방식을 깨부수어야 했다. 정답이나 교사가 바라는 해답이 아니라 자신의 생각을 정리하고 말하는 것, 논리적으로 말하는 것, 그것이 중요한 일임을 강조했다. 교과서에 나와 있는 내용도 정답이라기보다는 가장(?) 타당한 주장이라 여길 것을 제안했다. 그러나 정답 찾기에 익숙한 아이들에게 이것은 말처럼 쉬운 일이 아니다.

— 전국역사교사모임 지음, 『우리 아이들에게 역사를 어떻게 가르칠 것인가』, 휴머니스트, 2003, 37쪽

'역사하기'는 '탐구하기'이다. 끝없는 호기심으로 세계의 모든 것에 대해 질문하면서 자신만의 사유와 가치관을 만들어가는 과정이다. 삶에 정답이 없듯이 역사에 정답은 없다. 주어진 정답을 주입하고, 내 생각과 내 표현을 잃는다면 역사는 의미가 없다. 노태돈의 주장은 현실과 시대의 흐름의 정반대에 서 있다. 강단사학계가 검열한 정답으로 역사를 편찬할수록 학생과 교사의 피해는 커진다. 역사가 대중의 것으로 돌아가면서 기존의 지식이 무너지기 시작했고, 집단지성의 '역사하기'는 역사의 진실성을 더욱 높여가고 있다. 국정 역사교과서가 폐지된 것은 촛불이 만들어낸 커다란 성과다.

한 번도 독립한 적이 없는 역사, 피지배의 한국사

2016년에 한국고대사학회가 개최한 시민강좌는 노태돈의 '근대사학의 형성과 한국고대사연구'로 시작했다. 강좌 서두에서 그는 신채호가 민족에 대한 역사적 인식을 결여하고 강한 배타성을 띠었다면서 다음과 같이 주장했다.

> 고조선의 모습에 대한 민족주의 사학자들의 주장과 식민주의 사학자들의 주장은 극대 극의 차이를 나타내었다. 하나는 거대한 제국의 모습으로 그려졌다면, 다른 하나는 청동기 문화도 제대로 영위치 못한 저급한 작은 집단으로 묘사되었다. 이천수백 년 전의 초기국가에 행한 이해에 현실의 정치 이념적 대립이 첨예하게 반영되어져 제시되었다. 둘 다 '극단의 시대'가 만들어낸 파행적인 모습이라 하지 않을 수 없다.
> – 한국고대사학회 편, 『우리시대의 한국고대사』, 주류성, 2017, 15쪽

노태돈은 '극단의 시대'가 만들어낸 파행적인 모습이라며 신채호를 일제와 같은 선상에서 매도했다. 어떻게 한국을 식민지배한 일제와 이에 맞서 싸운 독립혁명가를 똑같이 평가할 수 있을까? 이런 반인륜적인 사상과 역사관이야말로 식민주의가 낳은 악폐가 아닐 수 없다. 강단사학계를 이끌어온 노태돈이 이런 발언을 하는 이유는 이병도의 역사학을 확고히 하고자 하는 의도다.

이 시기 진단학회에서 행해진 역사연구는 엄격한 객관적인 실증을 중

시하는 것이었다. 실증이란 확실한 증거를 가지고 증명하여 어떤 결론에 도달한다는 의미이다. 즉 주관적인 독단이나 기계적 적용을 거부하고, 증거 사료에 의거해 객관적으로 논증하는 과정을 통해 역사적 사실을 확인하여야 한다는 입장이다. (…) 이 시기 실증사학이 추구한 고대사 관련 연구는 한사군의 위치를 밝히는 것을 포함한 역사지리 연구가 주된 것이었다.

– 노태돈, 위의 책, 18쪽

노태돈이 말하는 "엄격한 객관적인 실증"은 조선총독부의 역사학을 따르는 것을 말한다. 그가 말하는 확실한 증거와 그것을 통해 이른 결론이 무엇인지 우리는 알고 있다. 강단사학계의 정설을 벗어나면 실증사학의 허상이 드러난다. 강단사학계가 내세우는 "엄격한 객관적인 실증"의 주체는 조선총독부를 말한다. 조선총독부가 1938년에 발간한 『조선사』 37권은 한국사의 원형을 근본적으로 파괴했다. 1960년대부터 식민사학 극복에 매진해온 원로사학자 김용섭(연세대학교 명예교수)의 『조선사』에 대한 평가를 보자.

『조선사』가 그들의 식민지 통치에 기여하는 바는 실로 크고 원대한 것이었다. 이러한 자료를 통해서 한국사를 서술한다면, 그것은 한국사의 주체성·발전성을 살리는 역사가 될 수는 없을 것이다. 식민지 당국에서 서술·편찬하는 역사가 한국과 한국인을 위한 역사가 될 수는 없었다. 그런 점은 연구논문에서도 마찬가지였다. 조선사편수회가 발족하면서, 그 회의 회원이 중심이 되어 발간한 논문집 '조선사학'에서는,

"우리가 조선사를 연구하는 것은, 첫째 국사(일본사)를 위해서이고, 이미 국사의 일부가 된 조선사를 위해서이고, 또 동양사연구 상에서 볼 때, 가장 필요한 것으로 생각하는 까닭이라"고 하였다. 그들의 한국사 연구와 서술은, 기본적으로 일본의 역사라고 하는 테두리 안에서만, 그 의미가 있는 것이었다.

－ 김용섭, 『역사의 오솔길을 가면서』, 지식산업사, 2011, 510~511쪽

김용섭의 평가는 조선총독부가 발간한 『조선사』와 그 작업에 참여한 이병도 등이 말하는 실증주의가 어떤 것인지를 잘 드러냈다. 일제가 주체가 되어 그들의 시각에서 본 역사만이 의미가 있는 것이다. 광복 후 미군정하에서 이병도가 쓴 『국사교본』에 대한 평가를 보자.

국사교본의 가장 큰 문제점은 식민사학의 논리를 그대로 반복했다는 점이다. 이는 당시 한국사 연구의 수준이 반영된 탓이겠지만, 진단학회의 연구 방법에서 비롯된 측면도 있다. 진단학회 주류의 연구를 '식민사학의 아류'라고 비판하기도 하는데, 바로 국사교본의 내용에서 그러한 점을 찾을 수 있다. 근세로 구분된 조선시대의 시기 구분을 당쟁이나 사화를 기준으로 한다든지, 한국사의 중요한 사회 변화의 동인을 대외적 요인에서 찾고 있는 것이 대표적이다. 이른바 '당파성론'이나 '타율성론'의 논리에서 벗어나지 못한 것이다.

－ 역사교육연구소 지음, 『우리 역사교육의 역사』, 휴머니스트, 2015, 167쪽

"내가 보건대, 조선사는 내란이나 외구의 병화에서보다도 조선사를

저작하던 그 사람들의 손에서 더 많이 없어지고 파괴되어 버린 것 같다."고 했던 신채호의 한탄이 떠오른다. 실증 없는 '실증사학'을 내세운 강단사학계 학자들이 편찬해온 한국사를 살펴보자. 국사편찬위원회가 편찬한 『한국사』는 강단사학계의 이론을 집대성한 것으로 역사교과서와 거의 모든 한국사 개설서의 기준이다. 조선사편수회의 『조선사』가 국사편찬위원회의 『한국사』의 원전이다.

> 철기시대 전기(기원전 300~기원전 1년)는 위만조선(기원전 194~108년)의 국가 형성과 낙랑군의 설치(기원전 108~기원후 313년)가 중복되어 있어 한국에 있어 사실상 역사고고학의 시작 단계이다. 이 시기에는 토광묘, 한자와 철기문화가 들어오며 후일 철기시대 후기(서기 1~300년)에 속하는 서기 372년(고구려 소수림왕 2년) 불교의 유입과 함께 한국의 문화는 조선시대 한일합방(1910) 때까지 거의 전역이 중국권으로 접어들게 된다.
>
> – 국사편찬위원회, 『한국사』1, 탐구당, 2003, 105쪽

이 글은 고고학자 최몽룡(서울대학교 명예교수)이 썼다. 그는 오랫동안 국정교과서를 집필해왔고, 2015년 11월 국정 역사교과서 대표집필자로 선정됐으나 여기자 성추행 의혹으로 사퇴했다. 서기전 3세기경 중국에서 철기가 보급되었고, 서기전 2세기 중국에서 온 위만이 문헌상 우리 민족 최초의 국가를 형성했으며, 중국의 식민통치 기관인 한사군이 설치되어 우리 역사가 시작되었다는 주장이다. 그리고 이때로부터 1910년 한일병합 때까지 한국의 문화는 거의 전역이 중국권에 접어들었다고

한다. 1910년 이후는 대일항쟁기에 들어가니 한국사의 주체는 중국과 일본인 것이다.

그러나 이 주장은 구체적인 사료와 고고학자료에 근거하지 않은 주장이다. 『삼국유사』, 『제왕운기』, 『동국통감』 등의 문헌사료들은 (고)조선이 서기전 24세기경에 건국했다고 전하고 있고, 이 사실은 고고학자료를 통해 입증돼왔다. 이 사실은 뒤에서 자세히 살펴보겠다. (고)조선이 서기전 13세기경부터 철기를 사용했고, 중국이 서기전 8세기경에 이르러 (고)조선으로부터 철기를 도입했다는 사실도 북한학계와 러시아 학자, 국내학자들의 연구에 의해 지속적으로 입증되었다. 그런데 국사편찬위원회는 실재한 한국사를 부정하고 고유한 한국의 문명을 '중국권'으로 정리했다. 타율성의 한국사는 중국의 영향과 지배로 점철하다 1910년 한일병탄으로 이어졌다. 중국사의 변방에 불과한 실체 없는 한국사가 일본사로 편입된 것이다. 한국사의 주체가 중국에서 일본으로 귀결된 것이다.

3월 민중혁명 후 1921년에 검정을 통과한 『대일본역사제요大日本歷史提要』는 1930년대 중반까지 조선총독부의 검정을 거친 유일한 교과서였다. 이에 대한 평가를 보자.

결과적으로 한국사는 피지배의 역사, 곧 한번도 독립한 적이 없는 역사였다. 역사의 시작부터 남부는 일본의 통치 대상이었고, 북부는 중국의 지배를 받았다. 또 고려 때부터 일본에 병합되기 전까지의 한국사는 중국에서 차례로 일어난 국가들, 곧 요, 금, 원, 명, 청에 종속된 역사였다. 이와 함께 왕조 창시자를 중심으로 한국사를 바라보면서, 외세뿐 아니라 왕조의 흥망성쇠에 따른 민중의 고통을 강조했다. 또한 이를 만세일계의 천황이 통치하는 일본제국의 역사와 비교했다. 따라서 한국인은 일본제국의 신민이 됨으로써 역사적, 현실적 고난을 극복할 수 있었고, 한국병합의 진정한 의의가 여기에 있다는 내용이었다.

– 역사교육연구소 지음, 『우리 역사교육의 역사』, 휴머니스트, 2015, 122쪽

조선총독부가 검정한 교과서와 현재 강단사학계의 정설은 이처럼 일치한다. 이기동이 주장한 바를 보면 이 사실이 더욱 확연해진다. 『한국사 시민강좌』에서 이기동이 한 말이다.

이처럼 전통문화의 특성을 한마디로 정의하기 어려운 것과는 대조적으로 한국 역사상 문화가 크게 일어날 때에는 예외 없이 외래의 선진문화가 큰 영향을 끼쳤던 점을 지적하지 않을 수 없다. 바꿔 말하면 오늘날 우리가 자랑하는 전통문화의 형성에는 언제나 외래문화의 자극이 있었던 것이다.

– 이기동, 『한국사 시민강좌』40, 일조각, 2007, 25쪽

한국의 전통문화가 초기국가 형성 이래 특히 중국과 끊임없이 교섭하면서 거의 전방위적으로 그 문화의 영향을 받은 것은 다 아는 사실이다. 중국문화의 수용은 한자를 비롯하여 유교사상, 한문으로 번역된 불교경전, 율령제도, 각종 기술 등 정치·사상·문화 전반에 걸쳐 19세기까지 2,000년 이상 중단 없이 계속되었다.

– 위의 책, 27쪽

우리의 전통문화가 예외 없이, 언제나 중국 선진문화의 자극과 영향으로 형성되었다 한다. 인류역사에서 있었던 문화교류와 자극을 말하는 것이 아니다. 외래의 자극이 없으면 주체적으로 문화를 형성할 수 없다는, 조선총독부에서 만든 '한국사 정체성론'의 반복이다. 이기동이 박근혜 정부에서 한국학중앙연구원장이 되고, 국정 국사교과서를 추진한 맥락을 알 수 있다. 국민여론을 살피며 국정 역사교과서를 반대하는 모습을 취한 일부 강단사학자들은 국정교과서를 주도한 김정배와 이기동 등 강단사학계 원로들에 대해서는 침묵을 지켰다. 이들이 편찬하는 한국사가 어떤 것인지 더 들어가 보자. 이기백에 이어 『한국사 시민강좌』 책임편집을 맡은 그가 이 책 서문에서 한 말이다.

역사학계의 최신 지식을 시민 독자 여러분과 공유하고 나아가 올바른 역사인식을 함양하기 위해 고 이기백 선생의 발의로 『한국사 시민강좌』가 세상에 나온 지도 어느덧 20년의 세월이 흘렀습니다. 지난날을 뒤돌아보면 창간 당시의 목표에 비해 올바른 역사인식의 함양에 큰 성과를 거두지 못한 느낌이 듭니다. 이는 편집위원회의 무능, 무책無策에도 그 책임이 있겠습니다만, 그간 정부 당국이 줄기차게 시도한 '좌파 정책' 실험으로 말미암아 시민 대중의 역사인식에 일대 혼란이 조성된 데도 그 원인의 일반一半이 있다고 생각됩니다. 조만간 상황이 반전될 것을 기대하면서 배전倍前의 노력을 약속드리는 바입니다. 이기백 선생의 3주기를 4개월 앞두고.
– 위의 책, 8~9쪽

"'좌파 정책' 실험으로 말미암아 시민대중의 역사 인식에 일대 혼란이 조성되었다."는 주장은 무슨 말일까? 이기동이 쓴 서문에 답이 있다.

지난 시기 두 차례 걸쳐 한국 역사학계의 총력을 기울여 편찬한 『한국사』 총서의 '간행 취지'에 나타난 2개의 지점이 주목됩니다. 하나는 한민족의 창조적 문화 활동을 부각시킨다는 것이요, 다른 하나는 민족사의 내재적 발전을 드러낸다는 것입니다. 이 중 후자는 1960년대에 일본인 연구자의 식민주의 역사학의 핵심적 요소인 정체성과 타율성을 극복하기 위한 방안으로 제창되기 시작한 이래 미국의 한국사 연구자들과 한국국내 경제사학자들에 의해 본격적인 반론이 제기될 때까지 한 세대 이상 우리 학계의 연구풍조를 이끌어 왔습니다. 하지만 이제 우리는 만능 약처럼 통용되어온 이 약의 효험을 냉철하게 검증해 볼 단계가 되었다고 믿습니다. 또한 한국 전통문화에 대한 평가에서도 외래문화의 토착화 과정에 주목하여 새로이 검토해야 할 필요성이 있다고 생각됩니다. 이와 더불어 한국사의 전개를 대외관계의 측면에서 재검토할 필요성이 제기되고 있습니다. 중국대륙과 일본열도 사이에 위치한 반도국가라는 한국의 입지立地에 대한 정치·지리학적 논의는 지난날 일본의 식민주의 역사학에서 '지리적 결정론'으로 귀결되고만 전력이 있는 까닭에, 그간 우리 역사학계에서는 이에 대한 논의 자체를 기피하는 경향이 있었습니다. 그러나 한국사를 둘러싼 국제적 환경에 대한 검토는 결여할 수 없는 긴요한 과제임이 분명합니다.
– 위의 책, 4쪽

한국사를 중국사로 쓰는 교과서 편찬자들

한국사에서 한민족의 창조적 문화 활동을 부각시키지 말고, 민족사의 내재적 발전을 드러내지 말아야 한다는 주장이다. 잠시 주춤했던 강단사학계의 반도사관을 다시 강화하자는 것이다. 결국 반도사관에 대한 시민의 비판적 역사인식을 바로잡자는 주장이다.

국사편찬위원회의 『한국사』를 계속 살펴보자.

> 한민족문화의 원류를 논하면서 동아시아에서 가장 선진한 중국문명의 요소를 논하지 않는다면 상식적이 아닐 것이다. 한사군의 설치에 의한 본격적인 중국문명의 보급은 일단 차치하더라도 진한辰韓의 주민이 진말秦末의 전란을 피하여 온 중국의 유민이었다든가 위만이 연燕의 유민 집단을 이끌어 조선으로 들어왔다는 것도 중국문화가 한민족문화를 형성한 중요한 일부였음을 말해준다. 한민족의 문명적 발전에 가장 영향을 준 것은 역시 중국문명일 것이다.
> – 국사편찬위원회, 『한국사』1. 탐구당, 2003, 160쪽

한민족의 문명적 발전에 가장 영향을 준 것은 역시 중국문명일 것이다. 기자조선은 바로 그 초기 중국문명의 수용 내지 이식을 강조하기 위하여 주장된 것이었다. 그러나 은말 주초 조선이란 국호 또는 지명이 존재하였는지도 의문이지만, 주초 대릉하 유역에 나타난 기족箕族의 일지—支도 은주 문명을 체계적으로 대거 이식하는 역할은 하지 못하였고, 이것은 역시 한사군의 설치 이후에 속하는 것 같다. 그 결과

예맥족은 중국 문명의 외각에서 또 다른 문명권에 참여하면서 발전하였다.

   - 위의 책, 168쪽

이 글을 쓴 이성규(서울대학교 명예교수)는 2017년 국정 한국사교과서 심의위원이었다. 이 글의 요지는 중국이 한국사의 주체라는 주장이다. 단순히 문명의 교류를 말하는 것이 아니다. 중국의 유이민이 한국의 문명을 일으키고, 중국의 식민통치로 한국은 중국문명의 주변에서 발전할 수 있었다고 한다. 한민족은 주체성이 없다는 말이다.

한반도는 아시아대륙과 일본열도를 잇는 육교의 구실을 해왔다. 이와 같은 위치의 특수성으로 인해 한민족은 일찍부터 중국에서 각종 문물을 받아들이고 또 그것을 일본으로 전할 수 있었다. (…) 한민족은 역사적으로 많은 수난을 겪는 가운데서도 정체성을 확고하게 지켜왔다. 한반도는 중원中原에서 멀리 떨어져 있으며 산이 많다. 한민족이 정체성을 잃지 않고 지켜올 수 있었던 까닭은 일찍이 이러한 한반도를 차지했다는 것과 무관하지 않다. 사실 한민족의 정체성과 잠재력은 한반도에서 형성되었다.

   - 위의 책, 40~41쪽

한민족의 정체성이 한반도에서 나왔는데, 한반도는 중국의 문물을 받아서 일본에 전하는 육교의 구실을 해왔다고 한다. 조선총독부의 이마니시 류는 "일본의 문화가 반도에서 왔다고 하지만 그것은 반도의 문화가 아니라 중국의 문화가 반도를 경유한 데 지나지 않는다."고 했다. 한민족이 독자적으로 만든 문물은 없고, 일본에 전파된 한국 문물도 없다는 주장이다. 이것이 반도사관의 속성이다. 이를 그의 제자 이병도가 고스란히 한국사의 요체로 전수했다. 한민족의 정체성이 유사 이래 대륙과 해양, 한반도에 걸친 공간에서 형성된 사실을 왜곡한 것이다.

> 한반도의 육지, 해양, 기후, 식생 등을 포함한 우리나라의 자연환경은 한국인, 한국사회, 한국문화와 불가분의 관계를 가지고 있다. 실제로 한반도의 지정학적 위치와 자연환경은 선사시대부터 현재에 이르기까지 한민족의 역사에 중요한 요인으로 작용하였다. 한반도는 유라시아 Eurasia 대륙 동쪽에 위치하고 있기 때문에 한민족은 일찍부터 러시아·중국·일본 등의 이웃 나라들과 다양한 국제관계를 유지해왔다.
> – 위의 책, 63쪽

선사시대부터 우리 역사의 영역은 한반도였다고 한다. 한반도를 벗어난 지역은 러시아·중국·일본 등 다른 나라의 역사공간이다. 고고학계는 우리 역사를 어떻게 볼까?

> 세계 4대 문명 중 하나의 주변에 위치한 한반도는 황하문명권역의 확장과 더불어 좋건 싫건 그 영향을 받지 않을 수 없었으며, 연의 고조선 침입은 이 피할 수 없는 거대한 고대문명 세력과의 첫 충돌을 의미하는 역사적 사건이었다. 그 결과 늦어도 기원전 3세기에는 한반도 북부에 철기가 들어왔으나, 한반도 중부이남 지역에 충돌의 파급이 미쳐

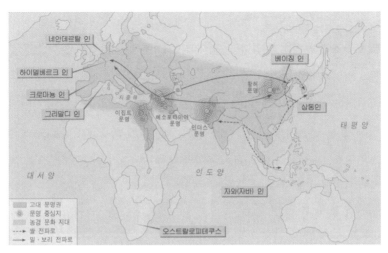

지도 1 · 문명의 발생

철기가 보급된 것은 아마도 이로부터 100년 이상의 긴 시간이 흐른
뒤의 일이라 보인다.

– 한국고고학회, 『한국 고고학 강의』, 사회평론아카데미, 2018, 21~22쪽

역시 중국을 한국사의 주체로 본다. 중국 주변부에 위치한 (고)조선
은 중국 문명의 확장에 따라 좋건 싫건 그 영향을 받아야 했다. 한국은
중국의 객체이기 때문이다. 중국의 (고)조선 침략은 중국이 한국에 고
대문명을 전파하는 '역사적 사건'이 되었다. "아마도, 보인다" 하는 근거
없는 추정으로 중국의 철기 보급을 서술했다. 세계의 주변부에 위치한
한국은 고대문명권과 문명중심지에서 벗어나 있다. 학생들에게 한국사
는 독자적인 문명이 없는 야만의 역사라고 설명하는 것이다.

지도 1(문명의 발생)은 2011년 역사교과서가 검정으로 바뀌기 전까지

사용된 국정 고등학교 『국사』 맨 앞에 실린 지도다. 황하문명이 있던 때 (고)조선 문명이 있었다. 문명의 발생을 특정한 지역으로 제한한 것은 나머지 세계 각처의 역사를 낮춰보는 시각이다. 세계 어느 곳이든 자신의 고유와 역사와 문화를 일구고, 서로 교류하며 인류사에 기여해 왔다. 모든 인류의 역사는 세계문명의 원천이다. 역사학자 클로드 레비스트로스Claude Levi-Strauss는 "야만을 말하는 것이 야만이다."라고 했다. 어느 곳이나 인류사의 주체이고 세계사의 중심이다. 제국주의 침략과 2차 세계대전 후, 자본주의의 야만성에 대한 반성이 일면서 서구 역사학계는 문명이라는 개념을 쓰지 않는 추세다.

지도 속에 담긴 타자의 관점

식민지를 경험한 나라에서 제국주의의 시각으로 자국사를 학생들에게 주입하는 나라는 우리나라 이외에는 없을 것이다. "누구의 관점에서 보는가?" 하는 점이 역사와 세계를 이해하고 해석하는 일에서 핵심적인 관건이다. 타자의 관점에 서서 자신을 타자화 할 때 인간은 주체성을 잃고 가장 큰 불행을 느낀다. 한국의 역사교과서는 타자의 관점에서 열등한 정체성을 학생들에게 주입한다. 이를 통해 지배 권력이 관철하고자 하는 것은 "가만히 있으라"는 주체의 침몰이다.

2011년 이전까지 사용된 국정 고등학교 『국사』에 실린 지도 2(선사시대의 문화권)를 보자. '우리 민족의 기원'이라는 항목에 실린 지도다. 한 장의 지도는 전체 역사상을 한 눈에 보여준다. 지도가 표현한 세계는 역사인

지도 2 · 선사시대의 문화권

식을 결정적으로 규정한다. 지도는 복잡한 세계를 단순하게 표현하는 강력한 프레임이다. 중국 한족 문화권을 기준으로 '북방', '동방', '화남' 문화권을 설정했다. 한국사의 주체가 중국이다. 세상에 사실 그대로를 묘사한 지도는 없다. 만든 사람의 목적과 의도, 그가 속한 사회의 세계관이 담겨 있다. 아프리카가 밑에 있고, 유럽이 위에 있는 지도는 유럽중심주의 관점에서 본 지도다. 지구는 둥글고, 위아래, 좌우가 따로 없다. 모

든 존재는 자신을 중
심으로 세상을 이해
한다.

역사지도는 특정한
세계관과   역사관을
함축한다. 이 지도를
보면 한국사는 동방
문화권에서도 그 외곽
에 있다. 이 지도를 만
들어 학생들에게 제
시하는 학자들은 중
국사를 편찬한 사람들
이 아니라 한국의 강단
사학자들이다.

지도 3 · 청동기시대의 유적지

국정 고등학교 『국
사』 '국가의 형성' 단원에 실린 지도 3 (청동기시대의 유적지)을 보자. 청동기
시대에 (고)조선이 건국했다면서 우리 역사의 공간을 한반도로 설정했
다. 구석기 · 신석기 시대의 유적지도 한반도 내로 제한했음은 물론이
다. 1차 사료와 고고학자료에 의하면 (고)조선의 강역은 만주지역과 한
반도를 포괄하고 있었다. 그러나 국사교과서는 (고)조선의 시간과 공간
을 축소하고 한국사를 반도사로 설명했다.

고등학교 국사교과서에는 청동기시대 유적지 지도에 이어 다음 지도
4 (여러 나라의 성장)가 나온다. 한반도가 아닌 대륙에 부여와 고구려가 나타

나 있다. (고)조선이 있던 청동기시대에는 분명 한반도에 국한돼 있던 우리 역사의 강역이 대륙으로 확장되었다. 앞뒤가 서로 맞지 않는다. 부여와 고구려가 한국사인 것은 이 나라들이 대륙에 있던 (고)조선에서 나왔기 때문이다. 그러나 '여러 나라의 성장'이라는 표현은 이때

지도 4 · 여러 나라의 성장

부터 나라가 등장하기 시작했다는 뜻을 품고 있다. 또한 이 지도에는 부여와 고구려는 있는데 백제와 신라, 가야가 없다. 역사의 3요소는 시간과 공간, 인간인데 그 시간을 밝히지도 않았다. 『삼국사기』 초기 기록 불신론에 따른 것이다.

1950년대에 베이징 대학 동방학부를 수석 졸업한 정수일(전 단국대학교 교수)은 『한국 속의 세계』(2005)에서 당시 중국 최고 지식인들은 당연히 고구려를 한민족의 역사로 봤다고 한다. 베이징 대학에서 '아시아사' 강의를 맡은 저명한 져우이랑 교수는 기말 구두고사 때 그를 '꼬리렌'(즉

'고구려인')이라고 부르면서 고구려에 관해 이것저것 물었다고 한다. 겨우 이랑은 1960년대에 공동 저술한 『세계통사』에서 고구려는 한민족 국가라고 못박았고, 이는 오랫동안 중국 정통사학계의 정견이기도 했다.

그런데 지금은 상황이 달라졌다. 중국의 정치적 의도도 작용했겠지만, 한국 강단사학계가 조선총독부의 정견에 따라 우리역사를 중국에 계속 넘겨왔기 때문이다. 『발해고』에서 유득공은 고려가 발해사를 짓지 않은 것을 보면, 고려가 부진했음을 알 수 있다고 했다. 그는 고려가 끝내 약소국이 된 바는 발해 땅을 갖지 못했기 때문이라고 한탄했다. 자신의 역사를 지키지 못하는 민족은 결국 소멸하게 된다. 우리의 시각으로 보는 한국사가 절실한 이유다.

나의 눈으로 역사 바로보기

1. 일제의 조선사편수회 출신인 이병도와 신석호가 현재 한국의 강단사학계에 어떤 영향을 미쳤나요?

2. 광복 후 미군정하에서 이병도가 쓴 『국사교본』의 문제점은 무엇인가요?

3. 중국 한족 문화권을 기준으로 '북방' '동방' '화남' 문화권으로 나눈 '선사시대의 문화권' 지도(국정 고등학교 『국사』)가 보여주려는 것은 무엇일까요?

3장
반도사관
추종하는 고고학계

60년대에는 미국의 한국학 연구비를 따먹기 위해 전광용의 까삐딴리식 보세가공 한국학이 유행하더니 최근엔 일본의 연구 기금이 투입된 한일 공동 연구에 너도나도 발 벗고 나서는 형국 이다. 이 한일 공동 연구 주제는 크게 남방 문화기원설과 한국과 일본의 고대문화는 하나라는 것으로 집약된다. 과거 내선일체론이나 동근 동조론 변형에 일부 국내 학자들이 참여하고 있는 것이다. 이것이 국사·고고학·국문학·민속학·인류학 등 국학 전 분야로 번지고 있다.

『신동아』, 1978년 1월호

정인성, 위만조선 왕검성은 평양이 아닌 대륙

2017년 11월 3일 서울 용산구 국립중앙박물관 대강당에서 제41회 전국고고학대회가 열렸다. 대회 제목은 '고고학으로 본 고조선'이었다. 광복 후 70여 년간 강단사학계는 조선총독부가 확정한 대로 위만조선의 수도로 일컬어지는 왕검성과 낙랑군의 위치를 평양일대로 못 박았다. 고고학계는 이를 그대로 따랐다. 그런데 이 날의 분위기는 사뭇 달랐다.

정인성(영남대학교 교수)이 '고고학으로 본 위만조선 왕검성과 낙랑'을 발표했다. 그는 "오랫동안 고고학회에서 (고)조선 문제를 다루기를 꿈꿔왔다. 그리고 가능하면 처음 무대는 국립중앙박물관이었으면 좋겠다고 생각하고 있었다. 정말 간절히 원하면 이루어진다고 오늘 이렇게 열리게 돼서 감격스럽다. 국립중앙박물관에서 (고)조선을 정면으로 다루는 대회가 열리게 되어 정말 감격스럽다."라며 감회를 표현했다. 그는 위만조선 수도, 왕검성이 평양일대라면 이 지역에서 위만조선 흔적이 나와야 하는데, 그에 해당하는 어떤 유물과 유적도 발견되지 않았다고 주장했다.

그는 일제가 공개한 평양지역 고고유물을 아무리 뒤져도 위만조선 시기를 말해주는 유물, 유적이 나오지 않았다고 말했다. 당시 발굴은 모두 세키노 다다시 등 조선총독부 관학자들이 했고, 유물이 묻힐 만한 가장 깊은 지대까지 파헤쳤는데도 아무것도 나오지 않았다고 밝혔다. 북한에서 새로이 발표한 자료를 검토해도 마찬가지였다고 한다. 결국 그는 "시야를 넓혀서 보지 않으면 안 된다는 생각을 하게 되었다."라며 위만조선 왕검성을 평양이 아닌 대륙으로 보게 되었다고 주장했다.

그는 『사기』 「조선열전」에 위만이 (고)조선으로 망명해 오는 기사에 따르면 왕검성에는 연나라, 진나라 유물이나 왕검성 성곽으로 볼만한 유적이 나와야 한다고 말했다. 이어 평양지역에는 이런 흔적이 없기 때문에 요동 등 다른 곳으로 눈을 돌려야 한다고 했다. 그는 "중원문물이 전혀 없는 (서북한 지역 평양) 공간에서, 위만조선이 영원히 보이지 않는 그런 산골에서 우리가 위만조선 왕검성을 찾아야 하는가?" 라며 반문했다. 그는 "이제는 발상의 대전환을 할 때에 와 있다고 생각한다."라고 발언을 마무리했다. 그의 발표에 토론자로 지정된 이는 낙랑군으로 박사학위를 받은 오영찬(이화여자대학교 교수)이었다. 그는 참석하지 않고 토론문만 보내왔다. 정인성은 "이 행사를 대표하는 오영찬 선생님과 오늘 좋은 토론을 기대하고 긴장도 많이 했습니다마는 이렇게 바람맞은 것은 처음인 것 같습니다."라며 내심 언짢은 기색을 내비쳤다.

오영찬은 토론문에서 문헌사료에 왕검성과 낙랑군은 같은 곳으로 일관되게 나오는데, 정 교수는 왕검성과 낙랑군이 다른 곳이라고 한다며 납득하기 어렵다고 주장했다. 이에 정인성은 자신도 십 년, 십오 년 넘게 기존의 통설에 따라 평양이 왕검성일 것이라고 믿고 연구해 왔는데, 이제 평양이 왕검성이 될 수 없다는 결론에 이르렀다고 말했다. 고고학자는 유물, 유적으로 말하는 것이고 그 결과 평양성은 왕검성이 될 수 없다고 했다. 정인성의 주장에 따르면 한나라가 왕검성을 함락시킨 후 낙랑군을 설치했는데 함락시킨 자리가 아니라 수천 리 떨어진 평양에 설치한 것이 된다. 오영찬은 이를 해명하라고 요구했다. 이를 정인성은 문헌사학계에서 합리적으로 설명할 문제라고 반박했다. 고고유물로는 평양성은 왕검성이 될 수 없다고 분명하게 증명되기 때문이라고 주장했다(「코리아히스토리타임즈」, 2017년 11월 5일 기사에서 발췌 정리).

정인성의 발표에 대회 핵심관계자들은 '충격'이라고 표현했다. 왕검성이 북한 평양이 아니라면 이를 확고부동한 정설로 내세워온 강단사학계의 입론이 무너지기 때문이다. 광복 후에도 조선총독부가 행한 바처럼 강단사학계가 정한 가이드라인에 따라 고고학을 해온 고고학계가 충격을 받은 것은 당연하다. 하지만 이것은 충격이 아니라 지극히 상식적인 일이다. 고고학은 유적·유물을 통해 인류의 자취를 연구하는 학문이다. 일제가 주장한 것 이외에 왕검성이 평양일대라는 사실은 1차 문헌사료는 물론 고고학적 자료가 전혀 없다. 일제 패망 후에도 이 사실을 감추고 70여 년간 고수해온 사실이 오히려 충격적인 일이다. 지금껏 강단사학계와 고고학계는 왕검성의 위치를 이렇게 확정해왔다.

고조선의 마지막 단계인 위만조선 시기의 중심지는 어디인가? 위만조선 단계가 되면 『사기』 조선열전을 통하여 정치체제 등 앞 시기에 비해 상대적으로 훨씬 많은 정보를 접할 수 있다. 그러나 문헌에서 위만조선의 실체는 명료하게 기술되어 있지만 고고학적으로는 여전히 불분명한 점이 많다. 즉 위만조선의 국가적 실체를 증명해 줄 만한 기원전 2세기대의 고고학적 증거들을 충분히 찾지 못하고 있는 형편이다. 기원전 1세기대 이후 평양일대 낙랑군 관련유적으로 통하여 위만조선의 실체를 역으로 추정하는 것이 일반적이다. 위만조선 멸망할 당시 수도는 왕검성임이 분명하며, 그 자리에 낙랑군 조선현이 설치되었으므로, 평양일대에서 발굴 조사된 낙랑군 관련 유적으로 통해 볼 때, '왕검성=낙랑군 조선현=평양'이 자연스럽게 인정된다는 것이다. 바로 이러한 입론이 평양설이나 이동설의 근간이 되는 것이다.

– 한국고대사학회, 『한국고대사 연구의 새 동향』, 서경문화사, 2007, 187~188쪽

윗글은 오영찬이 썼는데, 조선총독부의 정설을 따른 것이다. 그리고 "문헌에서 위만조선의 실체가 명료하게 기술되어 있다."고 하지만 사실이 아니다. 『사기』「조선열전」 등의 문헌사료에 위만조선의 실체가 명료하게 기록되어 있으면, 이를 고고학에 떠넘기지도 않았을 것이다. 정인성도 이를 합리적으로 설명하라고 했듯이, 강단사학계는 이에 대한 근거를 정직하게 제시하지 않았다. 오영찬은 위만조선의 실체를 증명할 고고학 증거들을 충분히 찾지 못하고 있다고 했지만, 충분하지 못한 정도가 아니라 아무것도 없다. 낙랑군이 평양일대에 있었다는 전제 위에 아무런 사료적 근거 없이 왕검성의 위치를 정했을 뿐이다.

낙랑군이 평양일대에 있었음을 의심할 어떤 근거도 없다?

2016년 한국고대사학회 창립 30주년 기념 시민강좌에서 오영찬은 '고고학으로 본 낙랑군'이라는 주제를 발표했다. 여기서 그는 조선총독부의 세키노 다다시와 이마니시 류의 고고학적 발견으로 인해 "낙랑군의 평양 존재는 의심의 여지가 없게 되었다."고 단정한 후 이렇게 결론을 내렸다.

낙랑군 자료 조작설은 해방 후 북한 학계에 계승되었다. 1960년대 초

부터 북한학계는 고조선 중심지가 중국 요령성에 있었다고 주장하였다. 고조선을 멸망시키고 설치한 낙랑군도 당연히 만주에 있어야 했으므로 낙랑군의 존재는 부정될 수밖에 없었다. 북한학자들은 낙랑군 관련 명문 자료가 조작되었거나 낙랑군과는 관련이 없다고 주장했다. 1990년대까지 북한은 평양일대에서 2,600여 기의 무덤을 추가로 발굴하였다. 북한 학자들은 이 무덤들을 마한의 유적으로 해석하다가 최근에는 고조선의 후국侯國이었던 낙랑국의 유적이라고 보고 있다. 그러나 평양일대 무덤들은 낙랑군 유적이 분명하다. 특히 1990년대 초 정백동 364호분에서 나온 기원전 45년 낙랑군의 현별 인구 통계를 정리한 목간은 낙랑군이 한반도에 있었다는 확실한 증거다. 고고학 100여 년의 조사와 연구성과에 따르면 낙랑군이 평양에 존재했음을 의심할 어떠한 근거도 없다.

– 한국고대사학회 편, 『우리 시대의 한국고대사』, 주류성, 2017, 130쪽

이렇듯 오영찬을 비롯한 강단사학계는 북한학계가 발표한 낙랑군 조작설과 평양일대 유적이 한나라의 군현인 낙랑'군'이 아니라 (고)조선의 후국이었던 낙랑'국' 유적이라는 연구결과를 아무런 사료 비판 없이 부정했다. 목간은 사람이 이동하면서 언제든지 옮겨 다니는 것이다. 일본과 미국에 있는 조선시대 행정문서들을 갖고 조선이 일본이나 미국에 있었다고 하지 않는다. 그럼에도 오영찬 등의 강단사학자들은 이를 다양한 검증과정 없이 확실한 증거라고 확정했다. 고고학은 유적과 유물을 발굴하고 이를 해석하는 학문이다. 그런데 이 유물을 발굴하지도 않고, 연구하지도 않고 확실한 증거라고 단정해서는 안 된다.

위에 거론된 낙랑목간은 '낙랑군 초원 4년 현별縣別 호구'라고 쓰여 있다. 낙랑군에 소속된 각 현별縣別로 인구수를 적은 문서라는 것이다. 그런데 중국 고대 언어 전문가인 문성재는 이런 용례가 19세기 이전에는 한·중 양국을 통틀어 볼 수 없다고 한다. 한국이나 중국은 각현各縣, 제현諸縣, 속현屬縣이라는 용어를 쓰지 현별縣別이라는 용어는 쓰지 않았다면서 그는 이렇게 말한다.

> 오늘날 우리는 일상생활에서 "연령별, 지역별, 도별, 군별, 동별, 학군별, 세대별, 유형별…" 식으로 명사 뒤에 '別'이 오는 한자어 표현들을 자주 접하고 사용하고 있다. 이 경우 '~별'은 명사 뒤에 사용되어 '~를 단위로 한'이나 '~마다' 식의 의미를 나타낸다. 그러나 우리나라에서의 한자 사용 습관에 비추어 볼 때 이 사용법은 그 역사를 아무리 높게 잡아도 150~200년이 채 되지 않는다. 왜냐하면, 그 이전 즉 19세기 이전의 중-한 양국의 문헌 기록에는 이런 용법을 찾아볼 수가 없기 때문이다. 실제로 중국이나 국내에서 목판인쇄 된 다수의 고서, 공문서들을 조사해 본 결과 그 어디에도 '~별' 식으로 사용된 사례는 보이지 않았다. 물론 여기에는 다 그럴만한 이유가 있다. '별'은 근대 일본에서 중국과 우리나라로 수출된 일본식 표현법이기 때문이다.
> – 문성재, 『한사군은 중국에 있었다』, 우리역사연구재단, 2016, 330쪽

문성재는 언어적인 측면에서 볼 때도 이른바 '낙랑군 호구부'는 후대에 위조되었을 가능성이 높다고 주장했다. "의심할 어떠한 근거도 없다."는 오영찬의 과도한 확신은 정인성의 주장에 의해서도 설득력이

없다.

우리 고고학계에서 낙랑군과 그 문화에 대한 고고학적 연구는 전반적으로 매우 미진하였다. 그 중요한 원인은 물질자료를 주된 분석 대상으로 하는 고고학이라는 학문의 특성상 관련된 1차 자료에 대한 현저히 낮은 접근성을 들 수 있다. 알려진 것처럼 대상 지역과 고고자료에 대한 현장조사 및 연구는 오랫동안 일본연구자에 의해 독점되었으며, 해방 후에는 북한연구자들의 손으로 주도권이 넘어갔다. 이러한 상황은 한국연구자들이 낙랑과 관련된 유적, 유물을 직접 관찰할 수 없게 하였다.
 – 정인성 외, 『낙랑고고학개론』, 진인진, 2014, 6쪽

윗글처럼 낙랑군에 대한 고고학 연구가 매우 미진하고 오랫동안 일본연구자가 독점해온 것은 익히 알려진 사실이다. 게다가 광복 후에는 북한연구자들이 연구했지 한국연구자들은 낙랑군 유적, 유물을 직접 보지도 못했다. 지극히 상식적인 일이라 강단사학계도 인정하고 있는 사실이다. 이기동의 정년기념논총에 실린 글이다.

우리 학계의 낙랑문화 연구는 이제 출발점을 막 벗어난 상태이다. 그나마도 일본학계의 각종 자료와 연구성과에 많이 의존하고 있어 안타깝다. 다행히 근래 남·북한 학자들이 직접 교류할 수 있는 기회가 점점 늘어나 조만간 자료 기근 현상만큼은 해소될 것이라는 기대함을 높여주지만 아직 갈 길이 멀다.

– 석문 이기동 교수 정년기념논총간행위원회, 『한국고대사 연구의 현 단계』, 주류성, 2009, 45쪽

이처럼 낙랑군 연구는 아직 본격적으로 이루어지지 못하고 일본에 의존하고 있는 형편이다. 남·북한 학자들이 직접 교류할 수 있는 기회가 늘어 자료 기근 현상만큼은 해소될 것이라고 하지만 교류를 한다 해도 워낙 시각차와 역량차가 커서 갈 길이 멀기만 하다. 이것이 고고학계의 적나라한 모습이다.

일제는 한국의 역사가 중국의 식민통치 기관인 한사군을 통해 본격적으로 발전했다는 타율성의 역사를 만들었다. 조선총독부는 침략논리에 따라 유물을 조작해서 한사군의 핵심 군현인 낙랑군이 한반도 평양 일대에 있었다고 결론지었다. 낙랑군에 대한 객관적인 연구는 한국사의 정체성을 규명하는 핵심 주제다. 그런데도 낙랑군 연구는 아직도 조선총독부의 자료와 발표에 의존하면서 "의심할 어떠한 근거도 없다."고 주장한다. 강단사학계와 고고학계의 이 같은 현실을 보고 충격 받는 이들이 많다.

다음은 동북아역사재단이 2006년도에 발간한 『낙랑문화연구』의 서문이다. 이 책은 동북아역사재단이 한사군의 핵심인 낙랑군에 대해 연구한 결과를 집대성했다.

우리나라 고대국가 형성과정에 미친 낙랑의 영향은 실로 막대한 것이었음에도 불구하고, 이에 대한 우리 학계와 국민의 역사인식은 제대로 갖추어져 있지 않고, 상당히 혼란된 상태에 놓여 있다. 예를 들어 현재

사용되고 있는 제7차 교과과정의 고등학교 국사교과서에는 그 존재 자체와 의미를 부정하는 방향으로 서술하고 있어, 삼한 등과 같은 주변 집단들의 역사적 변화발전 양상을 제대로 이해하지 못하고 왜곡시키는 결과를 낳고 있는 실정이다.

- 동북아역사재단. 낙랑문화연구, 동북아역사재단, 2006, 11쪽

조선사편수회에서 발간했다면 명실상부할 내용이다. 이 책에 실려 있는 논문들은 낙랑군이 지금의 평양지역에 있었다는 조선사편수회의 논리를 예외 없이 전제하고, 낙랑군을 통해 중국의 선진문물을 유입했다고 주장했다. 새로운 연구라면서 도쿄대학 고고학 연구실 자료에 전적으로 의존했다. 일본의 극우학자들도 떳떳하게 겉으로 이런 주장을 내세우지 못하는 상황에서 동북아역사재단이 앞장서서 조선사편수회의 침략이론을 반복했다.

한편 이날 고고학대회 발표에서 정인성도 낙랑군이 평양일대라는 주장은 고수했다. 그도 "낙랑군의 평양 존재는 의심의 여지가 없게 되었다."는 오영찬과 똑같은 생각을 하고 있는 것이다. "낙랑군=평양설"은 이렇게 철벽이다. 한국고고학계가 언제 독립적인 학문으로 접어들지 지켜볼 일이다.

1차 사료와 무관한 "낙랑군=평양설"을 고수하기 위해 강단사학계가 새롭게 내세우는 것이 소위 '교군설橋郡設', '교치설橋治設'이다. 평양일대에 400여 년간 존속하던 낙랑군이 요동으로 위치를 옮겼다는 주장이다. 그러나 이 주장 또한 1차 사료 근거가 전혀 없다. 이런 주장을 하려면 평양에 있던 낙랑군이 요동으로 옮겼다는 1차 사료를 제시해야 한다.

강단사학계가 그 근거를 확인했으면 구체적으로 명확하게 제시해야 한다. 송나라 때 사마광(1019~1086)이 편찬한 『자치통감』권 88에 다음과 같은 구절이 있다.

> 건흥 원년(313) 4월 요동사람 장통은 낙랑과 대방 두 군을 점거하고 고구려왕 을불리(미천왕)와 여러 해 서로 공격했지만 해결하지 못했다. 낙랑인 왕준이 장통을 설득해서 그 백성 1,000여 가구를 통솔해 모용외에게 귀부하니 모용외는 낙랑군을 설치해서 장통을 태수로, 왕준을 참군사로 세웠다.

요동사람 장통이 낙랑과 대방을 점거하고 고구려 미천왕과 다퉜다. 장통은 낙랑사람 왕준의 설득으로 선비족인 모용외에게 투항했다는 기록이다. 그러나 미천왕 때에 고구려는 요동과 요서지역까지 깊숙이 차지하고 있었다. 낙랑군이 평양일대에 있었으면 장통이 1,000여 가구를 이끌고, 고구려 땅을 건너 현재의 북경 부근에 있던 선비족 모용외에게 갈 수가 없다. 고구려가 이를 가만히 지켜볼 리가 없기 때문이다. 1,000여 가구가 이주한 것을 낙랑군 전체가 옮겨갔다고 해석할 수도 없다. 『한서』「지리지」에 낙랑군 인구는 6만 2,812호에 40만 6,748명이라고 기록했다. 한 가구의 구성원을 대략 7명이라 할 때, 1,000여 가구는 7,000여 명 정도를 말한다. 40만의 인구를 제하고 이를 낙랑군 전체가 이주했다고 주장하는 것은 논리적 근거가 박약하다.

위의 기사는 고구려가 요서 지역을 계속 공략하자 그 일대에 있던 장통이 1,000여 가구를 인솔해 모용외에게 귀부한 것으로 봐야 한다.

낙랑군은 지금의 하북성 일대에 그대로 있었고, 모용외가 자신에게 투항한 장통 등에게 낙랑군이란 명칭을 붙였다고 볼 수 있다. 낙랑군이 현재의 평양일대에 있었다는 기록은 없다. 낙랑군이 평양일대에서 이주했다는 기록도 없다. 강단사학계가 내세우는 교군설은 조선사편수회의 이마니시 류가 『조선반도사』에서 거론한 궤변에서 끌어왔다.

강단사학계의 종속학문으로 전락한 고고학계

강단사학계는 1차 문헌사료 실증을 회피하고 고고학을 내세웠는데, 그 이유를 살펴보자. 이기동의 주장이다.

『삼국사기』는 고려 중기인 12세기 중엽에 만들어지고, 『삼국유사』는 고려 후기 충렬왕 때인 13세기 말에 나왔습니다. 그런데 이러한 책들을 보면 상고사에 대한 부분이 대단히 신화적, 설화적 내용으로 윤색이 되어 있습니다. 상고사 연구의 어려움은 이러한 후대의 문헌기록에서 진실과 허구를 구별해내는 사료 비판을 거쳐야 한다는 것입니다. 즉 어디까지가 신화이고 어디서부터는 역사적 사실로 믿을 수 있느냐 하는 것을 판별해내는 것이지요. 이것은 실제 매우 어려운 작업에 속합니다. 그래서 요즈음의 상고사 연구는 불확실한 문헌보다는 오히려 동시대의 사람들이 남긴 물질자료를 가지고 연구하는 것이 보다 더 안전하다고 생각합니다.
- 한배달역사문화강좌, 『시원문화를 찾아서』, 한배달, 1995, 111쪽

세계 어느 나라든 고대의 역사는 신화적, 설화적 내용을 통해 전한다. 신화는 역사의 출발점이다. 『삼국사기』, 『삼국유사』에는 풍부한 역사적 사실과 진실이 담겨 있다. 강단사학계는 『삼국사기』, 『삼국유사』 초기 기록 불신론에 따라 그 가치를 폄하한다. 1%의 사실을 밝혀내기 위해서 많은 연구를 해야 하는 것이 학문의 세계다. 어려운 작업이라고 해서 문헌 연구를 포기하고 다른 학문영역으로 도피해서는 안 된다. 당대 최고 지식인들이 당시 전해오던 사료들을 집대성해 편찬한 대표적인 사서인 『삼국사기』, 『삼국유사』를 불확실한 문헌이라 하면 세계에 확실한 문헌은 아무것도 없다. 한국고고학의 태두로 일컬어지는 김원룡(전 서울대학교 명예교수)은 1980년대에 국사교과서와 관련한 국회청문회에서 이렇게 주장했다.

> 이렇듯 세계 어느 나라나 역사성을 가진 국사의 시작은 누구나 수긍할 수 있는 기록과 그것을 뒷받침하는 고고학적 자료의 합치로써 잡고 있으며, 그것이 선진국, 문화국의 국사이다. 말하자면 선진국의 국사는 고고학으로부터 시작되고 있으며, 외국기록에 나오는 영세한 자료를 갖고 국사를 시작하는 예는 문화국 중에서는 아직 찾아보기 어렵다.
> – 윤종용, 『국사교과서 파동』, 혜안, 1999, 63~64 쪽

강단사학계의 주장은 위와 같다. 선진국의 국사가 고고학으로부터 시작된다는 말은 사실과 다르다. 고고학은 19세기에 시작되었지만 역사학은 최소한 수천 년의 역사가 있다. 어느 나라든 역사학은 1차 문헌사료, 구전 등을 우선해서 연구하지 고고학으로부터 역사를 시작하지 않

는다. 역사학은 1차 문헌사료를 우선해서 연구하고, 고고학은 유물과 유적을 통해 문헌사료의 공백을 뒷받침해준다. 특이한 것은 현전하는 문헌사료에서 단편적인 사실이나마 찾아내려고 하지 않고, 이를 무시하거나 부정, 매도하는 한국 강단사학계의 학문태도다.

또한 특징적인 것은 강단사학계는 문헌사료보다 고고학을 내세우고, 고고학계는 강단사학계가 제시한 가이드라인에 따라 맞춤식 고고학을 한다. 이것이 한국 강단사학계와 고고학계의 오랜 관행이다. 2017년 11월 3일 전국고고학대회에서 발표자로 나선 강인욱(경희대학교 교수)은 고고학계가 그간 문헌사학의 종속학문으로 만족해왔다고 말했다. 그는 "문헌사에 따른 고고학자료를 선험적으로 규정해서 결국 (고)조선에 대한 고고학적 연구 및 방법론 개발을 저해시켰다."고 고백했다.

이처럼 독립적인 학문적 체계와 방법론이 부재한 고고학계는 중국과 일본의 연구를 거의 그대로 반복하는데 그쳐왔다. 조선총독부에서 이어진 관행에 따라 강단사학계는 1차 문헌사료에 의한 고대사 연구를 멀리하고 고고학 유물과 유적을 앞세웠다. 그 고고학도 일제가 수립한 고고학이었다. 고고학계도 무엇이 핵심과제인지는 잘 알고 있다.

고고역사 자료를 바라보는 관점과 해석은 남북한과 중국, 일본 사이에 큰 차이가 있으며, 고조선의 사회문화적 실체나 위치, 혹은 존속 기간 등에 대해서도 서로 타협하기 어려운 다양한 주장이 제시되고 있다. 그렇기 때문에 한국 청동기문화권 전역을 대상으로 하는 청동기시대의 설정과 자세한 시기 구분 및 문화 변화 과정에 대한 설명은 한국고고학 연구의 핵심과제이다.

- 한국고고학회, 『한국 고고학 강의』, 사회평론아카데미, 2018, 84쪽

고고학계는 청동기시대에 건국된 (고)조선의 역사를 서기전 10세기 전후로 설정해왔다. 문제는 이러한 결론이 청동기에 대한 연구를 통해 나온 것이 아니라는 것이다. 윗글에서 말하는 바와 같이 청동기 권역, 시대설정, 시기 구분 및 변화 과정 등이 과제일 뿐 그저 미비한 상태인 것이다. 일찍이 고고학을 발전시킨 북한학계는 한민족의 청동기시대 개시를 서기전 30세기로 보고 (고)조선의 국가형성도 그 시기 즈음으로 본다.

러시아의 고고학자 U. M. 부틴도 저서 『고조선』에서 야금술의 중심지가 (고)조선의 강역인 만주와 한반도 지역이고 철기 사용이 중국보다 앞섰는데 이것이 고고학자료로 확증되고 있다고 했다.

> 중국에서의 철기 출현 시기는 더욱 늦은 시기로 추정하고 있다. 철을 의미하는 한자 자체는 두 부분으로 이루어졌다는 데에 특징이 있다. 즉 왼쪽 부분은 금속을 의미하고 오른쪽 부분은 이족의 명칭을 의미한다. 분명한 것은 철의 주조 기술은 동이족이 발명하였고 그 후 중국인이 이용했다는 것이다.
> - U. M. 부틴 씀, 이항재·이병두 옮김, 『고조선』, 소나무, 1990, 293쪽

조선이 철기를 중국으로부터 유입한 것이 아니라 오히려 동이東夷의 발달한 철기 문명을 중국이 수용했다고 한다. 중국 후한 때 만든 옥편인 『설문해자』에 따르면 이夷는 큰 활을 쓰는 사람을 뜻한다. 우리 민족은

예로부터 활을 잘 다뤘다. 그러나 강단사학계와 고고학계는 아직도 다음과 같은 정설에 갇혀있다.

> 고조선의 건국시기를 단군신화에 의거해 기원전 2333년으로 설정하기도 한다. 그런데 이 기년은 어디까지나 고려시기 사람들이 우리 역사의 기원이 중국에 못지않게 이르다는 것을 주장하기 위해 설정한 것일 뿐이며, 역사적 사실과는 무관하다. (…) 국가의 형성은 농경과 청동기의 사용 이후에 가능한데, 한반도와 남만주 지역에서 청동기문화가 시작된 것은 기원전 10세기 전후 무렵부터였다.
>
> – 한국사특강편찬위원회, 『한국사특강』, 서울대학교출판부, 2008, 7~8쪽

강단사학계는 (고)조선 건국시기를 고려 사람들이 창작했고 역사적 사실과 무관하다면서 그 논거는 제시하지 않는다. 고려 사람들이 언제, 어떻게, 어디서, 왜 그런 사실을 만들었는지 근거와 논증은 없다. 일제는 한국을 영구식민지로 만들기 위해 한국의 뿌리인 단군조선을 역사가 아닌 허구적인 사실로 왜곡하기 시작했다. 조선총독부가 침략을 합리화하기 위해 공을 들인 부분이 한국고대사 말살·조작이었다. 조선사편수회는 한국인들에게 열등성을 심고, 야마토왜의 우월성을 조장하기 위해 한국인의 시조인 단군을 믿을 수 없는 신화로 만들었다. 조선총독부가 발간한 「조선반도사 편찬요지」는 "조선인은 다른 식민지에서 보는 바와 같이, 야만 미개의 민족과 달라 독서 속문屬文에 있어서 결코 문명인에 뒤떨어지지 않으며 고래로부터 사서가 많고, 또한 새로이 저작한 것도 적지 않다."고 서술했다.

일제는 한국인들의 역사의식과 전통문화 파괴에 몰두했다. 조선총독부 초대총독인 데라우치 마사타케는 부임 직후부터 한국사에 대한 조사와 통제를 광범위하게 실시했다. 일제는 고적조사사업을 한사군과 임나일본부의 위치를 확정하기 위한 지역에 집중했다. 1916년 7월에 발표한 「조선반도사편찬요지」를 보자.

- 조선반도사는 편년체로 한다.
- 전편을 상고삼한上古三韓, 삼국, 통일 후의 신라, 고려, 조선, 조선최근사의 6편으로 한다.
- 민족국가를 이룩하기까지의 민족의 기원과 그 발달에 관한 조선고유의 사화, 사설 등은 일체 무시하고 오로지 기록에 있는 사료에만 의존한다.

한국사에서 삼국 이전의 역사를 말살하기 위한 의도가 그대로 드러난다. 이는 한국고대사를 은폐하고 조작해 조선총독부의 지배를 정당화하려는 목표로 추진된 사업이다. 제3대 조선총독 사이토 마코토는 1922년 새로 조선사편찬위원회를 설치했다. 이완용, 박영효, 권중현 등이 고문, 이마니시 류, 이나바 이와키치, 정만조, 이능화 등이 위원, 구로이타 가쓰미, 미우라 히로유키 등이 지도고문에 임명되었다. 1923년 1월 조선사편찬위원회는 총독 사이토 마코토가 참석한 가운데 제1차 위원회를 개최했다. 이 위원회 회의에 총독 사이토 마코토가 반드시 참여했을 정도로 조선총독부는 『조선사』 편찬에 심혈을 기울였다. 『조선사』에서 단군조선은 제외되었다.

교활한 일제는 『조선사』를 '편찬'함에 있어서 자료가 부족하다는 구실 밑에 '단군조선'의 역사를 빼버리였다. 일제가 조작한 침략적인 력사 위조기관인 '조선사편수회'는 10여 년간에 걸쳐 30여 책이나 되는 량적으로 방대한 일본말 조선력사책인 『조선사』를 편찬하였는데 여기에서는 근 3,000년에 걸쳐 륭성 발전한 단군조선에 대한 력사가 한마디도 언급되지 않았다. 일제는 또한 단군이 실재 인물이 아니고 후세에 조작된 하나의 허황한 신화적 인물이라는 기만적인 '단군신화'론을 조작하여 류포시키기 위한 책동을 교활하게 벌리였다. 이른바 '단군신화'론의 조작에는 일본의 '력사대가'로 자처하는 자들이 시기를 달리하면서 수많이 참가하였는데 그들의 론거를 보면 단군신화가 오랜 고대로부터 전승되여 온 것이 아니라 13세기 말엽의 불교 승려인 일연의 『삼국유사』와 리승휴의 『제왕운기』등에 비로소 나온 것이며 그 후 여러 력사책들에서 『삼국유사』와 『제왕운기』의 내용을 이리저리 옮겨 놓는 과정에 그 내용이 윤색되였다는 것이다. 그러면서 그들은 단군 기록이 원래 있었다고 인용한 『위서』나 『고기』 등과 같은 력사책들은 지금 찾아볼 수 없는 만큼 믿을 것이 못 된다고 주장하였다.

- 이형구 역음, 『단군과 단군조선』, 살림터, 1995. 110쪽

일제의 단군 말살로 인해 단군을 실재한 인물, 민족사의 시조로 인식해오던 한국인의 전통적인 관념이 점차 약해지고 단군을 신화적인 인물, 허황한 존재로 보는 사고가 점점 강화되었다.

국가의 형성이 농경과 청동기 사용 이후에 가능하다는 이론은 세계적으로 폐기된 지 오래다. 유목민 국가와 신석기 시대에 세워진 국가들

이 엄연히 존재하기 때문이다. 더군다나 (고)조선은 청동기 문화를 바탕으로 세워진 국가다. 한반도와 만주지역에서 서기전 24~30세기 이전의 청동기 유물과 유적이 발굴된 지도 수십 년이 지났다. 황하유역의 청동기문명은 서기전 2200년경으로 추정되고, 시베리아의 카라수크는 서기전 1200년경에 시작된 것으로 알려져 있다. 강단사학계는 우리 역사가 중국과 시베리아 문명의 영향을 받아야 성립한다는 설정에 맞춰 청동기 문명을 서기전 12세기경으로 제한한다. 송호정의 대표작을 보자.

> 국가 형성 과정을 중심 주제로 설정한 것은 고조선이 국가 형성과 동시에 곧바로 멸망에 이르렀기 때문이다. 곧 고조선의 역사 및 위치 문제 등은 국가 형성 과정을 살펴볼 때 가장 잘 드러날 것이라고 생각했기 때문이다.
> - 송호정, 「한국 고대사 속의 고조선사」, 푸른역사, 2002, 36쪽

(고)조선의 역사와 위치는 국가 형성과 동시에 곧바로 멸망한 것에서 잘 드러난다고 한다. (고)조선이 국가로 형성된 것도 중국에서 온 위만이 했고, 이를 멸망시킨 것도 중국이요, 한국문명을 본격적으로 발전시킨 것도 중국, 곧 모든 흥망이 중국에 의해서 이루어졌다는 타율성의 역사상이다.

> 아무튼 한반도와 요동, 지린지역에서 청동기시대의 표지 유물에 해당하는 동검이나 동경 등이 등장하기 시작하는 것은 기원전 12세기 무렵으로 보는 것이 좋을 듯하다.

- 노태돈, 『한국고대사』, 경세원, 2014, 36쪽

"아무튼, 좋을 듯하다"는 주관적인 설정이 귀납적인 역사학 연구에 앞선다. 강단사학계는 기존학설을 견지하는 입장에서 새로이 발견되는 사실과 다양한 견해를 학문의 범주에서 벗어난 '사이비역사학'이라는 굴레를 씌운다. 고고학계는 다음과 같이 주장한다.

청동기시대에 도시·문명·국가가 발생하는 전 세계적인 추세에 비추어 우리나라에서는 이보다 늦은 철기시대 전기 말에 나타난다. 이는 우리나라의 문화가 이웃의 중국이나 다른 지역에 비해 발전 속도가 늦은 까닭이다.

- 최몽룡 편저, 『21세기의 한국고고학1』, 주류성출판사, 2008, 49쪽

우리나라 청동기 역사를 알 수 있는 고고학자료는 외면한 채 국가의 형성도 청동기시대가 아니라 철기시대로 늦춘다. 우리나라의 문화는 타율적인 영향을 위해 뒤늦게 형성되어야 하는 것이다. 이렇게 청동기시대에 건국한 (고)조선과 이를 이은 고구려, 백제, 신라, 가야의 초기역사는 전설일 뿐 역사적 사실이 아닌 것으로 치부된다.

한사군 설치 이후 한반도 내에서 중국문화의 일방적 수용이 있었다고 해도 과언이 아닐 것 같다.

- 최몽룡 편저, 『21세기의 한국고고학1』, 주류성출판사, 2008, 53쪽

결국 중국의 지배와 영향으로 우리 역사가 시작되었고, 이후 중국과 일본, 미국의 지배와 영향이 우리의 의지와 무관한 숙명이라는 결론에 이르게 된다. 오랜 세월을 통해 이런 사상과 역사관으로 비단길을 밟아 온 강단사학계와 고고학계 앞에 험난한 가시밭길이 놓여있다고 나는 본다. 고고학계가 걸어온 길을 밟아보자.

일본 구석기 유적 날조 사건의 배경

고고학은 무엇을 하는 학문인가? 고고학에 대한 탁월한 정의가 있다. 손보기의 글이다.

스스로의 역사를 알아야 삶의 뜻을 찾을 수 있다. 우리는 그제, 어제, 이제를 알아야 앞으로 다가올 할 제를 생각해 볼 수 있다. 공간과 시간을 아는 것은 사람만이 누리는 것으로 알고 있다. 이제가 있기까지는 공간과 시간에 따른 것을 따질 수 있는 사람의 인식이 바탕이 된다. 공간을 뺀 시간만으로는 사람의 존재가 꾸며지지 않는다. 공간 속에는 더불어 사는 사람, 짐승, 풀, 나무, 산, 들, 강, 바다가 있고, 그밖에 더 크게 해, 달, 별의 세계, 우주가 있다, 지구에는 바위, 돌, 흙, 물이 둘러싸여 있다. 사람이 태어나기까지는 길고 긴 역사가 있었고, 할아버지 할머니가 수없이 계셨고, 어머니 아버지가 이어왔다. 우리는 그 내력을 알고 싶어 한다. 그것이 역사이고 역사는 기록을 통하여 알 수 있는 부분도 있지만 아주 옛날 기록은 자연 속에 숨겨져 있다. 기록이 없는 시기는 전해지는 옛 이야기로 조금은 알 수 있겠지만 어렴풋이 알 수 밖에 없다. 여기서 선사학 연구가 필요하게 되었다. 사람의 조상이 언제부터 지구 위에 나타나서 발전해왔는가는 사람이 남긴 연장, 집터, 먹고 버린 쓰레기, 그리고 사람의 뼈대들을 선사학-고고학에서 찾아내서 밝히고 있으며, 뼈의 생김새를 통해서 사람의 생김새, 먹이, 삶의 모습을 찾게 되고, 언저리의 벌레, 짐승, 열매, 풀, 잎, 나무, 뿌리 들을 찾아내기도 한다.

– 배기동 책임편집, 『고고학 발굴과 연구 50년의 성찰』, 주류성, 2011, 31쪽

"아주 옛날 기록은 자연 속에 숨겨져 있다. 기록이 없는 시기는 전해지는 옛 이야기로 조금은 알 수 있겠지만 어렴풋이 알 수밖에 없다. 여기서 선사학 연구가 필요하게 되었다." 이것이 고고학이다. 고고학은 인간과 자연, 우주의 숨겨진 역사를 추적한다. 그 역사를 통해 우리는 삶의 뜻을 찾는다. 문자기록이 있는 시기에도 고고학의 역할이 있다. 이때 고고학은 문헌사료를 연구하는 역사학을 뒷받침한다. 한국 고고학계의 현실은 어떨까? 고고학계의 눈을 들여다보겠다. 고고학자 이호관의 말이다.

창피한 이야기입니다만 1945년 이후에 이 땅에는 사실상 고고학을 하는 사람들이 없었습니다. 굳이 든다면 비엔나대학에서 순수한 고고학을 한 도유호가 있는데 이 사람은 한국의 지석묘 사회와 청동기시대 관계의 상당히 비중 있는 논문을 「진단학보」에 발표를 했습니다만 월북을 한 이후 지금은 전혀 이북 보고서에도 이름이 보이질 않고 있습

니다. (…) 그런데 여러분들이 알고 있는 발굴은 극단적으로 예기하면 소위 허가받은 파괴 행위입니다. 유적을 발굴하고 나서 나오는 보고서는 단 한 권뿐입니다. 도서관이나 박물관에 가서 보면 도면·사진·유적의 발굴전 그림 등이 있기는 하지만 이것은 많은 오류를 범합니다. 주관적인 뜻이 매우 많이 들어가 있습니다. 그러므로 유적은 그대로 놔두어야 하는데 이것을 피치 못해서 발굴을 하게 되면 보고서만 하나 달랑 남게 되는데 이것이 과연 정확한 것일까 하는 의문이 남습니다. 고고학이 얼마나 위험스럽고 주관적인 학문인가를 하나 예를 들면, 모대학의 고고학과 학생들이 신앙촌의 쓰레기통을 정리했습니다. 그러고 보니까 쓰레기통에서 나온 유물 중의 80%가 비닐인데 그것도 삼양라면 봉지더라는 것입니다. 그러면 그 유적은 비닐시대로 보고, 삼양라면시대로 보아야 하느냐는 것입니다. 이와 같이 고고학은 위험한 학문일 수도 있습니다. 그런데 여기서 더 나아가서, 어느 금석문이나 명문이 나오지 않는 유적에 대해서는 대부분 "추정하는 바이다.", "생각하는 바이다." 하고 '바이다'로 끝납니다. 그런데 여기까지도 괜찮습니다. 다만 용강동 고분은 신라의 통일 말기서부터 여초에 속하는 것이다. 혹은 조금 더 구체적으로 8c말부터 9c초엽에 속하는 것이다 하면서 100년, 200년을 우습게 왔다 갔다 합니다. 게다가 구석기 시대를 하는 사람들은 몇 만 년씩 왔다 갔다 합니다. 그것을 간단히 논문에 씁니다. 처음 우리의 선배들은 발굴을 할 줄도 몰랐습니다.

– 편집부 엮음, 『시원문화를 찾아서』, 한배달, 1995, 145~147쪽

고고학이 위험한 학문일 수도 있는 것처럼 모든 학문은 위험할 수

있다. 학문은 구체적인 현실 속에 있고, 사회상황에서 자유롭지 못하다. 역사학과 고고학은 사회현실과 밀접하게 연관되어 있고, 특히 대일항쟁기를 거친 우리나라에서는 말할 것도 없다. 역사관과 가치관에 따라 학문의 성격이 달라진다. 역사관에 따라 수만 년과 수천 년이 "우습게 왔다 갔다" 하고, 보고서는 '추정하는 바'로 끝나기도 한다. 한국 고고학계가 맞닥트린 현실도 녹록치 않았다. 고고학계의 대표적인 학자 이선복(서울대학교 명예교수)의 글이다.

> 그러나 아무튼 해방과 더불어 일제는 수많은 자료와 경험을 그대로 갖고 일본으로 물러갔다. 이후 우리에게 닥친 분단과 전쟁의 와중에서 그나마 얼마 되지 않은 훈련된 인적 자원은 북조선을 조국으로 택했다. 고 김원룡 선생님을 비롯한 우리 한국고고학의 제1세대는 해방 당시 아무 경험도 없는 20대 초반의 나이였다. 이런 상황에서는 60년대까지도 고대문화유산을 연구하는 학문적 기틀이 제대로 잡힐 리 없었다. 일제의 연구를 극복하기는커녕, 걸음마의 한국고고학은 일제의 결론을 습득하기에도 힘이 부쳤다. 사회적 혼란을 틈타 도굴과 유적 파괴는 걷잡을 수 없었으며, 권력은 국민의 정치적 관심을 호도하기 위한 여론 조작에 문화유산을 사용하기도 했으니, 신문기사가 학문을 앞서가는 신문고고학이란 용어가 생기기도 했다.
> – 이선복, 『고고학이야기』, 가서원, 1996, 27쪽

일제가 수많은 자료를 갖고 돌아갔다는 것을 주목하자. 일본은 아직까지 이 자료들을 대부분 공개하지 않고 있다. 분단과 전쟁 와중에 훈련

된 인물은 북조선으로 갔다. 김원룡(1922~1993, 전 서울대학교 교수, 국립박물관 장 역임)은 일제의 대표적인 고고학자 스에마쓰의 제자다. 일제의 결론을 습득하기에도 힘이 부쳤던 한국 고고학계의 상황은 지금도 이어지고 있다. 박근혜 정부에서 최몽룡이 중도 사퇴한 후 그를 이어 국정교과서에 참여했던 최성락의 설명을 보자.

> 이와 같이 한국고고학은 외형적으로 크게 성장한 반면에 고고학의 학문적 성격에 대한 관심은 매우 적었다고 볼 수 있다. 즉 한국고고학의 연구목적, 정체성, 방법과 이론 등에 대한 논의가 극히 드물어 방법론의 부재 현상을 나타내기도 한다.
> – 최성락, 『한국 고고학의 새로운 방향』, 주류성, 2013, 15쪽

최성락은 고고학계가 아직 연구목적과 정체성, 방법론과 이론에 대한 논의가 극히 드물어 방법론의 부재 현상이 나타난다고 한다. 그는 고고학계가 어디에서 어떠한 유물이 나왔다는 단순한 사실을 넘어 다양한 방법에 의해 분석하고 해석하는 능력이 취약하다고 말한다. 고고학계는 아직 기본적인 개념과 이론에 취약하고, 강단사학계로부터 독립적인 학문영역을 개척하지 못하고 있다.

만약 고고학계가 강단사학계와 다른 독자적인 연구를 이뤄낸다면 한국사의 면모가 획기적으로 달라질 것이다. 일제의 황국사관에 균열을 일으키게 된다. 손보기는 경성대학 사학과 시절 일본인 교수 아리미쓰의 신라 고분 발굴 현장을 참관했다. 그의 글이다.

고대사의 연구에는 발굴이 좀더 확실한 근거를 주는 것이라고 새삼 깨달았습니다. 일본인 학자들의 우리 상고사에 대한 연구들은 제국주의 속에서 조선 고대문화의 말살을 목표로 삼았을 뿐입니다. 우리의 역사는 우리의 발굴에서 진실을 찾아낼 수 있다고 생각하였지요. 한국이 문화발전상 앞섰던 것에 대한 고민을 일본인 학자들은 왜곡으로 풀어보자는 천박한 생각을 한 것으로 여겨졌습니다. 일본에서 초기에 한국의 구석기를 부정한 것은 '일본 군주보다 앞서는 역사를 인정할 수 없다'는 관점에서였고, 최근에는 아시아에서 역사가 가장 오래되었다는 것을 조작해 보려는 사고로 바뀐 것으로 보입니다. 그래서 일어난 것이 몇 년 전의 일본 구석기 유적 날조 사건이지요.

－『일곱 원로에게 듣는 한국고고학 60년』, 한국고고학회, 사회평론, 2008, 27~28쪽

일제의 고고학을 경험한 중요한 증언이다. 손보기의 증언대로 제국주의 시대에 일본인 학자들의 연구는 조선 고대 문화의 말살을 목표로 삼았다. 고고학은 일제의 정치적인 목적에 복무하는 유력한 수단이었다. 왜 그랬을까? 뒤에 답이 있다. 한국이 문화발전상 앞섰던 것에 대한 고민을 일본인 학자들은 왜곡으로 풀고자 한 것이다. 일본이 한국보다 뒤질 수 없었다. 19세기 후발 제국주의 주자로 뛰어든 일본은 고립감과 불안감, 열등감을 공격적인 침략으로 해소하고자 했다. 역사 조작은 제국주의의 최첨단 도구였다. 군사력은 일시에 국권을 찬탈하지만, 역사 침탈은 근원적이고 지속적인 지배를 가능하게 해주기 때문이다.

고고학계가 고대국가 성립을 2,000년 이상 늦추는 이유

2011년에 역사학자 김용섭은 회고록『역사의 오솔길을 가면서』를 펴냈다. 그는 조선총독부 산하 조선사편수회의 핵심인물이었던 스에마쓰 야스카즈가 광복 후에 서울대학교 국사학과 강의실을 찾은 일을 공개했다. 김용섭은 1960년대에 서울대학교 국사학과 교수였고, 식민사학을 비판하면서 이후 서울대학교를 떠났다.

> 다른 한번은, 분명치는 않으나, 민족주의 역사학인가, 실증주의 역사학인가에 관하여 검토하는 시간이었던 것 같은데, 교학부장 고윤석 교수도 포함된 네댓 명의 중년, 노년의 교수가 내방하였다. 노크를 하기에 문을 열었더니, 김원룡 교수께서 말씀하시기를, "일제 때 경성제국대학에서 내가 배운 스에마쓰 야스카즈 선생님인데, 김 선생 강의를 참관코자 하시기에 모시고 왔어요. 김 선생, 되겠지?" 하는 것이었다.
> – 김용섭, 『역사의 오솔길을 가면서』, 지식산업사, 2011, 768쪽

스에마쓰 야스카즈. 임나일본부설을 집대성한 그가 광복 후에도 서울대 국사학과를 직접 관리했다. 임나일본부설은 한국 침략과 식민지배의 핵심 이데올로기이다. 조선총독부는 임나일본부의 복원이었다. 스에마쓰는『임나흥망사』를 1949년에 발간했다. 그는 끝까지 일본의 한국 지배를 포기하지 않았다. 그의 제자 김원룡은 서울대 고고인류학과 교수, 서울대 대학원장, 역사학회 회장, 한국고고연구회 회장을 역임하며 한국 고고학계의 태두로 군림했다. 1980년대에 그가 국사교과서 문제

를 다루는 국회 공청회에서 한 말이다.

　나는 고고학의 입장에서 단군과 고조선의 관계, 그리고 한사군 문제, 그 다음에 고구려의 북경 영토 관계 또 백제의 남경 통치 관계 등에 관해 말하겠다. 현재 세계 어느 나라를 막론하고 역사는 선사시대와 역사시대로 나누며 역사시대의 시작은 기록의 존재와 고고학적으로 뒷받침되는 단계로 잡고 있다. (…) 이렇듯 세계 어느 나라나 역사성을 가진 국사의 시작은 누구나 수긍할 수 있는 기록과 그것을 뒷받침하는 고고학적 자료의 합치로써 잡고 있으며, 그것이 선진국, 문화국의 국사 이다. 말하자면 선진국의 국사는 고고학적으로부터 시작되고 있으며, 외국 기록에 나오는 영세한 자료를 갖고 국사를 시작하는 예는 문화국 중에서는 아직 찾아보기 어렵다. (…) 그러면 우리나라 청동기시대는 언제인가. '시베리아'문화와 연결하여 기원전 1000년 또는 그 이상으로 보기도 하고 북한에서는 기원전 2000년까지 올리고 있으나 현재 방사 선탄소연대로는 기원전 8, 9세기를 오르지 못하고 있다. 그러나 국내 학계에서는 기원전 1000년까지 올려 보고 있어, 이것을 내리려 하면 사대주의라 욕을 먹을까봐 나도 그대로 따르고 있다. 그러나 나는 우 리나라 청동기의 상한은 기원전 7~800년경이라고 생각한다. 한사군 문제인데, 한사군이 우리나라 밖에 있다면 나쁘다고 할 사람 아무도 없다. 그러나 낙랑군의 유물 유적이 나오는 곳은 현재의 평양 지역밖 에 없다.
　- 윤종영, 『국사교과서 파동』, 혜안, 1999, 63~65쪽

"현재 세계 어느 나라를 막론하고 역사는 선사시대와 역사시대로 나누며 역사시대의 시작은 기록의 존재와 고고학적으로 뒷받침되는 단계로 잡고 있다."는 말은 사실이 아니다. 당시에 이미 서구에서도 선사와 역사 개념에 대한 문제인식이 제기된 지 오래였다. '선사시대'라는 개념은 고고학적 개념이지 역사학 개념이 아니다. 선진국의 국사는 고고학으로부터 시작한다는 말은 그 앞의 "기록과 그것을 뒷받침하는 고고학적 자료"라는 말에 의해서도 부정된다. "외국 기록에 나오는 영세한 자료를 갖고 국사를 시작하는 예는 문화국 중에서는 아직 찾아보기 어렵다." 한국사와 관련한 중국의 1차 사료를 표현한 말이다. 아무리 영세한 기록이라도 그 기록을 통해 역사를 복원하는 것이 역사학이다. 더욱이 김원룡이 말하는 "영세한 기록들"은 『사기』, 『한서』, 『삼국지』, 『당서』 등 중국이 자랑하는 쟁쟁한 정사들이다. 이 자료들은 한국사와 관련된 1차 사료들로 "외국 기록에 나오는 영세한 자료"가 아니다.

고대 기록은 어느 나라나 충분하지 않다. 한국 강단사학계와 고고학계는 늘 "사료가 부족하다."고 탓한다. 그러면서도 버젓이 존재하는 사료는 정작 연구하지 않는다. 아주 파편적인 사실을 담고 있는 사료라도 연구를 통해 역사를 복원하는 것이 역사학과 고고학의 임무다. 저명한 고고학자인 브라이언 페이건은 고고학과 관련해 이렇게 말한다.

문헌기록과 구비역사는 둘 다 온갖 종류의 왜곡을 겪기 쉽다. 어느 쪽도 완전하게 객관적이라고 주장할 수는 없으며 고고학도 그에 못지않게 매한가지이다. 고고학자가 안고 있는 문제는 발굴 자료를 구비전승 자료와 관련지음으로써 어느 부분이 실제 역사이고 또 어느 부분이 신화나 도덕적 훈계인지를 비판적으로 결정해야 하는 일이다.

– 브라이언 페이건 지음, 이희준 옮김, 「세계 선사 문화의 이해」, 사회평론, 2011, 37쪽

인류사의 99% 이상은 문자가 없던 역사였다. 인류는 그들의 지식과 역사를 구전을 통해 전했고, 이후 이를 기록으로 남기기도 했다. 인류가 집단적으로 경험했던 중요한 사실들과 공통의 기억이 약간의 변형은 있지만 집단적인 공유과정을 거치며 근본적인 내용은 훼손되지 않고 거의 원형대로 이어져왔다. 집단적인 비평과정에서 불분명한 사실들이 객관화되는 것이다. 완전한 객관성은 존재하지 않으나 객관화 과정은 존재한다. 고고학은 문헌 기록과 구비역사와 연관되면서 과학성을 획득한다. 고고학은 유적과 유물을 통해 역사를 복원한다. 유적과 유물은 아무것도 말해주지 않는다. 유적과 유물을 과학적으로 분석하고 해석해야 한다. 역사학은 1차 사료를 비롯한 각종 기록과 구비전승된 사실들을 분석하고 해석한다.

(고)조선 연구도 당대와 가장 가까운 시기에 기록된 1차 사료 비판에서 시작한다. 그 기록들이 중국 문헌사료에 전해진다. 이 자료들은 "누구나 수긍할 수 있는 기록들"이다. 1차 문헌 자료를 어떻게 보는가에 따라 고고학 연구가 달라진다. 문헌사료를 열린 시각으로 연구하지 않으면 과학적인 고고학 결과를 기대하기 어렵다. 그런데 김원룡이 말하는 "누구나 수긍할 수 있는 기록들"은 조선총독부에서 내린 결론들이다. 그래서 그는 우리나라에서 국가가 형성된 시기를 서기전 3~4세기경이라고 임의로 설정하고, 청동기 상한을 서기전 700~800년경으로 보면서도 이를 소신 있게 주장하지 못했다. "사대주의라 욕을 먹을까봐 나도

그대로 따르고 있다."는 말은 학자가 취해야 할 태도가 아니다. 어떤 욕을 먹더라도 자신의 학문적 소신을 지키는 것이 학자의 본분이다.

고고학계에서 이런 일이 어떻게 가능했을까? 한국고고학회가 펴낸 『한국 고고학 강의』 머리말이다.

> 우리 학계에 처음으로 한국 고고학 개설서가 출판되어 나온 것은 1973년 고故 김원룡 교수의 『한국고고학 개설』이었다. 이 책은 국문 한국 고고학 개설서로는 현재까지도 유일한 것으로, 1986년 제3판이 나왔고 쇄를 거듭하여 지금도 서점에서 구해볼 수는 있다. 그러나 저자가 작고한 지 벌써 10여 년이 지나 날로 늘어나는 방대한 자료와 연구성과를 더 이상 반영할 수가 없게 되었다. 지금 대학의 학생들이나 관심을 가진 국민들이 참고할 수 있는 마땅한 한국고고학의 개설서나 입문서가 없는 형편이다.
> – 한국고고학회, 『한국 고고학 강의』, 사회평론아카데미, 2018, 8쪽

김원룡은 한국 고고학의 대명사였다. 그가 1973년에 낸 고고학개설서가 "현재까지도 유일한 것"이라는 말이 이를 증명한다. 한국 고고학계의 연구는 현재 일제로부터 전수받은 그의 학설에 입각해 있다. 고고학계의 정론을 정리한 『한국 고고학 강의』를 계속 보자.

> 그러나 아무튼 1970년대 이래 대부분의 고고학 연구자는 기원전 300년과 100년 전후 및 기원후 300년을 중요한 기점으로 삼아 청동기시대와 삼국시대 사이에 초기 철기시대와 원삼국시대를 설정해 왔다. 이

안이 안고 있는 문제와 약점은 뒤의 관련 장절에서 다시 언급되겠지만 학계에 잘 알려져 있다. 아무튼 그럼에도 불구하고 이것은 한국의 고고학적 과거를 설명함에 있어 손쉬운 도구적 수단이 되어 왔고, 전면적인 대안의 제시가 나오지 않는 한 앞으로도 쉽사리 버릴 수 없는 서술의 틀로서 그 역할을 하게 될 것이다. 한국 고고학 입문서로서 본서는 연구성과의 효율적 전달을 위해 편의적으로 이러한 관행에 따른 시대 구분 편제를 채택하는 바이다.

– 위의 책, 22쪽

'그러나 아무튼 그럼에도 불구하고' 앞으로도 쉽사리 버릴 수 없는 손쉬운 도구적 수단을 관행에 따라 채택할 수밖에 없는 것이 김원룡이 만든 한국 고고학 체계와 개념이다. 김원룡이 스승 스에마쓰가 만든 임나일본부설을 위해 만든 개념이 원삼국시대다. 원삼국시대에 대한 고고학계의 설명이다.

원삼국시대라는 시대 구분 용어는 1972년 김원룡이 처음 사용하였다. 그는 1973년판 『한국고고학 개설』을 통해 종래 고고학에서 김해시대라고 불러온 역사학에서의 삼한시대를 '원초삼국시대–원사시대의 삼국시대'라는 의미의 원proto삼국시대로 명명할 것을 제안하였다. 이 시대는 고고학적으로 청동기의 소멸, 철 생산의 성행, 도작의 발전, 지석묘의 소멸, 타날문경도(김해토기)의 출현을 특징으로 하는 서력 기원 직후의 2세기 또는 2세기 반에 해당한다고 하였다. 그는 『삼국사기』에 의하면 이 시기는 엄연한 삼국시대이나 문헌사가들은 이 시기를 삼국시대

146

라 부르지 않고 삼한시대 또는 부족국가시대라는 이름으로 부르고 있다고 지적하고, 삼국은 삼국이되 완전 왕국이 되지 못한 초기 발전단계를 뜻하는 원삼국이라는 용어는 고고학뿐만 아니라 문헌사에서도 널리 사용할 수 있을 것이라고 하였다. 그는 1986년 『한국고고학개설』 제3판에서 '삼국시대의 원초기' 또는 '원사단계의 삼국시대'라는 뜻으로서 원삼국시대Proto-Three Kingdoms Period라는 시대 구분 용어의 타당성을 재확인하고, 그 하한을 서기 300년경까지로 확대하였다. 국사학에서 실질적인 삼국시대의 시작을 서기 300년으로 보고 있고 고고학에서도 신라 토기의 발생과 고총의 출현을 300년으로 편년하고 있기 때문에, 이때를 원삼국시대의 종말 연대로 보는 것이 타당하다고 하였다. 원삼국시대라는 시대 구분은 이후 한국 고고학에서 널리 사용되었다.

– 위의 책. 153쪽

『삼국사기』에 의하면 엄연한 삼국시대이나 "완전 왕국이 되지 못한" 초기 발전단계를 뜻하는 원삼국시대가 서기 300년경까지 이어졌다는 것이다. 임나일본부설에 따라 국사학계의 정설에 맞춘 원삼국은 "그러나 아무튼 그럼에도 불구하고" 한국 고고학의 시대 구분 편제이다. 서기 300년경 이전 삼국의 유물과 유적은 삼국의 유물이 아니라 실체가 없는 원삼국의 유물·유적이 되는 것이다. 삼국은 '완전 왕국'이 되지 못했기 때문이다.

삼국은 고구려, 백제, 신라의 고대국가를 일컫는다. 삼국시대라고 할 때는 원삼국 단계의 정치체들이 고대국가의 틀을 갖추기 시작하는 3

세기 늦은 단계부터 신라에 의해 통일이 완성되는 668년까지의 기간을 말하는데, 이는 우리 역사에서 고대국가가 본격적으로 발전해 갔던 시기이며, 한민족의 형성이 시작되는 시기이기도 하다. 삼국시대에는 고구려, 백제, 신라만이 아니라 부여나 옥저, 동예, 가야 등 여러 세력이 공존한 시기도 있지만, 최종적으로 발달된 고대국가 체제를 완성시킨 정치체는 삼국뿐이기 때문에 삼국시대라는 용어가 널리 쓰이고 있다.

- 위의 책, 229쪽

문헌사료와 고고학자료에 따르면 우리 역사에서 고대국가가 성립된 시기는 서기전 24세기경이다. 그러나 고고학계는 그 시기를 3세기 후반~7세기 후반으로 본다. 무려 2,100~1,700년이나 차이가 난다. 한민족의 형성도 이때 시작되었다고 한다. 세계적으로 실제 사료와 같은 나라 고고학계의 시각이 이렇게 벌어지는 예는 없을 것이다. (고)조선은 2,000년이 넘는 역사를 가진 국가였는데도 민족을 형성하지 못한 것으로 되었다. 그러니 (고)조선 이전의 민족 형성에 대한 고찰은 불가능하다. (고)조선 문명과 그 이전의 역사는 허구에 불과한 것이다. 고고학계는 한국문명의 시작을 어떻게 보고 있을까? 고고학계의 대표적인 학자 이건무(전 문화재청장)의 글이다.

BC 3세기경 한반도 북부 지방에 철기가 유입되면서 우리나라는 철기문화의 단계에 접어들게 된다. 청동기시대에 이어 시작되는 이 시기를 초기 철기시대(B.C 3세기~서력기원 전후)라고 하며 이때의 철기는 대부분 중국으로부터 들어온 것이다. 한반도 북부 지역에서 다량으로 발견되는 명도전 출토 유적은 이러한 철기의 전래와 깊은 관계가 있다. 이들 유적에서는 중국의 전국시대 하북성 북부에 자리 잡고 있었던 연(B.C. 323~B.C. 222)나라 화폐인 명도전과 함께 철제 창, 낫, 도끼, 괭이 등 중국제의 철제 무기 농구 공구가 출토되어 이 시기에 철기가 유입되었음을 알 수 있다. 한반도의 철기문화는 북부 지역부터 먼저 시작되어 점차 확산되었으나 남부 지방의 철기 문화는 상당히 늦은 B.C. 2세기경에야 본격적으로 전개되었다. 특히 우리나라 철기문화의 전개는 대동강 유역을 터전으로 삼은 중국 한나라 낙랑군의 영향에 따라 철기를 가진 유이민이 남부 지방으로 점차 확산되었던 사실과 관련이 깊다. 즉 이 때 대동강 유역에서 수준 높은 철기 문화를 영위하였던 집단들이 한반도 남부 지역으로 퍼지게 되는데 그 시기가 기원후경으로서, 남부 지방에서 발견되는 중국제 거울은 그들과의 교류에 의해 전파된 것이라 할 수 있다. 철기가 본격적으로 생산되면서 단단하고 예리한 여러 가지 무기류와 농기구가 만들어지게 되는데 이러한 철기의 보급은 사회의 변화를 촉진시키게 되었다. 철제 농기구의 보급은 농업 생산력을 급속히 증가시키는 결과를 가져왔고 제철집단이라고 할 수 있는 특수 전문집단의 출현을 보게 되었으며 철이 부의 척도가 되는 등 사회의 계급분화를 가속시켰다. 특히 철제 농기구의 발달에 따라 농경지가 확대되면서 생산력이 급증한 결과 잉여 생산이 이루어졌다. 아울러 이를 기반으로 한 부의 집중 현상은 강력한 군사력을 가진 집단의 출현을 가져와 비로소 국가로의 발전이 가능하게 되었다.
– 이건무·조현종 지음, 『선사 유물과 유적』, 솔, 2003, 42~43쪽

그러나 서기전 3세기에 중국에서 한반도 북부에 철기가 도입되어 우리 민족이 철기문화 단계에 들어섰다는 주장의 근거 사료는 하나도 없다. 초기 철기시대 역시 원삼국시대와 마찬가지로 한국의 철기 사용을 늦추기 위한 개념일 뿐이다. (고)조선에서 사용한 명도전이 연나라 화폐라는 증거도 확인되지 않은 사실이다. 일본과 중국 학계가 주장하는 설일 뿐이다. 설령 이것이 사실이어도 명도전이 철기 도입의 증거는 아니다. 또 철제 창, 낫, 도끼, 괭이 등도 중국으로부터 철기가 도입된 사례일 수 없다. 논리의 비약이다.

더 큰 문제는 철기와 관련한 실제의 고고학적 결과들을 부인하는 태도다. "특히 우리나라 철기문화의 전개는 대동강 유역을 터전으로 삼은 중국 한나라 낙랑군의 영향에 따라 철기를 가진 유이민이 남부 지방으로 점차 확산되었던 사실과 관련이 깊다."고 하는 것은 주관적인 주장이다. 1차 사료와 고고학자료에 의해 한사군이 대동강 유역에 없었다는 사실이 분명하게 밝혀졌기 때문이다.

고고학계가 일제의 한사군 유물·유적 조작을 언제까지 끌고 가는지 끝까지 지켜볼 필요가 있다. 낙랑군의 영향을 유이민이 확산시켰다고 하는데 『삼국사기』는 유流가 아니라 유遺, 즉 (고)조선에서 남은 사람들로 기록했다. 역사학자 박선희(상명대학교 교수)의 (고)조선 복식에 대한 연구에 따르면 (고)조선은 가죽과 모피, 모직물, 실크, 마직물, 면직물 등의 복식 재료들을 동아시아에서 가장 빠른 시기에 생산했다. (고)조선의 우수한 복식 재료들을 중국에서는 지배계층에서만 주로 사용했는데 (고)조선은 대중적으로 사용했다. (고)조선의 뛰어난 갑옷도 중국에 영향을 줬는데, 역사학계와 고고학계는 이를 중국에서 수입한 것으로 왜곡했다.

평양 부근 강동군 고인돌 유적에서는 서기전 25세기경에 해당하는 청동장식단추가 출토되었다. (고)조선의 청동장식단추 생산 연대는 중국보다 14세기 이상 앞섰다. 청동기문화는 (고)조선에서 최소한 서기전 2500년경에 시작되었다. 황허유역에서는 기원전 2200년경에, 그리고 시베리아의 카라수크문화는 기원전 1200년경에 시작되었다. 동아시아에서 (고)조선은 청동기와 철기를 가장 이른 시기에 사용했다. 그런데 고고학계의 눈은 이를 거꾸로 보고 있다. 문제는 한국사에 대한 고고학계의 관점과 자세다. 손보기의 말이다.

요즈음 고고학을 공부하는 분들은 옛날보다 훨씬 좋은 환경 속에서 공부하고 있다는 것을 다행스럽게 생각하여야 합니다. 자연과학을 동원하여 여러 연구와 분석을 할 수도 있고 세계 여러 나라의 훌륭한 학자들과도 마음 놓고 같이 공동 작업을 할 수 있으니까요. 이렇게 좋아진 환경 속에서 공부하는 자세는 항상 끊임없는 진실의 탐구와 자기 자신의 부단한 노력이 있어야겠지요. 그리고 늘 공부를 할 적에 우리 민족과 나라에 대한 긍지를 지니고, 끊임없는 애정을 가지고 있어야 해요. 일제강점기를 겪어본 사람들은 나라 없는 설움이 얼마나 깊은지를 뼈저리게 느꼈으니까요. 나라의 역사가 바로 설 때에 그 민족도 발전하게 된다고 생각합니다. 이러한 올곧은 정신 아래 공부하고 연구할 때에 우리나라도 무한히 발전할 것이라고 믿어 의심치 않습니다.
　－『일곱 원로에게 듣는 한국고고학 60년』, 한국고고학회, 사회평론, 2008, 62~64쪽

끊임없는 진실의 탐구와 자기 자신의 부단한 노력은 학문뿐만 아니라 삶의 근본적인 자세다. 누구든 자기가 속한 공동체에 대한 긍지와 애정을 가져야 자신과 사회의 역동적인 발전을 꾀할 수 있다. 민족사에 대한 반성도 열등감과 지배욕이 아니라 민족에 대한 긍지와 애정에서 나온다. 인류는 언제나 구체적으로 존재한다.

반도사관에서 빠져나오지 못하는 고고학계

1982년 8월 중순, 미국의 고고학자 존 데스몬드 클라크 교수가 서울대학교의 초청으로 한국을 방문했다. 그는 손보기 교수팀이 발굴한 석장리 구석기문화는 존재하지 않았다고 기자회견을 했다. 당시에 벌어진 일이다.

서울대 팀이 발굴 중인 전곡리 유적을 전기 구석기로 연대 추정한 데에 이어 클라크 교수는 연대 팀이 발굴한 석장리 유적의 전기 구석기 추정과 점말동굴 구석기 유적 추정을 부인했다. 석장리 최하층의 석기는 인공을 가한 흔적이 없는 자연석이고 충북 제원군 송학면 포전리 "점말동굴 유적은 구석기 유적지가 아니고 자연동굴"이라고 클라크 교수가 발언하여 연일 한국 신문에 대서특필되었다. 클라크 박사의 점말동굴 시찰은 김원룡 서울대 교수가 안내했다. 클라크 박사의 발언에 대해 손보기 교수는 "동굴 안 구석기층에서 불을 사용한 흔적이 발견되었고 뼈 연모에 인공흔적을 찾았다."고 반박하며 "동굴 밖에서 동굴

안을 잠깐 훑어보고 자연동굴이라고 경솔한 발표를 하는 것은 학자의
자세가 아니다."라고 비난했다.
- 박석홍, 「건국 60주년 한국의 역사학과 역사의식」, 한국학술정보, 2008, 143~144쪽

이같은 클라크 박사의 주장에 대해 손보기 교수는 "동굴 안 구석기층
에서 불을 사용한 흔적이 발견되었고 뼈 연모에 인공흔적을 찾았다.",
"동굴 밖에서 동굴 안을 잠깐 훑어보고 자연동굴이라고 경솔한 발표를
하는 것은 학자의 자세가 아니다."라고 반박했다고 한다.

남한의 구석기 연구는 1964년 공주 석장리에서 연세대 박물관 조사
단(단장 손보기)이 구석기 유적을 발굴하면서 시작되었다. 석장리를 비롯
해 전곡, 제천, 경주, 여주 등 전역에서 구석기를 발굴하고 세계 학계의
주목을 받았다. 그런데 서울대에서 이를 뒤집기 위해 외국 학자를 동원
했다. 서울대학교에서 연세대 손보기 교수팀이 발견한 구석기 유적을
부인하기 위해 미국의 학자를 대동했는데, 그는 동굴 밖에서 동굴 안을
잠깐 훑어보고 자연동굴이라고 발표했다. 손보기 교수팀은 "점말동굴
각층 위에서 불을 땐 자리가 수없이 나타났는데 자연동굴이라면 짐승
들이 불을 피웠다는 말이냐."고 반박했다. 뼈 연모에 인공흔적이 있는
것도 제시했다. 김원룡은 공주 석장리 발굴에 참여하지 않았다. 손보기
에 대한 이선복의 글이다.

그 후 이 유적의 발굴은 연세대의 손보기 교수께서 맡게 되었는데, 이
분이 우리나라 구석기 고고학의 개척자임은 틀림없지만, 당시에는 문
화재 전문가이긴 했어도 원래 금속활자가 전문이지 고고학과는 거리

가 먼 분이었다. 당시로서는 어쩔 수 없는 상황이었겠지만 첫 구석기 유적 조사가 전공자에 의해 이루어질 수만 있었다면 오늘의 상황이 좀더 나아지지 않았을까 하는 아쉬움이 남는다.

- 이선복, 「이선복 교수의 고고학 이야기」, 가서원, 1996, 37~38쪽

손보기는 "고고학과 거리가 먼 분"이 아니라 가장 고고학자다운 고고학자였다. 강단사학계와 고고학계에서 말하는 전공자의 의미를 우리는 잘 알고 있다. 그들은 자신들의 정설과 다른 연구결과를 내놓는 사람을 전공과 거리가 먼 사람이라고 한다. 최재석, 윤내현 교수가 무시당한 사례를 떠올리면 된다. 이선복은 이렇게 불만을 표시했다.

그런데 국사교과서의 설명은 사실은 학계에서 검증되지 않은 주장이 여과 없이 그대로 실린 것이다. 한반도에 70만 년 전은커녕 10만 년 전의 유적이라도 과연 확실한 게 있는가에 대해서는 고개를 저을 수밖에 없는 형편이다. (…) 아직까지 한반도에서는 객관적이고 과학적인 증거를 통해 그 나이를 10만 년 단위로 셈할 수 있는 유적은 단 하나도 발견되지 않았다.

- 위의 책, 33~34쪽

그런데 이선복은 구석기시대의 연구 현황을 털어놓자면, 고고학계가 심지어 현재까지 발견된 구석기 유적의 숫자가 정확히 얼마인지에 대해서도 자신 있게 대답할 수 없는 형편이라고 한다. 무엇을 발견했는지도 모르니 구석기 유적을 객관적으로 알 수가 없는 것이다. 서울대 국사

학과에서 2008년도에 개정판을 낸 『한국사특강』은 이렇게 설명한다. "한반도와 만주 지역에서 확인되는 인간의 삶의 자취는 50여만 년 전으로 거슬러 올라간다." 왜 이런 상황일까? 이선복의 원인 분석이다.

> 이것은 물론 필자와 같이 학계에 있는 이들이 게으르기 때문이지만, 굳이 핑계를 대자면 부족한 전공인구와 미비한 연구여건의 탓이 크다고 할 만하다.
> – 위의 책, 34~35쪽

학계의 게으름이 원인인 것은 맞다. 그런데 뒤의 핑계는 전공자답지 않은 말이다. 손보기의 말을 떠올려본다. "이렇게 좋아진 환경 속에서 공부하는 자세는 항상 끊임없는 진실의 탐구와 자기 자신의 부단한 노력이 있어야겠지요." 1960년대에 부족한 전공 인구와 미비한 연구 여건에서 손보기는 부단한 노력을 기울였다. 1964년 공주 석장리에서 광복 후 처음으로 구석기 유물을 발견한 그의 연구는 당시 국내 학계에서 인정받지 못했다. 이것이 인정된 것은 국제학회에서 공인을 받은 후인 1970년대의 일이었다.

한국과학사학회 회장인 전상운(한국과학기술한림원 원로 회원, 성신여자대학교 전 총장)은 한국 과학 기술사 회고록에서 이렇게 비판했다.

> 한국에서, 한국사와 고고학 연구를 선도하는 원로 학자들과 그들의 학풍을 계승한 학계의 주류는 아직도 한국 청동기 시대의 시작 시기를 기원전 10세기 이전으로 잡는 데 지나치리만큼 신중하다. 그리고 중국

의 청동기술이 한국의 청동 기술을 형성하게 하고, 한국의 청동 기술의 발전을 중국 청동 기술을 수용하는 과정에서 전개되고 있었다는 지금까지의 소극적 역사 해석의 틀에서 벗어나지 못하고 있다. 그리고 한국 청동 기술의 전개 무대를 옛 고구려의 북쪽 영역, 즉 지금의 중국 동북 지방, 압록강 두만강 북쪽, 요동 반도와 하얼빈에 이르는 넓은 영역을 포함하는 지역까지로 넓게 잡는 데 소극적이다.

– 전상운, 「우리과학문화재의 한길에 서서」, 사이언스북스, 2016, 59쪽

전상운(서울대학교 화학과를 졸업하고, 동 대학원에서 사학과를 수료한 후 케임브리지 니덤 연구소 유지 재단 국제 이사, 한국과학사학회 회장 등을 역임했다)의 지적처럼 고고학계는 기존 역사해석의 틀을 벗지 못하고 있다. 고고학계는 서기전 24세기경의 청동기 유적과 유물이 발견된 지 오래인데도 서기전 10세기 전후를 청동기시대 성립시기로 본다. 우리 역사에서 나타난 청동기술의 뿌리와 원천, 어떤 문화인지에 대해 납득할 만한 설명을 하지 않는다. 북한학계는 평안남도 덕찬시 남양리 유적 16호 집터에서 나온 팽이형 청동기 유물의 측정연대를 서기전 3800년경으로 본다. 또한 (고)조선의 표지유물인 비파형 동검은 서기전 3000년경에 시작된 것으로 분석한다. 남한에서도 1970년대에 이미 경기도 양평군과 전라남도 영암군에서도 방사성탄소 연대측정 결과 서기전 25세기경의 청동기 유적이 발굴된 바 있다.

고고학자 U. M. 부틴은 서기전 3000년대 말~2000년대 초에 남만주와 한반도 북부에서 청동기시대가 시작되었다고 보는 것이 고고학자들의 일반적인 견해라고 했다. 이때 새로운 양식의 토기도 출현하고, 단군

신화에 이 같은 역사적 변화가 잘 반영되었다고 설명했다. 남북 분단의 상황에서 도유호, 한흥수 등 고고학 역량이 있는 인물들은 북한을 택했다. 이에 대해 고고학계도 다음과 같이 말한다.

> 관계분야 인력이 확보된 북한에서는 임시인민위원회 시절부터 조직적인 조사활동이 이루어질 수 있었지만, 인적 자원이 없던 남한에서 고고학 활동은 1960년대까지 북한에 뒤쳐질 수밖에 없었다. 북한의 고고학 연구는 전쟁 이후의 어려운 상황에서도 구석기시대와 청동기시대의 존재를 밝히는 등 많은 성과를 내며, 1960년대 초 절정에 다다라 『조선원시고고학』이라는 최초의 한국 고고학 개설서가 도유호에 의해 출간되었다.
> – 한국고고학회, 『한국 고고학 강의』, 사회평론아카데미, 2018, 17쪽

북한의 고고학은 1960년대 이후에도 꾸준히 발전했다. 다만 한국 강단사학계와 고고학계가 북한학계의 연구성과를 인정하지 않을 뿐이다. 남북한의 역사인식 차이가 워낙 크기 때문에 강단사학계가 이를 학문적으로 접근하지 않는 것이다. 전상운의 주장을 더 들어보자.

> 우리는 지금까지 고대 한국인이 활동하던 우리 역사의 현장을 압록강과 두만강 남쪽으로, 시야를 너무 좁게 두고 있지 않았는지 반성해 볼 일이다. 랴오닝 지방이 고대에도 마치 중국 땅의 일부인 듯한 인상을 갖게 하는 용어를 그대로 사용하는 게 옳은 일인지도 반성해야 할 것이다. 압록강 북쪽의 고구려 유적과 옛 무덤들을 답사하면서 줄곧 내 머

리를 떠나지 않았던 생각이다. 랴오닝 문화 하면 현대 한국인들은 중국 문화라고 생각할 뿐이다. 이런 현실에서 중국 학자들과 정치 지도자들이 의도적으로 고구려를 중국의 옛 변방국가처럼 여기려고 하는 것이 나에게는 늘 못마땅했다. 지금의 중국 동북지방, 랴오닝 지역은 청동기 시대에 고조선의 영역으로 한국인의 역사 현장이었다는 사실을 분명히 인식하면, 한국의 청동 기술의 이해가 넓어지고 보다 뚜렷해질 것이라고 내가 새삼스럽게 강조하는 이유가 여기에 있는 것이다.
– 전상운, 『우리 과학문화재의 한길에 서서』, 사이언스북스, 2016, 88~89쪽

이처럼 일제가 설정한 대로 우리 역사의 공간과 시간을 축소지향적으로 보는 관점이 고고학계의 한계로 작용하고 있다. 고고학계가 설정한 고고학 연구의 공간을 보자.

한국 고고학 연구의 활동무대인 한반도는 서북단 신의주에서 동남단 부산까지, 또 동북단 온성에서 서남단 해남까지의 직선거리가 각각 700km와 1,000km 정도에 불과하다.
– 한국고고학회, 『한국 고고학 강의』, 사회평론아카데미, 2018, 18쪽

유적과 유물 연구로 민족과 인류의 뿌리와 자취를 밝히는 것이 고고학이다. 그런데 고고학계는 구석기·신석기·청동기시대 우리 역사의 공간을 한반도로 제한했다. 문헌사료와 고고학자료에 의해 밝혀진 한반도와 대륙, 해양에서 펼쳐졌던 우리 역사의 강역을 배제해 그 원천과 뿌리를 잘랐다. 심각한 역사왜곡이다. 역사의 뿌리를 훼손하면 그 역사에서

나온 정체성을 유지하기 힘들다. 일제가 우리 역사를 말살하고 왜곡한 이유가 여기에 있다.

1970년대에 연세대 국학연구원이 주최한 국제학술토론회에서 임나 일본부설을 변조해 왜한 연합왕국의 실존을 고집한 에가미의 주장에 대해 이기백, 김정학, 김원룡 등은 아무도 반론을 제기하지 않았다. 이 같은 분위기는 한국고고학연구회와 한국국제문화 협회 주최 강연회에 서도 재연되었다. 당시에 이를 현장 취재한 기자의 글이다.

> 이것은 한국학계가 아직도 일본의 한국학 연구 수준을 크게 뛰어넘지 못했다는 단적인 증거를 드러낸 것이며 한국학의 보세가공식 학문 풍 토 때문인 것 같다. 60년대에는 미국의 한국학 연구비를 따먹기 위해 전광용의 까삐딴리식 보세가공 한국학이 유행하더니 최근엔 일본의 연구 기금이 투입된 한일 공동 연구에 너도나도 발 벗고 나서는 형국 이다. 이 한일 공동 연구 주제는 크게 남방문화기원설과 한국과 일본 의 고대문화는 하나라는 것으로 집약된다. 과거 내선일체론이나 동근 동조론 변형에 일부 국내 학자들이 참여하고 있는 것이다. 이것이 국 사·고고학·국문학·민속학·인류학 등 국학 전 분야로 번지고 있다 (『신동아』, 1978년 1월호).
>
> – 박석흥, 『건국 60년 한국의 역사학과 역사의식-잃어버린 역사문화를 찾아서』, 한국학 술정보(주), 2008, 240~241쪽에서 재인용

일본의 연구 기금이 국내 학계에 유입돼 큰 영향을 미쳤고 전 분야로 번지고 있었음을 알 수 있다. 다만 쉬쉬할 뿐이다. "일본의 연구에 많이

의존하고 있는 형편"이라는 강단사학계와 고고학계의 말을 이런 맥락에서 읽어야 한다. 강단사학계는 1차 문헌사료에서 고고학 유물과 유적으로 도피했는데, 고고학계의 실상은 이와같다. 강단사학계가 과연 무엇을 지키기 위해 이런 입장을 취해왔는지 계속 추적해보겠다.

나의 눈으로 역사 바로보기

1. 정인성 교수(영남대학교)는 '고고학으로 본 위만조선 왕검성과 낙랑'이라는 논문에서 일제가 공개한 평양지역 고고유물과 북한 역사학계가 발표한 자료를 아무리 뒤져도 위만조선 시기를 말해주는 근거를 찾을 수 없었다고 했습니다. 그렇다면 위만조선의 왕검성을 평양이 아닌 어디로 보아야 할까요?

2. 김원룡 교수(전 서울대학교)가 만든 원삼국시대 개념과 임나일본부설은 어떤 관련이 있을까요?

3. 우리는 언제부터 고대 한국인이 활동하던 우리 역사의 현장을 압록강과 두만강 남쪽으로 제한하게 되었을까요?

4장
한국사의 흐름을 꿰뚫는 핵심, 임나일본부설

신화와 조작된 사실로 가득 찬 그들만의 기록 『일본서기』를 바탕으로 한 이 주장은 결국 사료의 빈곤을 극복하기 위해 광개토왕비문을 위조하는 데까지 이르렀다. 그러나 1960년대부터 남북한 역사학자들이 강한 반론을 제기하면서 임나일본부설은 힘을 잃기 시작했다. 특히 북한의 역사학자 김석형의 연구는 임나일본부설의 허구를 지적하는 것을 넘어 일본 고대사 해석의 뿌리를 흔들었다. 김석형은 당시 한반도의 고구려, 백제, 신라 삼국이 각기 일본에 분국을 설치했다는 주장으로 임나일본부설에 정면으로 맞섰다. 이후 일본 학자들조차도 임나일본부설의 허황됨을 인정하고 여러 가지 수정 이론을 쏟아냈다. 임나일본부는 식민지 정권이 아니라 무역 대표부 같은 성격이었다거나 한반도가 아니라 일본에 있었다는 등의 주장이 있었다.

-이길상, 『세계의 교과서 한국을 말하다』 중에서

『일본서기』의 임나가 가야인가?

역사는 사실을 밝히고 이를 해석하는 학문이다. 사실이 아니면 역사가 아니다. 그래서 우리가 알고 있는 역사의 사실 여부를 구체적으로 따져봐야 한다. 우리 역사의 흐름을 결정짓는 핵심 주제가 바로 임나일본부설이다. 임나일본부설은 단순히 하나의 '설'이 아니라 일제가 왜곡한 한국사를 떠받치는 근간이라고 할 수 있다. 왜냐하면 이 '설'을 과학적으로 접근하면 우리 역사의 전체 맥락과 내용이 완연히 달라지기 때문이다.

임나일본부설은 서기 4~6세기에 야마토왜가 한반도 남부를 지배했다는 주장이다. 일제는 일본 열도에서 있었던 일들을 한반도에서 벌어진 일로 조작하고 고대에 일본이 임나를 통해 한반도 남부를 지배했다고 주창했다. 일제 학자들은『일본서기』에 나오는 지명인 임나를 한반도의 가야로 설정했다. 하지만 임나가 가야라는 구체적인 근거는 아무것도 없다. 일제는 조선을 침략하면서 정한론을 내세웠다. 과거에 일본이 임나일본부를 통해 한반도를 지배했다. 한반도는 일본의 고유 영토다. 옛 땅을 회복해야 한다. 이 같은 정한론이 1868년 메이지 정부 이후 불길처럼 일었다. 임나일본부설을 집대성한 스에마쓰는 다음과 같이 주장했다.

일본의 한반도 영유(임나)는 그 자체만으로도 일본의 자랑이며, 구한말의 일본에 의한 한국병합은 고대의 복현(復現, 다시 실현)이다. 이는 앞으로 영원히 일본이 한국에 대한 예속을 주장할 수 있는 정신을 인도

해준다.

– 이도상, 『일제의 역사침략 120년』, 경민문화사, 2003, 144~145쪽

현재까지 임나일본부설이 일본과 한국에서 끊임없이 유지되는 이유를 윗글에서 엿볼 수 있다. 앞서 언급했듯 고대에 일본이 한국을 지배했다는 임나일본부설에 따라 강단사학계는 고구려·백제·신라·가야 4국의 초기역사를 부정한다. 4국이 『삼국사기』, 『삼국유사』 기록대로 서기전 1세기경과 서기 1세기에 건국했으면, 8세기 이후에 국가를 형성한 일본이 4~6세기에 한반도 남부를 지배하거나 경영할 수 없기 때문이다. 게다가 4국은 서기전 24세기경에 건국한 (고)조선에서 나온 나라들이다. (고)조선은 우리 역사 최초의 국가로 대륙과 해양에서 중국과 패권을 다퉜던 나라다. (고)조선은 중국보다 앞선 서기전 13세기에 철기시대에 돌입했다. 중국은 서기전 8세기경에 철기를 사용한 것으로 알려져 있다. 일본은 6세기 이전의 제철유적이 없다. 고구려와 백제도 동아시아의 강국들이었다. 『삼국사기』에 의하면 고구려는 서기전 1세기 건국 직후부터 '다물多勿' 즉 옛 땅을 다시 찾는다는 기치하에 옛 (고)조선 영토를 회복해 나갔다. 백제는 대륙의 요서지방과 일본열도를 경영했다. 일본은 가야로부터 철기를 도입했다. 이는 『삼국사기』와 중국의 사서, 그리고 『일본서기』를 통해 밝혀진 사실들이다. 임나가 가야라면 『삼국사기』「신라본기」, 「백제본기」, 『삼국유사』 등에 임나를 자세히 언급하지 않을 리가 없다.

일제 학자들은 『삼국사기』와 『삼국유사』 기록이 조작되었다고 주장했다. 그 증거는 아무것도 제시하지 않았다. 일제가 한국 침략과 식민

지배를 위해 수립한 임나일본부설은 일본은 물론 한국 강단사학계에서 견고하게 유지되고 있다.

그러나 고대에 일본이 한국을 지배하거나 경영했다는 주장을 겉으로 내세우는 학자는 이제 일본에서도 거의 없다. 임나일본부설은 교역기관설, 외교기관설, 사신관설 등 변형이론으로 통용되고 있다. 이런 논리도 이미 황국사관을 기초한 구로이타 가쓰미 등이 주장한 내용들이다. 강단사학계는 임나일본부설이 폐기되었다고 주장한다. "한사군은 식민통치기관이 아니라 문화중계지나 한漢의 전진기지였다, 그러나 한사군의 위치는 한반도 북부에 있었던 것은 틀림없는 사실이다."는 논리와 같은 선상에서 임나일본부설은 유지되고 있다. 2000년대에 한일역사공동연구위원회 위원으로 활동한 김태식(홍익대학교 교수)은 강단사학계에서 임나일본부설과 관련한 대표 논자다. 그의 견해를 보자.

> 요컨대 대가야를 중심으로 파악되는 5~6세기의 후기 가야 연맹을, 왜에서는 무슨 이유에선가 임나라는 명칭으로 불렀다.
> – 김태식, 『미완의 문명 7백년 가야사 1』, 푸른역사, 2002, 67쪽

김태식은 임나를 가야로 전제하면서 합리적인 근거를 대지 않았다. 그는 임나일본부가 아니라 '안라왜신관安羅倭臣館'으로 명칭을 바꾸자고 했다. 530년대 중엽에 백제가 친백제계 왜인관료를 안라에 배치했는데 이것이 대왜 무역의 중개기관인 안라왜신관이라는 주장이다. 이를 뒷받침하는 근거는 없다. 그의 주장에 대해 강단사학계는 어떻게 평가할까?

김태식은 '임나일본부'를 왜와 가야의 교역과 외교를 전담하는 기관으로 안라에 설치된 기관이며 왜인과 가야계 왜인으로 구성되어 있었다고 보았다. 그는 자신이 주장한 '임나일본부'의 성격에 부합되도록 '임나일본부'를 '안라왜신관'으로 바꾸어 불렀다. '안라왜신관'은 6세기 전반 당시 삼국 및 가야 사이의 미묘한 국제관계 속에서 백제 및 안라(아라가야)의 이해관계를 위하여 존재한 것으로 보았고, 그 조직의 실질적인 운영권은 왜국이 아니라 백제 또는 안라가 쥐고 있었다고 했다.
– 권주현, 『가야인의 삶과 문화』, 혜안, 2009, 38쪽

일본학계는 임나일본부의 성격을 정치적, 군사적인 성격에서 교역·외교기관설을 앞세우는데 김태식이 그것을 따르는 것이다. 그런데 강단사학계는 이를 마치 임나일본부설을 비판하는 새로운 이론인 것처럼 말한다. 임나를 함안으로 연결한 것은 황국사관의 총지휘자였던 쿠로이타 가쓰미였다. "『일본서기』에는 흠명기에 처음으로 안나일본부라고 기술하였지만, 임나일본부가 김해에서 안라(지금의 경남 함안) 땅으로 옮긴 것은 아마도 계체시대일 것이다.", "김해와 함안은 일본부의 소재지였다." 『일본서기』를 통해 황국사관의 초석을 마련한 구로이타 가쓰미가 1932년 『갱정 국사의 연구』에서 한 말들이다. 일본학계는 임나일본부의 활동시기를 줄여서 말하기도 한다. 김태식은 노태돈의 주장을 따랐다.

일본이란 국호는 7세기 후반 사용되었다. '임나일본부'란 명칭은 『일본서기』의 분주(分註)에 나오는데, '안라일본부'라는 명칭도 보이나, 당시

의 정식 명칭은 '재안라왜신등在安羅倭臣等'이다. 6세기 들어 백제와 신라가 가야지역에 압박을 가함에 따라 그에 대응하는 과정에서 형성되었다. 특정한 기관이나 기구 명칭이 아니라, 아라가야에서 활동하던 인물을 집단적으로 칭한 것이다. 그들이 활동하며 머문 지역은 안라였다. 그 구체적인 구성원은 왜의 왕실에서 파견한 이들, 북규슈 지역의 세력가, 가야계 인물 등이다. 당시 한반도와 일본열도의 주민들 간에는 상호 활발한 왕래가 이루어졌다.

- 노태돈, 『한국고대사』, 경세원, 2014, 98쪽

노태돈은 구로이타 가쓰미의 주장을 따랐다. 강단사학계에서는 임나가 한반도에 있었다는 전제가 중요한 것이다. 한반도 남부에서 왜의 왕실에서 파견한 이들, 북규슈 지역의 세력가 등이 활발하게 활약했으면 된다. 한반도를 지배하지 않았어도 고대에 일본이 우위에 있었다는 근거를 확보하면 얼마든지 임나일본부설을 유지할 수 있기 때문이다. 노태돈은 이렇게 말한다.

4세기 말 이래로 왜의 세력 또는 왜인들이 가야지역에서 활동하였고, 때로는 단기적인 군사 활동을 한 경우도 있었다. 그러나 왜국의 한반도지역에 대한 영역지배는 없었다. 임나일본부를 왜의 조정이 가야지역에 설치한 통치기관으로 상정한 것은 사실에 부합하지 않는다.

- 위의 책, 98~99쪽

4세기 말 이래 왜의 세력이 한반도에서 활동했다면서 거기에 군사

활동을 넣었다. 이것 역시 일제 학자 구로이타 가쓰미, 쓰다 소키치, 스에마쓰 야스카즈 등이 애초에 주장한 것이다. 영역지배 없는 군사 활동이 어떤 것인지는 아무런 내용이 없다. 군사 활동은 가장 정치적인 것이다. 한국에서 미국이 군사 활동하는 것을 생각해보자.

임나일본부설이 파괴한 고조선, 부여, 고구려, 백제, 신라, 가야의 역사

북한학계는 일본학계가 겉으로는 임나일본부설이 허황하고 잘못된 학설이라고 하면서 결론에서 이를 뒤집는다면서 다음과 같이 비판했다.

우리 학계의 비판이 있은(1960년대) 다음 70년대에 들어와서 일본학계에서는 지난날의 독선적 주장들을 철회하거나 반성하는 움직임이 있었다. 그러나 80년대에 들어와서는 일시적으로 반성하는척한 체면도 벗어던지고 "선학의 견해주장이 옳았다."고 우기는 데까지 이르렀다. 특히 그들은 겉으로는 마지못해 임나일본부설을 비판하다고 하면서도 실지에 있어서는 그것을 긍정하고 지지한다. 한마디로 말하여 그전보다 교묘해지고 있다고 해야 할 것이다. 그러한 대표적 실례로 최근에 나온 가야사를 취급한 책인 『대가야 연맹의 흥망과 '임나'』(다나까 도시아끼 저, 1992년, 요시가와 홍문관)를 들 수 있다. 책의 앞부분에서 임나일본부설은 허황하고 잘못된 학설이라고 슬쩍 '량심적' 냄새를 피워놓고는 뒤부분에 와서 그것을 뒤집어놓았다. 그는 『일본서기』 흠명기 등의 기사 내용을 조선에서 있은 사실로 인정하고 들어갔으며 따라서 야마또 정권의 군사력은 조선에서 종횡무진의 '활약'을 한 것으로 묘사하였다. 야마또 정권의 이른바 군사력이 조선에서 활동한다는 내용자체가 임나일본부설의 기본골자일진대 앞에서는 긍정하는척하다가 뒤에 돌아서서는 손바닥 뒤집듯 부정하니 그것을 무슨 심보라고 해야 한단 말인가.
– 조희승, 『가야사연구』, 사회과학출판사 1994, 682~683쪽

북한학계는 특히 1980년대 이후 일본학계가 그전보다 교묘해져서 『일본서기』 기사를 사실로 인정하고 야마또 정권의 군사력이 조선에서 종횡무진 활약한 것으로 묘사했다고 지적했다. 임나일본부설의 골간은 이처럼 야마토왜의 군사력이 한반도 남부에서 활동했다는 데 있다. 임나일본부설은 상황에 따라 얼마든지 다양하게 변주할 수 있다. 북한학계는 일찍이 임나일본부설을 체계적으로 분석했다. 그 연구결과다.

일본 근대사학이 발족하자마자 처음으로 내세운 학설이 이른바 임나일본부설이였다. 이 사이비 학설이 디디고 선 기본사료는 『일본서기』의 임나관계 기사이다. (⋯) 문제는 『일본서기』 조선관계 기사를 포함한 임나(가야)관계 기사를 어떤 자세로 어떻게 대하는가 하는 관점과 입장에 달려있다. 『일본서기』 임나관계 기사를 대하는 우리의 입장과 일본학계의 입장은 근본적으로 다르다.
일본학계는 오랫동안 『일본서기』의 허황한 내용을 통째로 삼키고 합리화해왔으며 마치도 신공기나 웅략기, 계체기, 흠명기 등에 씌어진 임나(가야)를 중심으로 한 기사가 일본 대 조선의 관계인 것처럼 묘사

해왔다. 과학적 방법론을 따라 도입했다는 1945년 8월 15일 이후의 일본학계의 동향 역시 크게 볼 때 다를 바 없다. 한마디로 말하여 백수십년간 일본학계는 『일본서기』의 임나관계 기사를 일본열도 전체가 이른 시기부터 하나의 정권 아래에 통일된 일본 대 조선과의 관계에서 고찰해왔다는 사실이다.

그와는 반대로 우리는 일본열도가 적어도 6세기 중엽 이전까지는 하나의 통일정권하에 있지 않고 여러 갈래의 정치세력으로 나뉘어져 각축전을 벌리던 소국할거시대였다는 것, 따라서 『일본서기』(임나관계 기사)도 오늘의 시점이나 편찬 당시인 8~9세기의 개념과 통념으로 고찰하지 말아야 한다는 것 등을 주장한다. 다시 말하여 일본학계와 우리의 입장에서는 『일본서기』를 대하는 출발점에서 근본적 차이가 있다. 야마또 중심사관에 기초하여 8세기 시점에서 씌어진 『일본서기』의 기사들을 기성관념에 포로 되지 않고 원점에 돌아서서 고찰하자는 것이 우리의 자세이다.

– 조희승, 『가야사연구』, 사회과학출판사, 1994, 580~581쪽

북한학계가 연구한 바처럼 문제는 『일본서기』 기사를 어떻게 보는가하는 관점과 입장에 달려있다. 북한학계는 야마또 중심사관에 따라 8세기에 편찬된 『일본서기』를 원점에서 고찰할 필요가 있다고 한다. 임나일본부설은 결국 역사관과 입장, 자세의 문제인 것이다. 일본학계는 6세기 중엽까지 하나의 통일된 정권을 이루지 못했던 일본을 마치 하나의 통일정권하에 있는 것으로 전제하고 한국과의 관계를 본다는 것이다. 북한학계는 임나를 일본과 한국의 관계로 보는 문제에 대해 "일본학

계와 우리의 입장에서는 『일본서기』를 대하는 출발점에서 근본적 차이가 있다."고 정리했다.

임나일본부설을 이론적으로 체계화한 이들은 모두 일제를 대표하는 어용사가들이었고 조선총독부의 핵심 관계자들이었다.

분단 후 월북한 김석형의 1960년대 연구에 따르면 한국의 주민이 지속적으로 일본으로 이주해 소국을 세우고, 고국과 연계를 맺었다. 그리고 이 소국들은 5세기 말, 6세기 초에 한반도의 백제, 가야, 신라의 지배를 받았다. 그는 『일본서기』에 나오는 임나가 한반도의 가야와 무관하다고 밝혔다. 이것이 김석형의 분국론이다. 이 연구로 일본학계는 깊은 충격을 받았다. 현재 한일의 주류 강단사학자들은 스에마쓰가 완성한 임나일본부설을 그대로 주장하지는 않는다. 1960년대 이후 너무도 많은 것들이 밝혀졌기 때문이다. 세계의 역사교과서를 분석한 이길상(한국학중앙연구원 교수)이 임나일본부설에 대해 한 말이다.

신화와 조작된 사실로 가득 찬 그들만의 기록 『일본서기』를 바탕으로 한 이 주장은 결국 사료의 빈곤을 극복하기 위해 광개토왕비문을 위조하는 데까지 이르렀다. 그러나 1960년대부터 남북한 역사학자들이 강한 반론을 제기하면서 임나일본부설은 힘을 잃기 시작했다. 특히 북한의 역사학자 김석형의 연구는 임나일본부설의 허구를 지적하는 것을 넘어 일본 고대사 해석의 뿌리를 흔들었다. 김석형은 당시 한반도의 고구려, 백제, 신라 삼국이 각기 일본에 분국을 설치했다는 주장으로 임나일본부설에 정면으로 맞섰다. 이후 일본 학자들조차도 임나일본부설의 허황됨을 인정하고 여러 가지 수정 이론을 쏟아냈다. 임나일본

부는 식민지 정권이 아니라 무역 대표부 같은 성격이었다거나 한반도
가 아니라 일본에 있었다는 등의 주장이 있었다.

- 이길상, 『세계의 교과서 한국을 말하다』, 푸른숲, 2009, 46~47쪽

1960년대에 문헌사료와 고고학자료에 입각한 김석형의 연구로 임나
일본부설은 입론 자체가 붕괴되었고, 1980년대에 최재석의 종합적인
사료 비판으로 파탄 났다고 볼 수 있다. 그러나 한일 주류 강단사학계는
김석형의 연구를 국수주의로 치부하고, 최재석의 연구를 유령 취급한
다. 그들은 임나일본부가 식민통치기관이 아니라 다른 성격의 기관이었
다고 교묘하게 주장한다. 그러면서 임나를 가야로 전제하는 것은 절대
적이다. 강단사학계는 학설과 학설을 유지하는 방식까지 일본에서 가져
온다. 강단사학계는 '임나일본부', '안라일본부', 재안라왜신' 등 이름은
개의치 않는다. 이를 쉽게 이해하기 위해서 국사편찬위원회가 편찬한
『한국사』에서 한사군 관련 부분을 보자.

위만조선 지역에 설치된 한의 군현은 고조선 및 주변세력에 대한 통제
와 한의 직접적 지배를 위한 것이었으나, 이 같은 의도는 토착사회의
반발과 공격에 의해 좌절되었다. 그리고 한4군의 성격도 중국계 유이
민의 자치세력 또는 중계무역의 중심지 같은 존재였다고 할 수 있으
며, 그것도 후한(後漢)대에는 고구려의 압박으로 더 이상 기능을 수행
할 수 없는 상태로 전락되어 결국 소멸되었다. 따라서 낙랑군 등의 존
재는 한의 직접적 지배라는 정치적 의미보다는 문화중계지로서의 성
격을 갖고 있었다고 이해하는 것이 옳으리라 생각된다.

- 국사편찬위원회, 『한국사』4 , 탐구당, 2003, 5쪽

윗글은 김정배가 썼다. 그는 한군현이 (고)조선을 직접 지배하기 위해 설치되었으나 그보다는 문화중계지라는 성격을 갖고 있었을 것이라고 주장했다. 그렇게 이해하는 것이 옳으리라는 생각이 유일한 근거다. 일제는 한국이 독자적인 발전 능력이 없고 중국의 선진문명을 전수받아 일본에 전하는 육교역할을 했다고 주장했다. 그들에게는 한사군이 그런 중계지 역할을 했다는 것이 중요하다. "일본은 한국으로부터 문화를 수입한 것이 아니라 단지 한국을 경유하여 중국문화를 수입하였다.", "일본이 중국의 문화를 수입할 때 임나와 낙랑은 일본과 중국의 중계지 역할을 하였다." 임나일본부설을 1949년에 집대성한 스에마쓰가 『임나흥망사』에서 한 주장들이다.

강단사학계는 1차 사료와 고고학자료 등이 대중적으로 공개되면서 낙랑군이 평양일대에 있었다는 정설을 유지하기가 곤란해졌다. 그래서 한사군의 위치 문제를 회피하고, 한사군의 성격 문제로 논점을 이동시키고자 한다. 또한 한사군이 사실은 일제가 주장하듯이 식민통치기관이 아니었다면서 그를 비판하는 모습을 취할 수도 있다. 위치는 분명하게 말해야 하지만 성격은 다양하게 주장할 수 있다. 서울의 위치는 분명하지만 서울의 성격은 보는 각도에 따라 천차만별이다. 강단사학계는 한사군이 한반도 북부에 있어야 한다는 정설을 고수하기 위해 한사군의 성격 문제를 앞세운다. 노태돈의 글에서 강단사학계가 무엇을 중시하는지 보자.

한 제국의 동방을 향한 전진기지인 낙랑군의 문화는 그 고분 출토 유

물이 전하듯 우수하고 화려한 면을 지녔다. 한반도의 남부와 일본열도의 여러 소국들은 낙랑군의 교역을 통해 한의 문물을 수입해 갔으며, 아울러 낙랑군은 교역을 통해 여러 소국에 통제력과 영향력을 뻗쳤다.

– 노태돈, 『한국고대사』, 경세원, 2014, 52~53쪽

한사군이 "한 제국의 동방을 향한 전진기지"였다는 사실이 강단사학계에서는 중요하다. 중국이 주체적인 발전 능력이 없었던 한국에 문명을 전파하고 통제력과 영향력을 뻗쳤다는 결론에 귀착할 수 있기 때문이다. 한사군과 같은 차원에서 임나일본부설의 변형이론들을 구체적으로 따져봐야한다.

『삼국사기』 초기기록 불신론과 임나일본부설

강단사학계가 억지 논리를 근거로 고수하지 않으면 임나일본부설은 사상누각일 뿐이다. 노태돈은 『삼국사기』 초기 기록 불신론에 따라 일찍이 '부체제' 개념을 내세웠다. '부체제'는 그의 석사학위 주제였다. 앞서 일부 검토한 『한국사 특강』을 보자.

삼국은 고조선 사회의 외곽에서 시간적 선후를 지니며 각각 성립했고, 4세기 중반 이후 서로 국경을 접하게 되기 전까지는 상당 기간 상호 깊은 교섭 없이 독자적으로 발전해 나갔다. 그에 따라 삼국 간에는 각각의 개성적인 면모가 많이 존재했다. 그러한 가운데서도 당대의 역사

적 조건에 의해 삼국 초기의 국가구조와 정치운영에서는 일정한 공통성을 보여준다. 부部체제는 그러한 면이다.

– 한국사특강편찬위원회, 『한국사 특강』, 서울대학교출판부, 2009, 18쪽

부체제는 삼국의 국가형성을 수백 년 씩 늦추기 위해 나온 개념이다. 『삼국사기』 등의 기록을 근거 없이 부정하고 고구려, 백제, 신라가 수백 년간 느슨한 부족연맹체였다는 설이다. 삼국의 군주가 왕이 아니라 한 부의 수장, 즉 족장에 불과했다는 것이다. 강단사학계가 보기에 삼국은 4세기 중반 이후에 국가로 성장해야 한다. 신라의 경우 진흥왕 이전 530년대까지도 왕이 단순한 부部 대표자였다고 한다. 따라서 노태돈은 삼국이 (고)조선 사회의 외곽에서 시간적 선후를 지나며 각각 성립했다."고 전제했다. 삼국은 (고)조선에서 나왔다. 이 사실을 부정하고 노태돈은 "삼국이 (고)조선 사회의 외곽에서 나왔다면서 삼국과 (고)조선의 연계성을 잘라버렸다. (고)조선은 서기전 24세기에 건국돼 2천년 이상의 역사가 있는데, (고)조선에서 나온 삼국이 원시적인 족장사회일 수 없기 때문이다.

『삼국사기』 기록에 의하면, 8세기 이후 국가를 형성한 일본이 한반도 남부에서 유력한 활동을 할 수가 없었다. 여기에 일제의 대표적인 역사학자 쓰다 소키치의 고민이 있었다. 쓰다 소키치는 한반도 남부에 마한·진한·변한에 속하는 70여 개의 소국들이 난립해있다는 『삼국지』 「동이열전」 '한조' 기록을 사료 비판 없이 활용했다.

『삼국지』 한조는 고대 한국의 풍속과 제도, 문물, 중국과의 관계 등을 기록했지만 한국의 정치적 상황을 기록한 사료가 아니다. 중국은 당시

상황을 구체적으로 알지도 못했다. 정확치 않은 사실들이 혼재되었고, 중국의 전통적인 춘추필법, 즉 중화사상에 따라 동이족의 역사를 폄하하고 기록도 소략해 자세하지 않다. 이는 『삼국지』만의 문제가 아니고 중국의 25사를 볼 때도 사료 비판을 정확하게 해야 한다. 그런데 쓰다 소키치는 당시 고구려, 백제, 신라의 구체적인 정치적 상황을 기록한 『삼국사기』를 아무런 근거 없이 조작으로 몰고 『삼국지』를 견강부회했다.

중국의 위·촉·오 삼국의 역사를 다룬 『삼국지』와 『삼국사기』는 삼국의 상황을 전혀 다르게 기록했다. 『삼국지』는 백제, 신라가 왕권을 확립한 시기에도 한반도 남부에 마한 54개국, 진한 12개국, 변한 12개국이 난립한 것으로 봤다. 『삼국사기』는 백제가 온조왕 재위 때인 서기 9년에 마한을 평정한 정복왕국으로 서술했다. 『삼국지』는 마한이 3세기 중엽까지 존재했고 백제를 마한 54개 소국 중의 하나인 백제국이라고 했다. 『삼국사기』는 여섯 부족을 이루고 있던 (고)조선 유민들이 진한 6부로 되었고, 이들이 혁거세를 진한의 임금으로 추대했다고 기록했다. 앞서 말했듯이 『삼국사기』는 (고)조선 유민을 유민流民이 아니라 유민遺民이라고 했다. 이 지역이 (고)조선이었고 그 사람들이 박혁거세를 군주로 옹립한 것을 알 수 있다. 또한 신라가 1세기부터 주변 소국들을 장악했다고 했다.

『삼국사기』의 사실성이 점차 입증되면서 나온 개념이 부체제다. 김원룡의 원삼국 개념이 나온 배경과 같다. 임나일본부설의 하위이론이다. 단군조선은 역사와 무관하다, 중국에서 온 위만이 (고)조선을 지배하면서 한국사는 비로소 발전할 계기를 얻었다, 중국 한나라가 통치한 한사군은 평양을 중심으로 한 한반도 서북부에 있었다, 한사군을 통해 중국의 선진문물이 수용되면서 한국은 본격적으로 발전할 수 있었다, 한사군의 영향으로 부여, 고구려, 백제, 신라, 가야 등이 국가로 성장할 싹을 틔웠다, 서기전 1세기에 고구려, 백제, 신라가 국가로 성장했다는 『삼국사기』초기 기록은 조작되었다, 이와 같은 강단사학계의 부동의 정설이 임나일본부설 위에 구축되었다.

지금까지 노태돈을 여러 차례 거론했고 뒤에도 계속 나오기 때문에 강단사학계에서 그의 위상이 어느 정도인지 살펴보겠다. 그의 정년을 기념하는 논총에 실린 글이다.

돌이켜보건대, 선생님께서는 40여 년간 계명대학교와 서울대학교에 재직하면서 한국고대사 연구와 후진 양성에 매진하셨습니다. 선생님께서는 민족의 기원과 형성 문제를 비롯해 한국고대사 전반에 걸친 연구의 초석을 다졌고, 그중에서도 고조선사와 고구려사, 삼국통일전쟁사 연구에 전력을 기울여 독보적인 연구 업적을 축적하셨습니다. 선생님께서 제기하신 고조선 중심지 이동설은 현재 학계의 통설로 자리 잡았고, 선생님의 역저인 『고구려사 연구』와 『삼국통일전쟁사』는 사료에 대한 실증적 분석과 치밀한 논리 구성을 바탕으로 고구려 국가의 형성과 전개, 삼국통일전쟁의 전개와 영향을 체계적으로 정리한 기념비적 업적으로 평가받고 있습니다. 선생님께서는 부여, 신라, 발해 연구의 토대를 다지는 데도 크게 기여하셨을 뿐 아니라, 선생님께서 제기하신 부체제론은 고조선에서 삼국으로 이어지는 한국고대사의 전개 과정을 체계적으로 인식하는 데 결정적인 계기를 제공했습니다. 또한 선생님께서 책임 편집한 『역주 한국고대금석문』(전3권)은 금석문을 활용한 한국고대사 연구에 새로운 지평을 열었고, 『한국고대사논총』(전10권)과 『강좌 한국고대사』(전10권)는 종전의 한국고대사 연구성과를 체계적으로 정리하고, 연구가 미진했던 분야를 활성화하고 새로운 연구 주제를 개발하는 데 크게 기여했습니다. 선생님께서는 학문 활동 외에 한국고대사학회 회장, 한국사연구회 회장, 서울대학교 규장각한 국학연구원 원장 등을 역임하시며 한국역사학계에 커다란 족적을 남기셨습니다. 또한 선생님의 자상하고 엄격한 지도를 받은 제자들, 선생님과 직간접으로 관계를 맺은 후학들은 현재 한국고대사학계의 중견 학자로 활발하게 활동하고 있습니다.

– 노태돈 교수 정년 기념논총 간행위원회 엮음, 『한국고대사 연구의 시각과 방법』, 사계절, 2014

노태돈은 강단사학계의 좌장 역할을 오랫동안 맡아왔고, 그의 제자들이 강단사학계는 물론 각계에 포진돼 맹활약하고 있다. 그러나 부체제뿐 아니라 노태돈의 주요 주장들은 1차 문헌사료와 고고학자료 등과 전면으로 배치된다. 간단히 『삼국사기』 「신라본기」 '시조 혁거세거서간'조만 봐도 그렇다. 『삼국사기』의 첫 장면은 이렇게 시작한다.

시조의 성은 박씨, 이름은 혁거세다. 전한 효선제 오봉 원년(서기전 57) 갑자 4월, 병진-일설에는 정월 15일이라고도 한다-에 왕위에 오르니, 왕호는 거서간이었다. 그때 나이는 열세 살이었다. 나라 이름을 서나벌이라 했다. 이보다 앞서 조선의 유민遺民들이 여러 산골짜기에 흩어져 살면서 여섯 마을를 이루고 있었는데, 첫째를 알천 양산촌, 둘째를 돌산 고허촌, 셋째를 취산 진지촌-혹은 간진촌이라고도 한다-, 넷째를 무산 대수촌, 다섯째를 금산 가리촌, 여섯째를 명활산 고야촌이라 했다. 이들이 진한辰韓의 6부가 된다.

『삼국사기』에 따르면 서기전 57년에 혁거세가 왕위에 올랐고, 나라 이름을 서나벌로 했다. 혁거세가 왕위에 오르기 전에는 (고)조선 사람遺民들이 살고 있었고, 그들이 혁거세를 왕으로 추대했다. 고구려, 백제와 마찬가지로 신라는 (고)조선의 '외곽'에 있지 않았다. 한편 조선총독부의 이마니시 류는 이에 대해 "『삼국사기』는 신라인을 진의 유민이 아니라 조선유민이라고 했는데 신라시대 사관이나 고려시대 사관이 창작한 것"이라고 주장했다.

혁거세 17년(서기전 41)에는 왕이 6부를 순회하면서 백성들을 위무했는데 왕비 알영도 동행했다. 왕과 왕비는 민중들에게 농사와 뽕나무 기르기를 권장하고 독려해 토지에서 얻는 이익을 다 이용하게 했다. 또 혁거세 19년(서기전 39)에는 변한이 나라를 들어 항복해 왔다. 혁거세 21년(서기전 37)에는 수도에 성을 쌓아 이름을 금성이라 했다.

『삼국사기』「백제본기」는 "백제의 시조는 온조왕이요, 그 부친은 추모 혹은 주몽이라고 한다."로 시작한다. 백제는 (고)조선 계승과 회복을 내세운 고구려에서 나왔다. 『삼국사기』「백제본기」온조왕 3년(서기전 16년)에는 "5월에 말갈이 북쪽 변방에 침입해 왕은 강력한 군사를 거느리고 급히 공격해 크게 격파하니, 살아 돌아간 적의 수는 열 명 중 한두 명에 불과하였다."고 기록했다. 온조왕 13년(서기전 6년)에는 도성과 궁궐을 세우고 다음 해에 국도를 옮겼다. 온조왕 15년(서기전 4년) 기록엔 "정월에 새로 궁궐을 지었는데, 검소하되 누추하지 않고 화려하되 사치스럽지 않았다."고 했다.

백제는 온조왕 27년(서기 9년)에 마한을 정복했다. 온조왕 27년과 28년의 기록이다. "10월에 왕은 군사를 내 사냥을 한다고 말하고 기습적으로 마한을 쳐 마침내 그 국읍을 함락시켰으나 오직 원산성과 금현성 두 성은 끝까지 항복하지 않았다. 27년 4월에 원산과 금현 두 성이 항복해 그곳의 백성들을 한산 북쪽으로 옮겼다. 이에 마한이 드디어 멸망하였다." 모두 『삼국사기』「백제본기」에 기록된 사실들이다. 이것이 사실이 아니라는 근거를 구체적으로 밝히지 않고 기록을 신빙성이 없다고 부정해서는 안 된다.

임나일본부설이 끈질기게 유지되는 이유

김태식은 『한국사 시민강좌』에 게재한 '고대 한일관계사의 기본 흐름'이란 글의 결론에서 이렇게 주장했다.

지금까지 서술한 것을 정리해볼 때, 고대 한일관계사의 기본 흐름은 중국 대륙에서 기원한 선진문물과 학문 등의 고급문화가 한반도 남부에서 정착된 후에 지속적으로 일본열도로 전수되었다는 점이다.
– 『한국사 시민강좌』40호, 2007, 74쪽

조선총독부의 이마니시 류는 반도사관에 따라 '한반도 육교론'을 내세웠다. 중국의 선진문명이 독자적인 문명발전 능력이 없던 한반도를 거쳐 일본에 왔다는 일제의 논리가 강단사학계에서 그대로 이어지고 있다. 김태식은 글을 이렇게 마무리했다.

> 고대 한국은 일본에 관한 문헌사료를 거의 남기지 않았으며, 이는 한국측 입장을 설명하기에 불리한 점으로 작용하고 있다. 이런 문제를 보완하기 위해서는 고대 한일 고고학자료에 대한 연구를 활성화하고, 그를 기반으로 하여 문헌사료를 재해석할 수 있는 여지를 만들어야 한다. 그러기 위해서는 일본고대사 자체에 대해서도 일본학계의 수준을 넘어서는 한국학계의 연구가 있어야 할 것이다.
> – 위의 책, 75쪽

희한한 논리다. 고대 한국과 일본에 관한 기사가 『삼국사기』에 있다. 임나일본부와 관련한 사실이 우리 고대 문헌에 없는 것은 당연하다. 그것은 일본열도에서 있었던 일을 조작한 기사이기 때문이다. 『삼국사기』 기록을 부정하고 한국측 입장을 설명하기에 불리하다는 것은 쓰다 소키치의 입장이다. 김태식은 고대 한일 고고학자료에 대한 연구를 활성화하자고 한다. 한반도에서 발견되지 않는 임나 유물과 유적, 『삼국사기』의 사실성을 확인해 준 풍납토성 등의 고고학자료를 학문적으로 검토하지 않으면서 겉으로만 하는 말이다.

"일본고대사 자체에 대해서도 일본학계의 수준을 넘어서는 한국학계의 연구"라는 말은 공허한 수사다. 일본학계는 이를 보고 속웃음을 지을 것이다. 한사군 문제와 마찬가지로 임나를 가야로 전제한 일제 학자들의 이론을 사료 비판하는 것이 임나일본부설을 검토하는 핵심적인 사항이다. 임나가 가야라는 근거가 무엇인지를 학문적으로 접근하면 임나일본부설의 실체가 드러난다.

최재석은 "지금까지 거의 전부 임나사 내지 가야사 왜곡의 첫발은 임나와 가야가 동일국이라는 증거가 아무데도 없음에도 그 양자가 동일국가라 전제하고 논리를 전개시킨 데 있다."고 주장했다(최재석, 『고대한국과 일본열도』, 일지사, 2000, 425쪽). 그는 고대한일관계사의 진상을 실증적으로 파악하려면 일본 천황의 왕권, 일본의 관위제, 일본의 조선·항해 수준, 일본의 강역 등 고대 일본의 정치상황과 일본열도 여러 지명의 분석, 6세기 한일관계, 663년 백강구 전투 전후 한일관계 분석을 전제해야 한다고 주장했다. 5~6세기에 야마토 정권은 통일왕조를 이루지 못하고 다른 지역의 호족들과 같은 수준이었다. 야마토 정권의 왕권은 극히 미약했다. 당시 야마토 왕의 가옥은 같은 지역에 있는 한 호족의 거처보다 형편이 좋지 않았고, 비옥한 토지를 달라는 왕의 요청을 호족이 거절하는 상황이었다. 일본은 7세기에도 조선·항해 수준이 낮아 단독으로 해외를 오갈 수가 없는 형편이었다.

> 사인使人을 신라에 보내 사문 지달 등을 신라국의 사인에 붙여 대당大唐에 보내고 싶다고 하였으나 신라가 말을 듣지 않아 사문 지달 등이 그대로 귀국하였다.
> -『일본서기』 제명(齊明 3년, 657)조

이달, 사인들은 신라 배를 얻어 타고 대당大唐에 보내 불교를 배웠다.
  -『일본서기』 제명(齊明 4년, 658)조

　일본은 당나라에 파견할 사신을 신라에 보내 신라의 선박에 편승할
것을 요청했다. 만약 신라가 이를 거절하면 당나라에 파견할 사신이 일
본으로 돌아가야만 했다. 이 같은 사정은 서기 8, 9세기까지 계속되었
다. 이런 역사적 상황에서 서기 4~6세기에 일본이 한반도 남부를 지배
할 수는 없다. 일본이 한반도 남부에 대대적으로 진출해 활약하거나 군
사적인 지원을 했다는 주장도 마찬가지로 성립할 수 없다. 7세기에 당
에 파견된 야마토왜大和倭의 학문승은 한 사람의 예외도 없이 신라 배를
얻어 타고 일본을 출발하고 일본으로 귀국했다. 당나라 유학을 마친 일
본의 학문승은 신라 배가 항해하는 해상 루트인 당→울산→경주→울
산→북규슈를 경유하여 그 루트의 종착항인 난파難波(大阪)에서 하선下
船하는 것이 일반적이었다. 7세기의 일본은 신라에 파견하는 사인도 신
라 배를 얻어 타 출발하고 귀국했다. 신라는 장안→경주→왜에 이르는
전 해상 루트를 관리·장악하고 있었다(최재석,『고대 한국과 일본열도』, 일지
사, 2000, 55쪽).
　7세기 야마토왜의 조선·항해 수준에 비추어 6세기와 그 이전 야마토
왜의 항해 수준은 더욱 열악했음을 알 수 있다. 야마토왜가 배를 이용해
일본열도를 통합하였다거나 한반도에 쳐들어가서 그들을 속국으로 삼
았다고 하는『일본서기』의 기사나 일본 학자들의 주장이 허구임은 분
명해진다. 한일고대사 연구에서 필수적인 자료인『일본서기』를 어떤
눈으로 볼 것인가?『일본서기』의 몇 개 기사들을 보자.

B.C. 27년에 신라 왕자가 일본에 귀화하였다.

A.D. 199년 신라가 스스로 항복해 올 것이라고 일본 천황이 말했다.

A.D. 200년 일본이 신라를 정벌하였다.

A.D. 200년 10월 3일, 신라왕이 바람의 신과 파도의 신 그리고 바닷속 물고기의 도움으로 신라에 간 일본국 황후에게 항복하였다.

A.D. 200년(중애 9년) 12월 14일 황후(신공황후)라는 여자가 남장을 하고 신라를 정벌하였다.

A.D. 205년 3월 7일 신라왕이 조공하였다.

A.D. 247년 4월 신라의 조공사가 백제의 조공사와 함께 왔다.

A.D. 249년 3월 신라를 격파하였다.

A.D. 262년 신라가 조공하지 않아 신라를 쳤다.

최초로 『일본서기』의 사실 기사와 왜곡 기사를 분류해 비판한 최재석의 분석에 따르면 총 230개 사례의 신라와 일본의 관계 기사 중 구체적인 양국관계를 기록한 것은 하나도 없었다. 위와 같이 한 줄이나 단 몇 줄로 양국관계를 서술했다. 조선술과 항해능력이 안 돼 신라의 도움에 의지했던 일본이 단독 항해로 신라를 치고 정복했다고 한다. 김춘추를 인질로 삼았다고 한다.

A.D. 540년 8월 고구려·백제·신라·임나가 함께 공물을 바쳤다.

A.D. 610년 3월 고구려왕이 승려를 일본에 바쳤다.

A.D. 630년 3월 1일 고구려의 대사와 백제의 대사가 함께 조공하였다.

A.D. 646년 2월 15일 고구려·백제·신라·임나가 함께 조공하였다.

A.D. 655년 고구려, 백제, 신라 세 나라가 함께 조공하였다.

A.D. 249년 3월 백제왕이 영원히 조공하겠다고 말하였다.

A.D. 250년 5월 왕후인 신공황후가 백제에서 돌아온 일본인에게 한국은 이미 그대의 나라에게 주었다고 말하였다.

A.D. 251년 3월 백제왕이 또 조공하였다.

A.D. 251년 백제왕 부자가 이마를 땅에 대고 천황의 은혜를 잊지 않겠다고 말하였다.

최재석은 이런 기사를 보고 "고소苦笑와 실소失笑를 넘어 파안대소할 따름이다."고 했다. 고구려, 백제, 신라, 가야 사람들이 옛 일본 땅으로 이주해 백제, 가야, 신라 계통의 소국들을 세워 그들의 고국과 관련을 맺었다. 한반도의 가야와 임나가 별개의 나라라는 증거는 『일본서기』를 통해서도 쉽게 파악된다. 또한 일본 곳곳에 남아있는 고고학·사회학·인류학·언어학·예술학적 자료 등도 그 사실을 분명하게 증거하고 있다. 고대 일본 각지의 지명은 고구려, 백제, 신라 등 고대 한국의 국명으로 뒤덮여 있다.

『일본서기』에는 6세기에 백제의 3왕(무령왕·성왕·위덕왕)이 모두 각각 일본에 경영 팀을 파견해 그곳을 경영케 했다는 기록이 있다. 중국의 『당서』와 『구당서』에는 7세기 백강구 전투에 참전한 일본군이 백제왕의 군대였고, 전쟁에 패하자 백제 왕자(충승·충지)가 일본군을 거느리고 나당연합군에 항복했다는 기록이 있다. 이런 사료에 의하면, 6~7세기에 백제와 일본의 관계를 유추할 수 있다. 그러나 일제의 학자들은 고대 한국이 선박을 타고 온 일본의 속국 내지 식민지였다고 주장했고 이 같은 일본의 정치 상황에 대해서는 침묵했다(최재석, 『고대한일관계사 연구』, 경인문화사, 2010, 283쪽). 임나일본부설에 대한 윤내현의 견해를 보자.

그런데 『일본서기』에는 한반도의 가야가 멸망한 뒤에도 임나가 존재했던 것으로 기록되어 있다. 한반도의 가야는 서기 562년에 멸망하였는데, 왜는 서기 575년에 임나와 신라 및 백제에 사신을 보냈고 서기 600년 임나와 신라가 전쟁을 할 때 임나를 도왔으며, 그해에 임나와 신라에 사신을 보냈고 임나와 신라도 왜에 사신을 보내 조공했으며, 서기 623년에는 임나와 신라 사신이 함께 왜에 왔고 서기 638년에는 임나·백제·신라 사신이 함께 왜에 조공했으며, 서기 646년에는 고구려·백제·신라가 왜에 사신을 보내 조공했는데 백제의 사신은 임나의 사신을 겸했으며, 서기 646년에는 임나·고구려·백제·신라가 함께 왜에 사신을 보내 조공했다는 등의 기록이 그것이다. 이러한 기록들은 『일본서기』에 등장하는 임나는 한반도 남부에 있었던 가야가 아니었음을 분명하게 해준다. 그러므로 『일본서기』에 임나일본부가 있었던 것으로 기록된 임나는 왜열도나 대마도에서 찾아야 할 것이다. 여기서 먼저 생각해야 할 것은 『일본서기』의 내용을 보는 기본시각이다. 『삼국사기』, 『삼국유사』 등의 한국의 역사서들은 한국에서 있었던 사실들을 위주로 기록하였고, 『사기』나 『한서』 등의 중국 역사서들은 중국에서 있었던 사실들을 위주로 기록하였으며, 『일본서기』나 『고사기』 등 일본 역사서들은 왜열도에서 있었던 사실을 위주로 기록했을 것이라는 점을 먼저 생각해야 할 것이다.

– 윤내현, 『한국열국사연구』, 만권당, 2016, 576쪽

『일본서기』에 따르면 한반도의 가야가 멸망한 뒤에도 임나가 존재한다. 한국사서는 한국에서 있었던 사실을, 중국사서는 중국에서 있었던 사실을, 일본사서는 일본에서 있었던 사실을 중심으로 다룬다. 이는 역사와 사회를 보는 기본적인 상식이다. 윤내현의 말처럼 중요한 것은 『일본서기』에 대한 기본시각이다.

한일역사공동연구위원회가 구성돼 2002~2005년까지 1기 활동이 있었고, 2007~2010년에 2기 활동이 있었다. 2기 활동 후 한일역사공동연구위원회는 한일 고대사 부분에서 양국 역사학자들이 임나일본부설이란 용어가 부적절하다는 데 의견 일치를 보았다고 발표했다. 일본 역사학자들은 일본이 한반도 남부에서 일부 활동했을 수는 있지만, 임나일본부라는 공식 본부를 설치해 지배 활동을 했다고 볼 수는 없다는 점을 인정했다고 한다. "일본 학자들, 식민사관 '가지'는 자르고 '뿌리'는 유지" 제하의 언론기사를 보자.

이번 발표에 우리가 유의할 대목이 있다. 일본학계의 논점이 이동하는 현상을 주의 깊게 살펴야 한다. 요즘 일본 고대사는 '일본 고대 왕권 우위설'에 집중되고 있다. 고대 한반도는 고구려·백제·신라·가야가 분열됐던 것에 비해, 당시 일본은 강력한 단일정권(야마토 정권)을 수립했다는 것이다. 단일국가 일본이 정치·외교적으로 우위적 입장에 있었고, 고구려·백제·신라 3국이 일본과 경쟁적으로 교류하려 했다는 주장도 있다. 임나일본부설은 '일본 고대사 우위설'의 지류에 지나지 않을 수 있는 것이다. 일본측이 제2기 한·일역사공동연구위원회에서 '임나일본부설'의 문제점을 양국 공동으로 제기한 것은 작은 것(임나일본부설)을 내주고 큰 것(고대사 우위설)을 유지·확대하는 전략으로도 볼 수 있다. 극단적 주장은 폐기하면서 근본적 쟁점은 간직한 셈이다. 실제로 현재 일본 고대사 학자 가운데 일본의 가야 지배설을 주장하는 이는 거의 없다. 일본의 극우파 후소샤판 교과서 등 일부가 마치 정설처럼 기록해 문제가 됐다. 일본측은 '고대사 우위설'을 뒷받침하는 근거로도 광개토대왕 비문과 『일본서기』를 그대로 활용해왔다.

-「중앙일보」, 2010년 3월 23일, "일본 학자들도 '임나일본부는 없었다'", 배영대 기자

한일 고대사에서 양국 역사학자들이 의견의 일치를 본 것은 임나일본부라는 용어가 부적절하다는 사항이다. 의미 없는 동의다. '일본부'는 8세기에 『일본서기』의 편찬자가 쓴 명칭이다. 임나일본부가 있었다는 서기 4~6세기에는 일본이라는 나라가 없었다. 일본이라는 국명은 7세기 중엽 이후에 등장한다. 존재하지도 않은 나라가 다른 나라에 어떤 기구를 설치하겠는가. 일본이 통일국가를 이루기 시작한 것은 8세기 이후다. 서기 4~6세기에 일본이 한반도 남부에서 활동했다는 사실이 한일 역사학계에서는 중요하다.

임나일본부라는 이름이 부적절하다는 인식은 일본학계에서 애초부터 있었다. 중요한 것은 임나가 한반도 가야라는 한일역사학계의 일치된 동의와 일본 우위설이다. 이렇듯 가지를 자르고 뿌리를 유지하면서 임나일본부설은 굳건하다. 가야사를 연구한 고고학자 안춘배(전 부산시 문화재위원장)는 임나일본부설이 여러 모습으로 변모하며 끈질기게 유지되는 이유를 다음과 같이 분석했다.

일본은 제2차 세계대전 후의 민주화과정을 통해서 새로운 역사상의 수립과 함께 고대사연구에 있어서도 많은 발전을 이룩한 것으로 평가되나, 한일간의 고대관계사 부분에 있어서만은 종래의 견해에 대한 골격을 바꾸지 않고 있다. 일본의 고대사연구가 유독 한일고대관계사 부분에만 이렇게 경직된 자세를 보이는 것은 이유가 있다. 일본의 역사에서, 일본에 처음으로 하나의 통일된 정권을 수립함으로써 오늘의 일본으로 발전하는 시작이 되었다고 보는, 야마토 정권이 4~5세기에 있어서 일본의 남한경영을 전제로 하여 성립 발전하는 것으로 설명하여 왔기 때문이라고 풀이되고 있다. 다시 말해서 과거 일본역사학계의 한일고대관계사에 관한 잘못된 이해는, 새롭게 드러나는 한일고대관계사의 실상을 그대로 인정할 경우 그들이 구축해온 일본고대사의 체계가 송두리째 허물어지게 된다는 점에서 진퇴유곡에 빠져들 수밖에 없고, 논리와 이성을 바탕으로 하는 학문의 세계에서는 결코 양립할 수 없는 모순에 직면함으로써, '임나일본부설'에 대해 계속적인 수정을 시도하여 '임나일본부설'의 내용은 많은 변천을 거듭해 왔으나, 아직도 어떠한 형태로든지 고대에 한반도 남부에서 그들이 영향력을 행사했었다는 주장만은 끈질기게 고수하고 있다.

– 안춘배, 『재상륙한 임나일본부설』 「고고학 상에서 본 임나일본부」, 2016, 역사관련
단체 연합학술대회 자료집, 69쪽

안춘배는 일본측의 자료를 가지고 한국 내에서 출토된 왜계 유적·유물들을 보면 모두 56개의 유적·유물들을 확인할 수 있는 반면 일본 내에서 출토된 대륙계(거의가 한국계) 유적·유물의 숫자는 한국계 유물이

가장 많이 출토되는 구마모토 지역을 빼도 455개나 된다고 확인했다. 이는 일본의 29개 현만을 대상으로 한 131인의 일본인 고고학자와 2개 기관의 조사였는데, 이는 당시 문화가 한국에서 일본으로 흐른 것을 알 수 있다고 그는 분석했다.

『일본서기』의 조작·왜곡 기사를 사실로 보는 역사학자

김태식과 함께 한일역사공동위원회 위원으로 활동하고 동북아역사 재단 이사를 역임한 김현구는 임나일본부설에 대해 가장 비판적인 학 자로 일컬어진다. 그러나 그의 견해를 보면 임나일본부설이 어떻게 살 아있는지 엿볼 수 있다. 김현구의 『임나일본부설은 허구인가』는 제1장 "'임나일본부설'이란 무엇인가"로 시작한다. 여기서 그는 말한다.

> 그러나 대부분의 사람들은 우리가 삼국시대부터 한자와 불교등을 전
> 달해주며 계몽시킨 일종의 야만인일 뿐이었다고 생각하던 일본이 도
> 리어 한반도를 지배했다는 것은 말도 안되는 소리라고 여기고 있다.
> 그러면서도 일본이 왜 그런 주장을 하는지, 그 주장의 근거는 무엇이
> 며 그것이 왜 중요한 문제인지를 아예 알려고도 하지 않는다.
> – 김현구, 『임나일본부설은 허구인가』, 창비, 2010, 15쪽

김현구는 임나일본부설이 허구가 아니라는 주장을 펼치기 전에 대중 의 역사의식을 질타한다. 그리고 임나를 가야로 그린 지도를 보여준다.

그가 보여주는 지도에서 임나는 지금의 전라도와 충청도, 경상도 일부를 포괄하고 있다. "그렇다면 『일본서기』에 한반도 남부경영의 중심처럼 되어 있는 '임나가야'는 어디를 지칭하는 것일까."라는 제목의 그의 글에서는 임나가야의 위치에 대한 서술이 없다. 다만 그는 다음과 같이 말한다.

『일본서기』에는 임나가야가 한반도 남부지배의 거점인 것처럼 되어 있다.
— 위의 책, 20쪽

김현구의 주장처럼 『일본서기』에 임나가야가 한반도 남부경영의 중심이나 한반도 남부지배의 거점인 것처럼 기록된 기사는 전혀 없다. 그는 구제적인 근거 제시와 논증 없이 사실을 왜곡했다. 그러면서 그는 이렇게 말한다.

그러나 일반인들은 『송서』나 『광개토대왕비문』은 물론 『일본서기』의 내용을 잘 모른다. 그러면서도 일본측 주장은 근거도 없는 말도 안 되는 소리라고 일소에 부치고 있다.
— 위의 책, 30쪽

『일본서기』와 『광개토대왕비문』, 『송서』에 임나일본부설의 근거가 있다는 주장이다. 『광개토대왕비문』에 광개토대왕이 신라를 구원하러 남하하는 기사에 "… 그 배후를 급히 추격해서 임나가라任那加羅 종발성從拔城에 이르니 성이 곧 귀복했다."는 기록이 있다. 『광개토대왕비문』

에서 가장 마모가 심한 부분이 이 기사의 앞뒤다. 중국과 일본측이 내세우는 주장에 비추어 불리한 내용이라 예전부터 조작설이 제기돼왔다. 조작이 아니라 해도 '성이 귀복했다'고 했으니 임나가라는 서기 400년에는 사라진 것이다. 『송서』에는 임나와 가라를 각각 별개의 나라로 기록했다. 이를 김현구는 임나일본부설의 근거로 삼았는데, 자의적인 주장이다. 이를 뒤에서(211쪽 이하 참조) 다시 살피겠다.

> 백제는 4세기 후반에는 임나에 백제 백성들을 이주시키고, 5세기 전반부터는 군대를 주둔시켰다. 그리고 6세기 전반에는 지방장관까지 배치했다. 백제는 임나지역에 배치한 지방장관이나 이주시킨 백성들, 그리고 주둔시키고 있던 군대를 관리할 기구가 불가피했을 것이다. 그 기구가 바로 '임나○○부'가 아니었을까. 당시 적지 않은 야마또 정권 호족의 자제들이 백제에 와서 관료로 일하고 있었다. 그때 백제는 남방에서는 가야지역을 둘러싸고 신라와 각축을 벌이고 있었지만 북방에서는 신라와 손잡고 고구려에 대항하고 있었다. 따라서 백제는 가야지역에서 신라와의 직접적인 충돌을 피하기 위해, 당시 백제의 관료로 일하고 있던 야마또 정권 호족 자제들 중 일부를 임나지역에 배치했다.
> – 위의 책. 94쪽

김현구의 말대로 백제가 4세기 후반에 임나에 백제 백성들을 이주시키고, 5세기 전반부터 군대를 주둔시켰으면, 임나는 임나가 아니라 백제 땅이다. 백제가 임나를 정복한 것이고, 그 땅은 백제영토다. 그런데 김현구의 책에 나오는 지도에서 백제와 임나의 영역은 그대로 변함이 없다. "당시 적지 않은 야마토 정권 호족의 자제들이 백제에 와서 관료로 일하고 있었다."는 김현구의 발언에 그 답이 숨어있다. 야마토 정권 호족의 자제들이 임나에 배치되었으니 결국 임나를 경영한 것은 야마토 정권이 된다. 야마토 정권이 백제를 통해 임나(가야)를 통치했다는 논리다. 그러나 당시 일본은 각 지역의 토호세력들이 지역을 할거하고 있었지 통일된 상황이 아니었다. 일본의 문헌뿐 아니라 어느 사서에도 6세기 이전에 왜가 통일되었다는 기록은 없다.

> 『일본서기』의 507년에서 562년 사이의 기록 가운데 야마또 정권과 한반도 각국의 인적·물적 교류를 조사해보면 신라·고구려와는 각각 왕복 2회의 교류밖에 없었다. 그런데 그 교류 내역을 보면 야마또 정권은 신라나 고구려에 전혀 사자를 파견하지 않은 반면 신라와 고구려는 가각 2회씩 야마또 정권에 사자를 파견했다. 임나와는 왕복 8회의 교류가 있었는데 그중 야마또 정권은 3회에 걸쳐 임나에 사자를 파견한 것으로 씌어 있다. 한편 백제와의 교류를 살펴보면, 왕복 39회에 걸쳐 사자를 교환하고 있는데 야마또 정권은 15회에 걸쳐 백제에 사자를 파견하거나 군사원조를 제공한 반면 백제는 24회에 걸쳐 야마또 정권에 선진문물을 제공하거나 사자를 파견하고 있다.
>
> – 위의 책, 131쪽

김현구는 고구려, 백제, 신라가 일본보다 많이 사자를 파견했다고 한다. 이는 『일본서기』 기사를 사실로 전제한 후 스에마쓰 설에 근거한 것이다. 일본이 고구려, 백제, 신라보다 정치적으로 우위에 있었다는 논리다. 6세기 당시 삼국과 야마토왜의 정치적 상황에서 사절 교환이라는 것 자체가 어불성설이다. 이런 사실들이 당시 상황을 구체적으로 기록한『삼국사기』에 없다. 『삼국사기』와『일본서기』등을 사료 비판한 바에 따르면 512년 12월 백제에서 사람을 왜에 파견했다(무령왕 12년, 계체 6년). 513년 6월에는 백제에서 두 장군과 오경박사를 야마토왜에 파견했다(무령왕 13년, 계체 7년). 516년 9월 백제는 따로 오경박사를 야마토왜에 보내고 기존의 오경박사를 귀국시켰다(무령왕 16년, 계체 10년). 이러한 사실은 최재석 교수가『삼국사기』와『일본서기』등을 사료 비판해서 밝힌 내용들이다.

임나일본부설은 7세기~8세기에 만들어진『일본서기』를 사료 비판하지 않고 만들어졌다. 왜의 신공황후가 신라를 정벌하고, 가라 등 일곱 국가를 평정한 후 4세기~6세기에 임나일본부를 가야에 설치했다는 허황된 기사에 따라 만들어진 것이 임나일본부설이다. 6세기에 고구려는 23대 안원왕(531~545), 24대 양원왕(545~559), 25대 평원왕(559~590) 시절의 강성기였다. 백제는 26대 성왕(523~554), 27대 위덕왕(554~598)의 전성기였다. 신라도 23대 법흥왕(514~540), 24대 진흥왕(540~576), 25대 진지왕(576~579) 시기로 국력을 뻗던 시기였다. 당시 야마토왜는 통일왕조를 이루지 못했다. 나라를 통합하지 못한 야마토왜가 강국인 고구려, 백제, 신라를 지배하거나 우위에 있을 상황이 아니었다.

당시 한반도에서는 백제, 고구려, 신라 3국이 치열하게 싸우고 있었다. 그래서 3국은 서로 야마또 정권을 자기 쪽으로 끌어들이기 위해 노력하고 있었다. 한편 고대국가로 발전하고 있던 야마또 정권은 한반도

3국이나 중국이 한반도에 설치했던 대방을 통해 선진문물을 도입하고 있었다. 그러나 고구려가 낙랑(313), 대방(314)을 잇따라 멸망시키자 왜는 대중국통로가 차단되어 선진문물의 도입을 전적으로 한반도 3국에 의존할 수밖에 없게 되었다.

- 위의 책, 140~141쪽

김현구는 이 주장의 근거를 구체적으로 제시해야 한다. 이런 내용이 『일본서기』 외에는 없다. 그는 『일본서기』의 조작·윤색 기사들을 비판 없이 사실로 보고 있다. 또한 왜가 아쉬워한 것은 삼국의 문화가 아니라 중국의 선진문물이었다고 한다. 이것도 근거가 없기는 마찬가지다.

따라서 당시 야마또 정권과의 관계에서 백제가 일관되게 추구하던 것은 군사원조였다고 볼 수 있다. 한편 백제의 군원 요청에 대해 야마또 정권은 9회에 걸쳐 원군이나 말, 배, 활과 화살, 식량 등의 군원을 제공하고 있다. 그리고 9회에 걸친 야마또 정권의 군원에 대해 백제는, '조(調,조세)'라고만 씌어 있어 그 내용을 알 수 없는 경우를 제외하고는 마찬가지로 9회에 걸쳐 오경 박사를 중심으로 학자나 전문지식인, 승려·불경·깃발 등의 불교 관련 문물을 보내고 있다. 백제가 보낸 전문지식인과 선진문물 제공이 야마또 정권의 요청과 무관하지 않다면 야마또 정권은 9회에 걸쳐 군원을 제공하고 그때마다 백제로부터 전문지식인과 선진문물을 제공받았던 셈이다.

- 위의 책, 143쪽

백제가 야마토 정권의 군사원조를 일관되게 추구했다는 근거는 무엇인가. 여기서 말하는 당시는 무령대왕 이후 성왕과 위덕왕 시대다. 당시 백제는 야마토왜에 관리를 파견하던 때였다. 이를 김현구는 자의적으로 해석했다. 당시 백제는 동아시아 강국이었던 고구려에 견주어 뒤쳐지지 않았다. 501년에 백제 제24대 왕으로 등극한 무령대왕은 그해 11월 고구려의 수곡성을 공격했다. 무령왕은 502년, 503년 집권 초기에 고구려를 공격해 전과를 올렸다. 523년에 왕위에 오른 성왕(재위 523~554년) 때 백제는 전성기였다. 523년에 왕위에 오른 성왕(재위 523~554년)과 관련한 기록을 보자.

지혜와 식견이 영특하고 일을 처리함에 결단이 있었다. 무령왕이 돌아가신 후 왕위에 오르자 나라사람들이 성왕이라고 불렀다. 가을 8월에 고구려 군사가 패수에 이르자 왕이 좌장 지충에게 보병과 기병 1만 명을 주어 출전시켜 이를 격퇴했다.
– 『삼국사기』 「백제본기」 '성왕조' 523년

28년 봄 정월에 왕이 장군 달기達己를 보내 군사 1만 명을 이끌고 고구려의 도살성道薩城을 공략해 취했다.
– 『삼국사기』 「백제본기」 '성왕조' 550년

554년에 왕위에 오른 위덕왕도 그 해에 고구려 군사를 물리쳤다.

원년 겨울 10월에 고구려가 크게 군사를 동원해 웅천성熊川城을 공격했으나 패하고 돌아갔다.

－『삼국사기』「백제본기」'위덕왕조' 554년

스에마쓰는『임나흥망사』에서 "백제로부터의 오경박사五經博士, 역박
사易博士, 역박사歷博士, 의박醫博, 율사律師, 선사禪師, 비구니比丘尼, 조불
공造佛工 등의 교대 파견근무는 임나부흥의 출병과 백제 구원의 대가로
해석되어야 한다."고 주장했다. 이것이 김현구가 삼국의 군사 요청을
끌어들인 전거가 되었다.

무령왕, 성왕, 위덕왕은 고대 일본에서 말, 선박, 활과 화살, 인부, 군
대를 징발했다. 서명천황舒明天皇 11년(639)에는 백제천百濟川가에 궁을
세우고 거처를 옮겼다. 나당연합군에 패한 백제 장군들은 일본에 산성
을 구축했다. 남의 나라에 산성을 쌓을 수는 없다. 최재석은 백강구白江
口 전투에 투입된 왜군이 백제왕 풍豊의 군대였다는 사실을『삼국사기』
와『구당서』,『신당서』등의 사료분석을 통해 다음과 같이 주장했다.

왕(문무왕)은 김유신 등 28명의 장군을 거느리고 당군과 연합하여 두릉
윤성과·주류성 등 여러 성을 공격하여 모두 항복을 받았다. (백제왕)
부여풍은 도주하고 왕자 충승·충지 등이 군대를 이끌고 와서 항복하
였다(『삼국사기』 문무왕 3년 5월).

유인궤가 (…) 백강구에서 왜인을 만나 네 번 싸워 모두 이기고 배 400
척을 불태우니 연기와 화염이 하늘을 덮고 해수도 빨갛게 물들었다.
왕 부여풍이 도주하여 그 행방을 알지 못하는데 혹은 고구려로 갔다고

도 한다. 그의 보검을 노획하였다. 왕자 부여충승·충지 등이 그의 군대와 왜인을 거느리고 함께 항복하였다(『삼국사기』 의자왕 20년).

유인궤는 백강구에서 부여풍 군대를 만나 네 번 싸워 모두 승리하고 풍의 선박 400척을 불태우니 적군이 크게 패하여 부여풍은 도주하고 거짓(옛) 왕자 부여충승·충지 등은 사여와 왜군을 거느리고 항복을 하니 백제의 여러 성 등 모두 항복 귀순하였다(『구당서』 백제).

유인궤는 백강구에서 왜병을 만나 네 번 싸워 모두 승리하고 그 선박 400척을 불태우니 연기와 화염이 하늘을 메우고 바닷물은 모두 붉게 물들었다. 적군은 크게 무너지고 부여풍은 도주하여 그의 보검을 노획하였다(『구당서』 유인궤).

풍의 군대는 백강구에서 진을 치고 있었으나 네 번 싸워 모두 이기고 선박에 불을 놓아 400척을 불태우니 풍이 도주하였다. 그가 어디로 갔는지 소재를 알지 못한다. 거짓(옛) 왕자 부여충승·충지가 백제 본토 군대와 왜군을 거느리고 항복하니 모든 성이 모두 항복하였다(『당서』 백제).
- 최재석, 『고대 한일관계사 연구』, 경인문화사, 2010, 223쪽

『삼국사기』, 『당서』, 『구당서』의 백제 관련 기록이 일치한다. 백제왕 풍 자신의 군대인 왜군을 동원했음을 알 수 있다. 『일본서기』에는 백제 주류성이 함락되자 나라 사람들이 "백제 이름이 오늘로서 끊겼다.

조상의 무덤이 있는 땅에 두 번 다시 못 가게 되었다."는 기록이 있다.

일본 역사학계 주장 적극 수용하는 학자들

김현구는 2017년에 펴낸 책『식민사학의 카르텔』에서 다음과 같이
주장했다. '식민사학'이라 비판받는 김현구가 적반하장식으로 책 제목
을 단 것이 기이하다. 허구적인 프레임 공략으로 자신의 식민사학을 유
지해온 방식 그대로다.

한국학계에서 스에마쓰의 임나일본부설에 대한 간헐적인 비판은 있었
지만, 본격적이고 체계적으로 반론을 제기하지는 못하고 있었다. 30여
년간 연구에 정진해 (…) 스에마쓰와는 정반대로 '임나를 경영한 것은
왜가 아니라 백제였으며, 백제와 왜의 관계는 선진문물을 제공하고 왜
는 군사원조를 제공하는 특수한 용병관계에 있었다는 사실을 밝혀냈
다. 한국에서는 유일하게 체계적으로 스에마쓰의 임나일본부설을 반
박했다고 할 수 있다.
- 김현구, 『식민사학의 카르텔』, 이상, 2017, 28쪽

『임나일본부설은 허구인가』는 난삽한 『일본서기』에 대한 사료 비판의
어려움 때문에 '임나일본부설'에 대한 연구의 불모지였던 한국학계에
서 스에마쓰의 임나일본부설을 객관적이고 논리적으로 반격한 유일한
저서라고 할 수 있다. 당연히 학계에서는 한일간 역사분쟁에서 스에마

쓰를 압도하는 큰 공적을 남긴 역작으로 평가 받고 있다. 나는 한국 정부가 『임나일본부설은 허구인가』에 대해서 훈장이라도 주어야 한다고 생각해 왔다.

– 위의 책, 33쪽

스에마쓰의 임나일본부설을 한국에서 유일하고 체계적으로 반박했고, 그를 압도하는 큰 공적을 남겨 한국정부가 자신에게 훈장을 줘야 한다는 김현구의 주장은 과연 사실일까? 김태식(홍익대 역사교육과 교수)은 1970년대 이후의 임나일본부설 변천사를 다음과 같이 서술했다.

첫째로, 왜군이 한반도 남부에 군사침략을 하여 임나를 지배했다는 가설을 아직까지 포기하지 않은 일본 학자들이 상당수 있는데, 이들은 한결같이 그 군사 지배의 시기와 폭을 축소하는 방향으로 연구를 진전시키고 있다. (…) 둘째로, 거의 대부분의 학자들이 임나 문제를 일본의 야마토왜와 가야 지역 사이의 직접적인 문제로 이해하지 않고 그 중간에 백제의 역할을 중시하는 시각을 보이고 있다. 즉 5세기 후반에는 왜가 임나를 직접 지배했으나 6세기 전반에는 백제를 사이에 끼고 간접 지배했다든가(山尾幸久), 또는 아예 임나일본부를 백제의 가야직할령 통치기관으로 보면서 다만 백제가 왜로부터 왜인 용병을 받아 그곳을 통치하되 왜계 백제관료가 이를 지휘했다든가(金鉉球), 531년 이후 가야는 실질적으로 백제의 조종을 받고 있었으며, 당시 백제는 왜군 파견을 구하여 받아들였으니 그들은 왜국에게 종속적 동맹관계에 있었다고 봐야 한다는 견해(鈴木英夫)가 나오기도 했다.

- 역사비평 편집위원회, 『한국 전근대사의 주요 쟁점』, 역사비평사, 2008, 88쪽

김태식은 "거의 대부분의 학자들이 임나 문제를 일본의 야마토왜와 가야 지역 사이의 직접적인 문제로 이해하지 않고 그 중간에 백제의 역할을 중시하는 시각을 보이고 있다."고 했다. 여기에 김현구가 속한다고 정리했다. 김현구는 일본학계의 다수설을 따랐다. 백제를 중간에 넣음으로써 임나일본부설의 골간을 유지한 것이다. 김현구에 대한 강단사학계의 또 다른 평가를 보자.

김현구, 이영식, 연민수 등은 일본학계에서 일어난 『일본서기』의 임나일본부 기사에 대한 비판을 적극적으로 수용하고 『일본서기』가 가진 사료적 가치를 활용하여 연구를 진행시켰으며, 임나일본부에 대해 합리적인 결론을 도출해내는 데 주력했다. 이들의 연구는 각각의 세부적인 견해차가 있으나, 임나일본부의 성격을 왜의 통치기관이나 백제의 군정기관과 같은 관청이나 기관이 아닌, 임나에 파견된 왜의 사신들로 이해하고 있는 점은 공통된다. 이는 일본 고대사학자의 연구성과의 진전과도 궤를 같이하고 있다. 이들의 학설을 '외교사절설'이라고도 하는데 한일 고대사학회에서 가장 주목받는 해석이다.
- 권주현, 『가야인의 삶과 문화』, 혜안, 2009, 38~39쪽

이 글의 맥락을 통해 김현구가 일본학계의 주장을 적극적으로 수용하고, 그의 이론이 일본 학자들의 주장과 궤를 같이하고 있음을 알 수 있다. 결코 한국정부에서 그에게 훈장 줄 일이 아니다.. 그가 1996에 펴

낸 『김현구 교수의 일본이야기』가 있는데, 그는 책에서 무엇을 이야기하고 싶었을까?

역사적으로 볼 때 우리나라는 우리의 대응 여하에 관계없이 일본의 일방적인 침략을 받아왔다. 720년에 편찬된 일본의 고서 『일본서기』에 의하면 4세기 후반부터 6세기 후반까지 약 200여 년간 일본이 가야 지역에 소위 '임나일본부'라는 기구를 설치하여 한반도 남부를 지배한 것처럼 되어 있다. 이것이 소위 '임나일본부'로 그 진위는 현재 한일 학계에서 논란이 되고 있지만, 그 시기에 왜가 한반도 남부에 침입하거나 한반도 남부에 와서 활약하였음은 숨길 수 없는 역사적인 사실이다. (…) 그런데 가야 지역을 근거로 하여 왜가 한반도 남부에서 활약한 시기는 분열되어 있던 일본열도 내의 소국들이 하나로 통일되던 시기이며, (…) 이와 같이 한국은 언제나 일방적으로 일본의 침략을 받아왔는데 그 시기가 언제나 일본이 분열되어 있다가 통일된 시기라는 데 그 특징이 있다. 분열된 일본을 통일한 세력이 통합된 세력의 불만을 해소하는 방법으로 이웃의 우리나라를 침략했기 때문이다. 따라서 우리나라에 대한 일본의 침략은 우리나라가 어떻게 대응하느냐와 관계없이 일본의 국내 사정에 의해서 이루어졌다는 데 그 특징이 있다.
– 김현구, 『김현구 교수의 일본이야기』, 창작과비평사, 1996, 254쪽

"역사적으로 볼 때 우리나라는 우리의 대응 여하에 관계없이 일본의 일방적인 침략을 받아왔다."는 말은 우리 역사가 주체성이 없다고 김현구가 우회적으로 표현한 것이다. 한국에 대한 일본의 일방적 우위를 표

현한 주장이다. 우리나라는 "언제나 일방적으로" 일본의 국내 사정에 의해 침략을 당해왔다는 논리는 왜 강조했을까? "왜가 한반도 남부에 침입하거나 한반도 남부에 와서 활약하였음은 숨길 수 없는 역사적인 사실이다."라면서 임나일본부설을 기정사실화하려는 의도이다. 그의 화법은 현란하다. 2014년에 이덕일이 『우리 안의 식민사관』에서 『임나일본부설은 허구인가』를 비판하자 김현구는 출판금지 등 가처분신청과 명예훼손으로 이덕일을 형사 고발했다. 공개적인 책이 아닌 문건에서 그의 표현방식은 직설적이다. 당시 그가 제출한 「출판금지 등 가처분신청서」를 보자.

> 이 사건 서적은 2014. 9. 4. 초판 1쇄를 발행하였다는 것인데, 벌써 2쇄까지 인쇄되었다는 것은 실로 급속도로 판매, 배포되고 있음을 추단하고도 남음이 있습니다. 반면 신청인의 이 사건 저서는 아직도 1쇄가 전부 판매되지 않았는바, 이는 이 사건 서적의 독자들이 피신청인 이덕일이 날조하거나 왜곡한 내용이 사실인지를 확인하는 행위가 이루어지고 있지 않다는 점을 방증하고 있습니다.
> – 김현구, 「출판금지 등 가처분신청서」 중에서, 2014

이덕일의 책이 나오자 김현구는 다급했다. 그의 책이 자기 이론의 핵심을 비판했기 때문이다.

게다가 최근의 상황은 독도와 위안부 문제로 한일관계가 경색되면서 과거의 역사에 대한 관심이 높아짐에 따라 반한적 혹은 친일적 행위에 대한 거부감이 그 어느 때보다 높아졌다고 할 수 있습니다. 최근 영화 '명량'이 1,800만 명의 관객을 동원한 것이 그 예라 할 수 있습니다. 사정이 이와 같으므로, 이 사건 서적의 출판, 인쇄, 복제, 제본, 판매나 배포 등을 방치하는 것은 신청인의 명예훼손행위를 방치하는 것일 뿐만 아니라 더욱 증대시키는 셈이 됩니다. 이 사건 서적의 독자들에게 잘못된 역사관을 심어주게 될 우려 또한 현저합니다. 이에 신청인은 피신청인 이덕일에게 그의 학자적 양심에 호소함과 동시에 잘못된 점을 바로잡아 줄 것을 요청하였습니다만, 지금까지 아무런 조치를 취하지 않고 있습니다.

– 김현구, 「출판금지 등 가처분신청서」 중에서, 2014

우리나라에서 독도와 위안부 문제가 제기되고, 역사에 대한 관심이 높아지고 친일적 행위에 대한 거부감이 높아지는 것을 그는 두려워한다. 이는 자신의 명예훼손을 방치하고 더욱 증대시키는 셈이라고 그는 여긴다. 그것은 잘못된 역사관이라고 한다. 도둑이 제 발 저리는 격이다. 1심 재판부(나상훈 판사)는 이덕일에게 징역 6월에 집행유예 2년의 실형을 선고했다. 그러나 2심은 달랐다. 김현구가 임나일본부설을 비판하는 척하면서 구체 내용에서는 임나일본부설을 집대성한 스에마쓰 야스카즈의 견해를 추종했다고 판결했다.

김현구는 임나가 한반도 남부를 지배했고, 임나를 백제가 지배했으며, 야마토 정권이 백제를 지배했다는 논리를 전개함으로써 스에마쓰 아스카즈의 임나일본부설을 마치 새로운 내용인 것처럼 주장했다. 김현구는 『임나일본부설은 허구인가』에서 임나일본부설을 1.주체(일본), 2.기간(200년), 3.지역(한반도 남부 임나가야), 4.행위(경영), 5.인정근거(『일본서기』) 등 다섯 가지로 구성했다. 스에마쓰가 주장한 내용과 같다. 다만 김현구 는 이 중에서 주체를 일본이 아닌 백제라고 내세웠다. 그는 자신이 줄곧 임나일본부설 자체를 부정하고 비판해왔다고 했다. 그러나 이덕일이 터 무니없는 왜곡으로 자신을 명예훼손 했다고 고소한 재판에서 2심 재판 부와 대법원은 그의 주장이 사실과 무관하다고 밝혔다. 2심 재판부는 김현구가 스에마쓰의 주장을 거의 받아들였으며, 신빙성에 의문이 많은 사서인 『일본서기』에만 의존했다고 판결했다. 재판부는 이덕일이 행한 김현구에 대한 비판이 "대체적으로 진실에 부합한다."면서 다음과 같이 덧붙였다.

> 피고인은 아무런 근거 없이 김현구를 음해한 것이 아니라 김현구의 책에 나오는 내용을 그대로 인용하면서 그 책의 함의에 대한 자신의 평가와 의견을 밝힌 것이다. 피고인의 그와 같은 평가가 정당한지 여 부는 독자들이 스스로 김현구의 책과의 비교, 검증을 통해 판단할 수 있는 것이다.
> – 지영난 · 손원락 · 이종훈, 「항소심 판결문」, 서울서부지방법원 형사1부, 2016년 11월 3일

이덕일이 김현구의 책에 나오는 내용을 그대로 인용하면서 자신의 의견을 밝혔다는 것이다.

이덕일은 김현구가 『임나일본부설은 허구인가』에서 3단 논법을 썼 다고 주장했다. ① 한반도 남부에는 실제로 임나일본부가 있었다, ②

그런데 임나일본부는 일본의 야마토 정권이 지배한 것이 아니라 백제가 지배했다, ③ 백제를 지배한 것은 일본의 야마토 정권이다. 김현구가이 같은 논법을 쓰며 스에마쓰 야스카즈의 견해를 그대로 좇았다는 것이 이덕일의 비판이다. 이를 2심 재판부가 그대로 인정하고 대법원도 2심 판결을 확정했다. 한국사의 최대 쟁점인 임나일본부의 실체와 강단사학계의 행태가 아이러니하게도 사법부를 통해 드러난 셈이다. 사법부가 불과 몇 개월간 사실관계를 구체적으로 파악하자 이런 결과가 나왔다. 아울러 항소심은 다음과 같이 판시했다.

> 국가권력 특히 사법권이 신중한 고려 없이 학자들 사이의 학문적 비판과 논쟁에 과도하게 개입하여 그 중 어느 일방을 무분별하게 형사 처벌할 경우, 비판적 소수자들의 적극적 문제 제기를 위축시키고 주류의 지배적인 논리만을 보호함으로써 자유로운 토론을 통해 학문과 사상이 발전할 수 있는 기회를 봉쇄하는 결과를 초래할 수 있다. 이러한 관점에서 학문과 사상의 영역에 대한 국가형벌권의 행사는 가급적 자제되어야 하고, 출판물에 대한 명예훼손죄의 비방의 목적 또한 최대한 제한적으로 해석함이 마땅하다.
> – 위의 「항소심 판결문」

 2심 재판부는 학자들 간의 논쟁에 사법권이 개입하면 비판적 소수자의 견해가 위축된다고 명시했다. 강단사학계의 행태를 적시한 판결이다. 반복해서 이덕일을 일방적으로 마녀사냥 하고 김현구를 옹호하던 강단사학계와 일부 언론은 일제히 이 판결에 침묵했다.

일본군'위안부' 피해자 할머니들을 왜곡된 사실로 매도하고 폄훼한 박유하(세종대학교 교수)의 『제국의 위안부』에 대해 위안부 피해자들이 명예훼손으로 고발한 후 학문의 자유를 내세워 박유하를 지지하고, 소송비 지원까지 결의한 지식인 중 단 한 명도 김현구 소송 사건에 의견 표명을 한 사람은 없었다. 그들은 박유하를 '학문의 자유'를 억압받은 피해자, 위안부 피해자들을 '학문의 자유'를 억압한 가해자로 몰았다. 반면 학문과 표현의 자유를 내세워온 「한겨레」, 「경향신문」, 「한국일보」 등 상당수 언론은 김현구를 피해자, 이덕일을 가해자로 몰며 강단사학계를 일방적으로 지지했다.

'고등 비판' 없이 『삼국사기』 초기 기록 부인하는 강단사학계

최재석은 2016년에 개정한 『삼국사기 불신론 비판』에서 『삼국사기』 초기 기록이 조작되었다고만 주장할 뿐 아무런 학문적 근거를 제시하지 않는 이기동의 침묵에 대해 다음과 같이 평가했다.

이기동의 이런 견해는 다음 장에서 살펴볼 일본인 식민사학자들의 견해와 전적으로 동일하다. 이기동은 『삼국사기』 초기 기록이 조작되었다는 근거는 단 한번도 제시하지 않으면서도 위에 지적한 것처럼 고대사에 관한 논고를 발표할 때마다 『삼국사기』 초기 기록에 대하여 "고등비판" 또는 "엄정한 비판"이 가해져야 한다고 역설하고 있다. 그러면서 정작 『삼국사기』 초기 기록을 부인해야 하는 "고등비판" 또는 "엄정한 비판"은 전혀 제시하지 못하고 있는 것이다. 『삼국사기』 초기 기록은 조작되었거나 왜곡되었다는 억지가 논리의 전부다. 『삼국사기』 초기 기록이 조작·왜곡되었다는 이기동의 주장에 비추어볼 때 기록상의 과오·착오·누락 등 부분적 문제점을 바로잡는 수준이 아니라 조작된 부분을 찾아내서 『삼국사기』를 가짜로 모는 조작 작업으로 이해된다. 아무런 근거 제시 없이 『삼국사기』 초기 기록만 조작되었거나 또는 전설이라고 강조함으로써 이른바 '사료 비판'이 뒤따라야 한다고 주장한다. 그러면서도 정작 '사료 비판'을 행한 것은 하나도 없다."

– 최재석, 『삼국사기 불신론 비판』, 만권당, 2016, 33~34쪽

"과연 그럴 리가?"라는 생각이 잘못된 현실을 용인하게 만드는 경우가 많다. 21세기 한국의 역사학자들이 일제의 주장을 고스란히 되풀이할 리가 없다는 판단을 내리기 전에 구체적인 사실 확인이 중요하다. 언론은 최소한의 사실관계를 취재하거나 검증하지 않았다.

임나일본부설을 가장 세게 비판했다는 김현구의 이론은 그가 제기한 재판에서 사실과 전혀 다르다는 점이 드러났다. 대법원 확정 판결 후 「한국일보」는 "'식민사학자' 공격받는 김현구 교수, 임나일본부 인정한 적 없어" 제목의 기사를 실었다. 이 기사는 서두에 바로 전날 「한겨레」에 소개된 도종환 후보자의 "일본이 임나일본부설(고대 일본 야마토 정권이 한반도 일부를 통치하기 위해 한반도에 기관을 설치했다는 주장)에서 임나를 가야라고 주장했는데, 일본의 연구비 지원으로 이 주장을 쓴 국내 역사학자들 논문이 많다. 여기에 대응해야 한다. 관련 자료들을 찾아났다."는 말을 인용하고, 이 발언을 두고 "역사학계가 부글부글 끓어오르고 있다."

는 반응을 전했다.

'도 후보자가 재야사학 쪽에 경도된 게 아니냐'는 게 그동안의 우려였
다면, 도 후보자의 이 발언은 재야사학과 '한 몸'인 것을 고백한 것과
다름없기 때문이다. 강단사학과 재야 사학이 고대사 인식을 둘러싸고
전선을 형성한 상황에서 도 후보자가 '역사 내전'의 도화선이 되는 것
아니냐는 우려도 나온다. 여호규 한국외대 사학과 교수는 "역사문제는
정부 관료나 국회의 정치인들이 아니라 학계에 맡겨둬야 한다."고 비
판했다. (…)

　도 후보자 발언으로 촉발된 논란에서 빠질 수 없는 이가 김현구(73)
고려대 명예교수다. 일본에서 공부했고 일본사학회장을 지냈으며 임
나일본부 문제를 다룬『임나일본부는 허구인가』(창비)라는 책을 2010
년에 내서 재야사학계로부터 '식민사학자'라 집중 공격받았다. 임나일
본부를 반박했는데도 이를 옹호한 책으로 둔갑시킨 오독 문제 때문에
이덕일 한가람역사문화연구소장과 이례적인 명예훼손 소송 공방까지
벌였다.

　–「한국일보」, 2017년 6월 8일, 조태성 기자

기자는 이처럼 강단사학계의 입장을 소개한 뒤 이어서 김현구 교수
와의 일문일답을 실었다.

기자 우리 학계에 임나일본부설을 지지하는 이가 있는가.
김현구 없다. 임나가 여러 가야 중 하나라는 건 우리 학계가 거의 100%

합의한 사항이라 보면 된다. 다만 임나가 고령가야인가, 김해가야인가를 두고는 학자에 따라 시각 차이가 있다.

기자 왜 이런 문제가 반복해서 제기된다고 보는가.

김현구 잘 모르겠으면 모르겠다 하면 될 일인데, 이덕일 같은 사람의 주장을 아무 생각 없이 받아들인 결과다. 후보자의 발언은 거의 박근혜 대통령이 광복절 경축사에다 '환단고기'를 인용한 수준인 것 같다.

기자는 문답 기사 중간에 "김 명예교수가 임나일본부 연구를 시작한 것 자체가 임나일본부설을 격파하기 위해서다. 20년 동안 식민사학을 반박했더니 한순간에 식민사학자라 매도당할 처지에 놓인 셈"이라는 변론을 덧붙이기도 했다.

언론이 학문과 표현의 자유에 대해서는 일체 관심이 없다. 김현구가 겉으로 내세우는 주장들이 전혀 사실과 다르다는 것을 조목조목 밝힌 2심 판결문만 읽어봐도 이런 기사를 쓸 수는 없을 것이다. 상당수 언론들이 김현구의 일방적인 주장만 다뤘지 상대방의 의견과 입장은 애초에 다루지도 않았다. 언론이 앞장서서 사상과 학문, 표현의 자유를 탄압해온 것이 대한민국의 현실을 이렇게 만들어왔다. 도종환 장관의 정당한 국회 특위 활동을 비상식적으로 왜곡한 주진오(상명대학교 교수)는 문재인 정부에서 대한민국역사박물관장이 되었다. 김현구는 2017년에 대법원 판결이 확정된 후 책을 내서 다음과 같이 주장했다.

최재석 교수는 고려대학교 사회학과에 재직하다가 정년퇴직한 후 현재 명예교수로 있다. 퇴직하기 전부터 자기 전공인 사회학은 뒤로 하고 일본 고대사에 관심을 갖고 몇 편의 저서를 낸 것으로 알려져 있다. 그의 자서전『역경의 행운』에 의하면, 일본고대사에 관한 몇 편의 논문을 학술지에 투고했다가 '게재불가' 판정을 받은 것으로 되어 있다. 책은 출판사만 승낙하면 출판할 수 있지만 학술지에 논문을 싣기 위해서는 전문가의 심사를 통과해야 하기 때문에 만만치가 않다. 학회에서는 그의 일본 고대사에 대한 논문을 인정하지 않고 있다는 이야기이다.
– 김현구,『식민사학의 카르텔』, 이상, 2017, 134~135쪽

최재석 교수는 재판 중에 이덕일을 위해서 탄원서를 제출하기도 했다. 이덕일은 최재석을 칭찬해주고 최재석은 이덕일을 위해서 탄원서를 내주었으니 서로 품앗이를 하고 있는 셈이다. 최재석 교수나 이덕일이 학자 행세를 하려면 자기의 전공에나 충실할 일이지 전공에 대한 논문도 제대로 못 쓰면서 왜 자기 학문은 제쳐놓고 기본적인 용어의 개념도 모르는 일본고대사에 대해서 비판을 넘어 남을 매도하는 일에 매달리는지 그 저의를 알 수 없다. 유유상종이라는 말은 이런 경우에 쓰는 단어가 아닌가 싶다.
– 위의 책, 139쪽

이 글에 대해서는 논평하지 않겠다. 고려대학교 출신의 한 중진언론인은 "고려대학교가 내세울 세계적인 석학으로 첫손에 꼽을 분이 최재석 교수"라고 내게 말한바 있다. 최재석은 임나일본부설과 관련해 쓴『고대한일관계와 일본서기Ancient Korea-Japan Relations and The Nihonshoki』라는 책을 2011년 3월 영국에서 자비로 출판한 바 있다. 이 책에서 그는

고대 일본의 조선 항해술이 미숙했고, 당대 일본의 강역은 지금의 오사카, 나라 정도여서 독립국을 유지하기에도 협소했다는 점을 밝혔다. 또한 이 책은 일본의 많은 지명이 백제, 고구려, 신라, 가야에서 유래했고, 고대 일본은 백제가 경영했으며, 가야와 임나가 같은 나라라는 증거가 전혀 없다는 점 등을 종합적으로 분석했다. 2015년에 필자는 최재석을 인터뷰한 적이 있었다. 그 인터뷰 일부다.

> **책을 영국에서 출판한 이유가 무엇인가.**
> 세계에 알리고 싶었다. 세계에 알리려면 영어로 써야 하고, 미국이나 영국에서 내야 했다. 한국과 일본에서는 아무리 해도 소용이 없기도 했었다. 국가의 혜택을 받고 살았는데 보답할 길은 이것밖에 없다는 생각도 들었다.
> -『세계일보』, 2015년 1월 15일

국가가 할 일을 한 개인이 자비 수천만 원을 들여 했다. "세계의 도서관에 그 책이 퍼질 겁니다. 큰 보람을 느낍니다."라고 말하던 선생의 형형한 눈빛이 선연하다. 임나일본부설의 또 다른 논자인 이영식(인제대학교 교수)의 주장도 살펴보자

> 분국론은 『일본서기』의 임나일본부에 관련되는 임나를 한반도가 아닌 일본열도로 비정하였던 것이 치명적 약점이 된다. 임나任那라는 용어가 『일본서기』에 주로 보이는 것은 사실이지만, 그렇다고 해서 『일본서기』가 조작한 용어는 아니다. 우리나라와 중국의 사료에서도 '임나'

의 용례는 확인되기 때문이다. 『한원翰苑』에 인용된 중국의 인문지리지 「괄지지括地志」에 의하면 한반도 남부의 가야지역을 총괄하여 임나라고 하고, 가라, 임나 등의 국명을 언급하고 있다. 「광개토왕릉비」에 의하면 400년에 고구려군이 정벌했던 지역명으로서 임나가라任那加羅가 보이는데, 연구자에 따라 고령 혹은 김해로 보는 차이는 있지만, 가야지역을 가리키는 것에는 다른 견해가 없다. 『삼국사기』 열전은 7세기 중엽의 신라사람 강수强首를 임나가라任那加良 출신이라고 전하고 있다. 강수의 출신지가 중원경中原京으로 되어 있음을 상기한다면, 일본열도의 출신이라고는 도저히 생각할 수 없고, 대가야(고령)의 후예로서 그의 조상대에 신라에 의해 충주로 사민徙民되었던 인물로 보지 않으면 안 된다. 창원의 봉림사에 있었던 「진경대사탑비」(923년)에도 신라사람 진경대사眞鏡大師가 임나왕족任那王族의 후예였음을 밝히는 구절이 확인된다. 이 역시 가야지역을 가리키는 것으로 볼 수밖에 없다. 이렇게 볼 때 임나는 한반도의 가야지역을 가리키는 것이 분명하며, 일본열도의 어디를 가리키는 것이 아님을 알게 될 것이다. 일본열도에 가야계통의 분국이 존재하였을 가능성이 없다고는 할 수 없으나, 『일본서기』에 기록된 임나일본부의 관련 사료는 가야 지역에서 전개되었던 역사적 사실이 반영된 것으로 보지 않으면 안 될 것이다.

– 한국고대사학회 편, 『우리시대의 한국고대사 2』, 주류성, 2017, 122~123쪽

강단사학계는 위의 글처럼 김석형의 분국론이 『일본서기』의 임나일본부에 관련된 임나를 한반도의 가야가 아닌 일본열도에 추정한 것이 치명적이 약점이라고 한다. 『일본서기』와 고고학자료 등에 의거한 분국

론을 폄하하는 논리다. 임나라는 용어가 조작한 용어가 아니라는 것도 주제에서 벗어난 주장이다. 『한원』에 임나와 가야는 마한의 땅이고 가야와 임나로 기록하고, 또 순서를 바꿔 임나와 가야로 기록했듯이 가야와 임나는 별개의 나라다(加羅任那 昔新羅所滅 任那加羅 慕韓之地也, 『翰苑』).

『한원』에 임나가 한반도에 있었다고 기록한 것은 없다. 광개토태왕비의 임나가라任那加羅도 임나와 가라 두 나라이다. 임나와 가라가 고령 혹은 가야로 보는 차이는 있지만 가야지역을 가리키는 것에는 다른 견해가 없다는 것은 일본 학자들 외의 견해를 부정하는 주장에 불과하다. 강수強首는 임나에서 태어나 가야를 거쳐 중원경으로 이주한 이의 후손이거나 자신의 이력으로 볼 수 있다. 임나가라를 한 나라로 단정해서는 안 된다. 진경대사가 임나왕족의 후예라는 것도 임나가 가야라는 것과는 무관하다.

엄밀한 사료 비판 필요한 『일본서기』

『일본서기』 숭신崇神 65년조 기사는 임나가 쓰쿠시筑紫에서 2천여 리의 위치에 있고, 북쪽은 바다이고, 신라의 서남쪽에 있다고 기록했다. 임나는 『일본서기』 기사를 통해서도 가야일 수가 없다. 임나의 위치에 대한 정보는 『일본서기』 스진崇神 65년조에 있다.

任那者 去筑紫國二千餘里 北阻海以在鷄林之西南(『일본서기』 스진 65년).

임나는 북규슈北九州에서 2천여 리 떨어져 있고, 북쪽은 바다로 막혀 있으며 계림(鷄林, 신라)의 서남쪽에 있다. 또한 가야는 532년에 멸망했다. 562년에 대가야 토벌평정을 가야 멸망으로 보더라도 가야는 562년까지만 존재했다. 그러나 『일본서기』는 임나를 646년까지 존재한 나라로 기록했다. 이렇듯 사료에 의하면 가야와 임나는 동일국이 아니다. 가야가 개국한 것은 서기 42년으로 『삼국유사』는 기록하고 있는데 임나가 개국한 해는 불분명하다. 사료에 대한 왜곡된 시각은 주보돈도 마찬가지다.

> 임나는 개념상 약간의 차이를 보이지만 『삼국사기』나 『삼국유사』와 같은 우리측 사서에 보이는 가야가 바로 그것이다. 따라서 그 위치는 현재 낙동강 유역을 중심으로 이서 지역의 경상남북도 일대를 가리킨다고 보면 무난하다. 뒷날 대체로 경상우도慶尙右道라 일컬어진 지역에 해당하는 셈이다. 『일본서기』에 보이는 몇몇 지명에 대한 비정을 통하여 임나의 영역이 현재 전남 동부지역까지도 포함되는 것으로 추정되기도 한다. 다만 임나란 용어는 광개토왕비를 비롯하여 『삼국사기』 열전의 강수전强首傳, 10세기의 진경眞鏡大師 비문 등 우리측 문헌에도 보이므로 그 자체는 일본의 창작이 아님은 명백하다. 임나 자체는 당연히 한반도에서 만들어진 명칭이다.
> – 주보돈, 『임나일본부설, 다시 되살아나는 망령』, 역락, 2012, 50~51쪽

강단사학계는 기본적으로 임나가 한반도에 있었다는 주장을 전제로 한다. 이영식은 다음과 같이 주장한다.

분국론은 별도로 하더라도 『일본서기』에 보이는 임나일본부의 문제는 한반도 남부의 가야지역에서 일어났던 역사적 사실임에 틀림없다.
— 한국고대사학회 편, 위의 책, 120쪽

그는 임나일본부설 연구를 위하여 다음과 같이 하자고 제안했다.

현대적 국가 의식을 배제할 수 있는 방법은 오히려 『일본서기』로 다시 돌아가는 일이다. 객관적인 사료 비판을 통해 관련 기술을 다시 보는 일이 무엇보다 중요하다. 그러나 우선은 『일본서기』의 기록을 있는 그대로 보는 태도도 필요하다.
— 강만길 외 지음, 『우리역사를 의심한다』, 서해문집, 2002, 46쪽

이영식은 『일본서기』에 대한 사료 비판도 일단 미루자고 한다.

일본학계가 먼저 시작했던 것이지만, 그렇다고 해서 같은 방법으로 지배의 주체만을 왜에서 백제로 바꾼다고 해결되는 것은 아니다. 오히려 『일본서기』의 정밀한 사료 비판은 다음 문제일 수 있다.
— 위의 책, 47쪽

이영식의 주장 그대로 강단사학계는 일본학계의 이론을 그대로 받아들였다. 지배주체를 왜에서 백제로 바꾼 것은 눈가림이 필요했기 때문이다. 백제를 사실상 지배한 것은 왜라는 것을 감추면 되는 것이다. 강단사학계는 이런 임나일본부설을 주류편향의 젊은역사학자모임을 앞

세워 유지한다.

> 당연히 임나일본부설에 대해서도 『일본서기』를 비롯하여 근거로 제시된 모든 자료를 사료 비판함으로써 그 허구성을 지적했다. 특히 가야 지역을 중심으로 한 한반도 남부의 여러 세력과 왜의 관계에 대해 다양한 시각에서 분석이 이루어졌다.
> – 신가영, 젊은역사학자모임 지음, 『한국 고대사와 사이비역사학』, 역사비평사, 2016, 150쪽

강단사학계가 『일본서기』를 비롯해 모든 자료을 사료비판했다는 것은 사실과 다르다. 『일본서기』는 그보다 8년 전인 712년에 나온 『고사기』보다 내용이 더욱 구체적이나 위서라는 평을 받을 정도로 많은 문제점을 안고 있는 사서다. 『일본서기』는 야마토 정권이 천황의 권위를 세우기 위해 편찬된 책이다. 『일본서기』는 720년에 편찬된 일본에서 가장 오랜 관찬사서. 신대神代가 엉성하고 편수책임자가 밝혀지지도 않았다. 『삼국사기』 등 역사서들은 대개 편찬 배경과 경위를 밝힌다. 『일본서기』는 서문이나 발문, 지志와 열전列傳도 없다. 일본학계 일부는 『일본서기』를 『삼국사기』와 비교해 사실성을 따지기도 한다.

『일본서기』는 비록 조작과 윤색, 과장과 왜곡이 뒤섞여 있지만 엄밀한 사료 비판 과정에서 사실과 허구를 구분하고, 최소한의 사실이라도 밝혀내야 한다. 『일본서기』는 한일고대사의 많은 사실들을 감추고 있다. 『일본서기』는 『백제기』, 『백제신찬』, 『백제본기』 등 이른바 백제삼서를 가장 많이 인용했기 때문이다. 최재석의 말이다.

『일본서기』는 조작·허구·은폐·왜곡 기사가 많지만, 역사적 사실을 기록한 기사도 적지 않다. 또, 대세론의 입장에 서게 되면 심도 있게 파고들 수 없다. 따라서 한정되고 추상적인 차원에서 고대 한국문화가 일본에 전파되었다는 이해 정도만이 가능하고, 본인이 앞에서 제시한 바와 같이 구체적인 사실에 의거하여 백제와 백제사람이 야마토왜(일본)를 경영한 것과 같은 역사 파악은 할 수 없게 된다. 만의 하나 『일본서기』를 멀리하고 대세론에 매달리게 되면 『일본서기』에 있는 귀중한 자료를 놓치게 되고 따라서 백제가 야마토왜를 경영한 구체적인 한일관계사는 영원히 파악할 수 없게 될 것이다.

– 최재석, 『고대한일관계사 연구』, 경인문화사, 2010, 224~225쪽

『일본서기』는 한국과 일본의 역사연구에서 중요한 사료다. 최재석의 주장처럼 일본학계의 대세론을 따르지 않으면, 기존학설의 선입견을 갖지 않으면, 많은 역사적 진실들을 찾아낼 수 있다. 만약 그렇지 않으면 최재석의 말처럼 구체적인 한일관계사는 영원히 파악할 수 없게 된다. 일왕을 중심으로 윤색하고 조작한 사실들을 학문적으로 사료 비판하는 과정이 필요하다.

『일본서기』는 백제본위와 일본본위의 기사로 구성되었다. 쓰다 소키치는 『일본서기』에 기록된 백제본위의 기사를 개정하지 못했던 것을 안타까워했다. 스에마쓰도 『일본서기』와 관련해 진실을 구하고자 하는 태도를 가지면 뿔을 바로 잡으려다 소를 죽이게 된다는 말을 남겼다.

『일본서기』에 대한 사료 비판을 미루자거나 지금까지 『일본서기』를 충실하게 연구해왔다는 강단사학계의 주장은 결코 타당치 않다. 강단사

학계는 『일본서기』, 『삼국사기』, 『삼국유사』, 『송사』, 『양서』, 광개토태
왕비문 등 관련 사료에 대한 기본적인 사료 비판을 하지 않았다. 그리고
전후 맥락과 상황 등 종합적인 학문적 검토 없이 '임나=가야'라는 결론
만 앵무새처럼 반복했다. 그런데도 젊은역사학자모임은 거침이 없다.

> 임나일본부설에 대한 연구는 해방 이후 지속적으로 이어졌으며, 엄밀
> 한 사료 비판을 기본으로 하고 있다.
> – '젊은역사학자모임' 지음, 『한국 고대사와 사이비역사학』, 역사비평사, 2016, 157쪽

임나일본부설은 1차 문헌사료는 물론 고고학 유물·유적이 전혀 없다.
젊은역사학자모임은 윗글이 말하는 엄밀한 사료 비판이 무엇인지 구체
적으로 밝혀야 한다. 임나일본부설에 대한 기본적인 사료 비판이 없다
보니 강단사학계에서 낸 대부분의 한국사 책들은 임나일본부설에 입각
해있다. 그러다 보니 한국사의 원형이 줄줄이 파괴되었다.

『삼국사기』 불신론에 근거해 역사교과서 편찬

앞서 봤듯이 강단사학계가 (고)조선을 역사와 무관한 신화로 치부한
이유가 1차 사료와 고고학자료에 의한 것이 아니라, 임나일본부설에 따
른 『삼국사기』, 『삼국유사』 불신론에 있었다. 이후 부여, 고구려, 백제,
신라, 가야 등 열국시대와 남북국시대, 고려, 조선을 보는 시각도 연속
해서 주체성이 없는 역사로 왜곡될 수밖에 없었다.

강단사학계가 편찬해온 역사교과서를 보면 임나일본부설의 실상을 여실히 알 수 있다. 2011년 검정교과서로 바뀌기 전까지 사용한 국정교과서는 물론 현행 검정교과서들 모두 고구려가 1세기 후반 태조왕 때에 건국되었다고 서술했다. 태조왕 이전의 사실을 믿을 수 없다고 한 일제의 주장을 따른 것이다. 고구려의 시조 동명성왕 2년(서기전 36년)의 일을 『삼국사기』는 이렇게 기록했다.

> 2년 여름 6월에 송양이 나라를 들어 항복해오니 그 땅을 다물도多勿都라 하고 송양을 다물도주多勿都主로 봉했다. 고구려 말에 옛 땅을 회복한 것을 다물이라고 해서 붙인 이름이다.
> – 김부식 지음, 이재호 옮김, 『삼국사기』, 솔출판사, 1997, 21쪽

고구려는 건국 직후 (고)조선의 옛 땅을 회복하기 시작했다. 동명성왕은 건국 원년(서기전 37년)에 이웃한 비류국 왕인 송양에게 "나는 천제의 아들이다. 여기에 와서 나라를 세웠다."고 했다. 『삼국사기』는 모본왕 재위 2년(서기 49년), 고구려가 한나라의 북평, 어양, 상곡, 태원을 공격했다고 기록했다. 오늘날 북경 일대의 하북성과 산서성을 일컫는데 중국의 요충지였다. 중국의 사서도 이 사실을 기록했다. 『삼국사기』는 태조대왕 3년(서기 55년) 요서에 10개의 성을 쌓아 한나라 군사의 침략에 대비했다고 기록했다.

『삼국사기』에 의하면 고구려는 건국 당시부터 부자상속제였다. 장자가 어리거나 정치적인 급변 사태가 있을 경우에 왕족 중에서 왕위를 이었다. 그런데 역사교과서는 제9대왕 고국천왕 때에 부자상속이 이루

어졌다고 했다. 『삼국사기』 기록을 부정하고 임나일본부설에 따른 것이다. 국정 역사교과서가 삼국의 건국 순서를 설명하는 대목이다.

> 『삼국사기』에서는 신라, 고구려, 백제의 차례로 건국되었다고 하였으나, 중앙 집권 국가의 형성은 일찍부터 중국 문화와 접촉한 고구려가 가장 이르다.
> – 국정 『고등학교 국사』. 2010. 47쪽

『삼국사기』 기록을 부정하고 고구려가 가장 빨리 중앙집권국가를 형성한 이유가 중국문화와 일찍부터 접촉했기 때문이라고 했다. 중국이 주체, 우리는 객체인 역사관이다. 국정교과서가 설명하는 백제를 보자.

> 백제는 한강 유역의 토착 세력과 고구려 계통의 유이민 세력의 결합으로 성립되었는데(기원전 18), 우수한 철기 문화를 보유한 유이민 집단이 지배층을 형성하였다. 백제는 한강 유역으로 세력을 확장하려던 한의 군현을 막아 내면서 성장하였다. 고이왕 때 한강 유역을 완전히 장악하고, 중국의 선진 문물을 받아들여 정치 체제를 정비하였다. 이 무렵, 백제는 관등제를 정비하고 관복제를 도입하는 등 지배 체제를 정비하여 중앙 집권 국가의 토대를 형성하였다.
> – 위의 책. 47쪽

한의 군현이 한강 유역으로 세력을 확장했다는 설명은 일제가 조작한 사실이다. 앞서 살핀 대로 『삼국사기』는 온조왕 때(서기 9년) 마한을 병합했다고 기록했다. 온조가 백제를 건국한 사실을 부정하고, 8대 고이왕 때 백제가 건국했다고 하고 그것도 중국의 선진 문물을 받아들였기 때문이라고 했다. 또한 국가의 성립이 아니라 '중앙 집권 국가의 토대'를 형성하였다고 했다.

또 국정교과서는 신라가 17대 왕인 내물왕(356~402년) 때에 건국되었다고 설명했다. 그리고 고구려를 통해 간접적으로 중국의 문물을 받아들이며 성장해 나갔다고 설명했다. 그러나 신라가 내물왕 때 활발한 정복 활동으로 낙동강 동쪽의 진한 지역을 차지했다는 기록은 없다.『삼국사기』는 신라가 3대 유리왕(24~57년) 때에 주변국들을 정복하고 12대 첨해왕(247~261년) 때에 진한 전역을 정벌했다고 서술했다. 신라는 혁거세 왕부터 왕을 뜻하는 거서간 칭호를 사용했고, 2대 남해왕은 차차웅, 그리고 3대 왕 유리왕부터 이사금 칭호로 바뀌어 18대 실성왕까지 사용했다.『삼국유사』는 내물왕을 마립간으로 서술했다. 거서간·차차웅·이사금은 당시 모두 왕을 뜻했다.

『삼국사기』는 서기전 57년에 (고)조선 사람들이 혁거세를 높이 받들고 존경해 그를 임금으로 삼고 나라를 세웠다고 기록했다. 또한 이렇게 서술했다.

진한 사람들은 표주박을 박朴이라 했는데 처음에 큰 알이 표주박과 같았으므로 박으로 성을 삼았다. 거서간은 진한에서는 임금을 말한다. - 혹은 귀한 사람을 부르는 칭호라고도 한다.
－『삼국사기』「신라본기」'시조 혁거세거서간'

『삼국사기』는 혁거세 19년(서기전 37년)에 변한이 나라를 들어 항복하고, 혁거세 21년에는 서울에 성을 쌓고 금성金城이라 했다고 기록했다. 서기전 19년 마한 왕이 세상을 떠나자 어떤 이가 임금에게 마한을 정복하자고 설득했다. 이에 혁거세 왕은 "남의 재앙을 다행스럽게 여김은 어질지 못하다."며 마한에 사신을 보내 조문하고 위로했다. 반면 국정역사교과서는 신라가 4세기 내물왕 때 중앙집권국가로 발전하기 시작해 22대 지증왕(500~514년)을 거쳐 23대 법흥왕(514~540년) 때 비로소 국가로 체제를 갖췄다고 서술했다.

일제의 대표적인 역사학자 쓰다 소키치는 『조선역사지리』에서 "(한반도) 남쪽의 그 일각에 지위를 점유하고 있던 것은 우리나라, 왜국倭國이었다. 변진의 한 나라인 가라加羅는 우리 보호국이었고 임나일본부가 그 땅에 설치되어 있었다."고 했다.

이런 맥락이 국정교과서를 비롯하여 강단사학계에서 낸 대부분의 한국사 책들에 아직도 살아 있다. 『삼국사기』는 고구려가 서기전 37년, 백제는 서기전 18년, 신라가 서기전 57년에 건국했다고 기록했다. 『삼국유사』는 가야가 서기 42년에 건국했다고 기록했다. 임나일본부설에 따라 국정교과서는 고구려가 6대 태조왕(53~146년)대에 이르러서야 국가 체제를 정비했다고 설명했다. 백제는 8대 고이왕(234~286년)대에 중앙집권국가의 토대를 형성했다고 했다. 신라는 17대 내물왕(356~402년)대에 중앙집권국가로 발전했다고 썼다. 삼국의 건국을 조선총독부가 확정한 바에 따라 모두 늦춘 것이다. 백제는 300년, 신라는 400년 이상을 늦췄다. 그것도 '체제를 정비했다', '토대를 형성했다' 등으로 모호하게 표현하면서 국가형성을 더 늦춰 신라의 경우 6세기에 이르러서야 국가체제를 정비한 것으로 설명했다.

국정 역사교과서는 동명성왕과 혁거세왕, 온조왕, 김수로왕과 사국 초기의 역사를 다루지 않는다. 태조왕, 고이왕, 내물왕 이전에 고대국가의 기틀을 다지고 성장한 삼국의 역사를 지워버렸다. 고대사의 중요한 사료들인 (고)조선의 단군사화, 부여의 동명사화, 고구려의 주몽사화, 백제의 온조사화, 신라의 혁거세사화, 가야의 수로사화 등의 중요한 역사적 사실들을 역사로 보지 않는다.

『삼국사기』와 『삼국유사』는 우리나라의 사서 중 가장 기본적인 사료들이다. 모든 사료는 엄밀하게 사료 비판을 해야 한다. 이런 과정 없이 『삼국사기』와 『삼국유사』 등의 사료를 근거 없이 부정해서는 안 된다.

임나일본부설을 해체해야 한국사가 보인다

2014년에 노태돈이 낸 『한국고대사』에서 백제 관련 주장을 보자.

> 백제의 건국에 대해 『삼국사기』에는 고구려에서 갈라져 나온 온조溫
> 祚 집단이 기원전 18년에 건국하였다고 전한다.
> – 노태돈, 『한국고대사』, 경세원, 2104, 68쪽

노태돈은 이를 어떻게 볼까?

> 문제는 그 건국 기년과 역사상이다. 이에 관해 기술한 『삼국사기』 「백

제본기」 초기 부분 기사의 신빙성에 대해 그간 이를 긍정하는 시각과 부정하는 시각이 있었다. 일단 전면적인 긍정론은 수긍하기 어려운 면을 지니고 있다. 가령 「백제본기」에 의하면 백제는 온조왕 대인 기원전 1세기 말에 동으로 평강, 춘천, 남으로 공주, 북으로 예성강에 이르는 넓은 영토를 확보하여 큰 나라를 형성했다고 한다. 그러나 이는 사실로 보기 어렵다. 2세기에서 3세기 초의 상황을 전하는 『삼국지』「한전」에서 백제伯濟에 대해 별다른 언급 없이 단지 마한 50여 개국 중 하나로 기술되어 있을 뿐이다.

— 위의 책, 68~69쪽

중요한 문제는 『삼국사기』가 기록한 백제의 "건국 기년과 역사상"이었다. 『삼국사기』가 기록한 기년과 역사상은 한국사의 맥락을 좌우한다. 노태돈은 이를 사실로 보기 어렵다고 했는데, 『삼국지』가 그 근거다.

마한의 여러 집단에 대한 백제의 세력 확대는 4세기대를 거치는 동안 남쪽으로는 금강 이북 지역에, 그리고 동쪽으로는 한강 상류의 영서지방에 이른다.

— 위의 책, 76쪽

『삼국사기』는 서기 27년에 백제가 마한을 정복했다고 기록했다. 그런데 이를 사료 비판 없이 부정했다. 『삼국지』 기록을 취하는 것이 사료 비판의 전부다. 그럼 『삼국사기』 기사의 사실성을 높여주는 고고학 유적, 유물이 발굴되면 어떻게 할까? 국사편찬위원회의 『한국사』를 보자.

한편 백제의 경우, 문헌에서 전하는 바처럼 부여 - 고구려계 유이민 집단에 의해 건국되었다. 그러나 그 구체적인 성립 시기에 관한 『삼국사기』「백제본기」초기 기사는 『삼국지』「위서」동이전에서 전하는 상황과 상치되는 면을 보여, 역사적 사실로 그대로 인정키는 어렵다. 근래 한성시기 백제의 도읍지로 확실시되는 서울의 풍납동 토성이 언제 축조된 것인지가 주목되고 있다. 이 성은 둘레가 3.5km이고 높이가 약 8m에 달하는 대형 토성이다. 토성과 성내의 여러 곳에서 출토된 목재와 목탄 자료를 이용한 몇 차례의 탄소연대측정 결과, 그 연대가 이른 경우는 기원전 1세기로 산출되기도 하였다. 만약 그것을 따른다면 백제의 건국은 『삼국사기』의 기사를 그대로 신뢰하여도 무방한 것이 된다.

- 국사편찬위원회, 『한국사』1, 탐구당, 2003, 195~196쪽

윗글도 노태돈이 썼다. 결국 강단사학계는 문헌사료는 물론 새로운 고고학적 발견이 있어도 이를 기존의 정설에 따라 인정을 안 하고 풍납토성의 축조시기 상한이 3세기 중반을 넘지 못한다고 주장한다. 풍납토성을 고고학적으로 분석한 결과 서기전 1세기~서기후 1세기에 성벽 축조가 시작돼 성벽의 완성 연대는 늦어도 3세기 중반을 넘지 않을 것으로 밝혀진 바 있다. 풍납토성에는 연인원 1백만 명 이상의 인력이 투입해야 가능한 거대한 성벽이 축조되고, 내부에 궁전과 종묘 등 도성의 핵심이 되는 중요한 건축물이 건립되었다. 아울러 성문과 도로를 포함한 기본적인 구획의 흔적도 발견되었다.

이는 당시의 인구 규모와 사회 발전단계 등을 고려할 때 국가단계의

정치집단이 아니고서는 이루어낼 수 없는 대역사였다. 풍납토성과 같은 왕성이 축조되었을 단계에는 이미 상당한 수준의 국가적 권력과 조직을 갖춘 고대국가로서의 백제가 형성되었다고 볼 수 있다. 이렇듯 백제는 풍납토성이라는 왕성 또는 도성을 축조함으로써 어떤 명실상부한 중앙집권화를 이룬 완전한 국가 체계를 완성했다(한국고고학회편, 『국가 형성의 고고학(한국고고학회 학술총서 4)』, 사회평론, 2008, 42~53쪽).

그러나 강단사학계는 새로운 고고학 발굴이 나와도 요지부동이다. 강단사학계는 임나일본부설을 고안한 쓰다 소키치가 자의적으로 해석한 『삼국지』를 취하고, 『삼국사기』 기록을 부정한다. 고고학 유적과 유물도 의미가 없는 것이다. 삼국의 국가형성을 다음과 같이 늦춘다.

과연 고고학계는 이를 어떻게 볼까?

> 백제의 경우, 그 초기의 정치체제는 당시 사실을 구체적으로 전하는 금석문이나 중국측 사서와 같은 당대의 기록이 없어 추정키 어렵다. 그러나 늦어도 6세기대에는 중앙집권체제를 구축해 나가, 고구려나 신라의 그것과 비슷한 면을 나타내었다.
> – 한국고고학회편, 『국가 형성의 고고학』, 사회평론, 2008, 200쪽

고고학계는 강단사학계의 가이드라인에 따라 "늦어도 6세기대"에 백제가 중앙집권체제를 구축해 나갔다고 한다. 풍납토성과 관련해 고고학자 신희권(국립문화재연구소)은 학술토론회에서 다음과 같이 발언했다.

모든 것이 3세기 전반 내지는 중, 후반으로 편년이 되어 있기 때문에

기존의 이러한 편년 틀을 가지고서는 형성 과정을 논하기가 상당히 어렵지 않은가? 그리고 풍납토성의 성벽을 분기로 나누어 볼 수도 없다고 생각을 합니다. 왜냐하면 기존의 편년 틀로서는 3세기 중후반 이후에서만 가능하다라고 생각을 합니다. 따라서 특히 백제가 소국단계에서 중앙집권화된 그러한 고대국가로서의 백제로 발전되어가는 과정을 논하기 위해서는 그 이전 시기의 원삼국시대 유적에 대한 재평가와 편년에 대한 재고가 필수적으로 수반되어야 할 것으로 생각을 합니다. 최후 발언은 이것으로 마치겠습니다.

– 위의 책, 245~246쪽

일제의 이론에 따라 원삼국시대를 만들고 풍납토성의 발굴 결과를 맞추는 고고학에 대한 비판이다. 이처럼 고고학계와 강단사학계의 임나일본부설에 근거해 한국사를 구성한다. 때문에 임나일본부설을 해체해야 한국사가 제대로 보인다. 이 대목에서 북한학계의 임나 비판도 참고할 만 하다. 북한학계는 임나일본부설과 관련해 남한학계의 태도를 이렇게 비판한다.

한편 일제어용사가들은 조선의 백제, 신라의 건국 연대를 3~4세기로 끌어내리었는데 그것은 앞에서도 말한 바와 같이 이 나라들의 건국을 늦추어야 야마또 정권의 지배가 가능하다고 보았기 때문이다. 가야의 건국연대는 아예 논의대상에서 뺐다. 그런데 비극은 민족사를 주체적 입장에서 바로 해명해야 할 남조선 학계가 일제의 임나일본부설의 포로가 되어 백제, 신라, 가야 건국 4세기 설을 그대로 따르고 있다는 사실이다. 8·15 후 이꼐우찌 히로시 등 일제어용사가들을 '은사'로 받든 자들이 남조선사학계를 '지도'한 데로부터 이와 같은 웃지 못할 비극이 생산된 것이다. 남조선의 일부 고고학자들 가운데는 초기 삼국시대를 '원시적인 삼국시대'라고 말하는가 하면 어떤 고고학자는 삼국 시기를 일본 '고분시대'를 본 따서 '고분시기'라고 말해야 한다고 주장하는 등 사대주의사상 독소에서 헤어나지 못하고 갈팡질팡하고 있다. 이 모든 것은 일제가 날조한 반동적 임나일본부설의 여독이며 후과이다.

- 조희승, 『가야사연구』, 사회과학출판사, 1994, 678~679쪽

강단사학계는 지금까지 그래왔듯 이념 문제를 거론하며 북한학계의 주장을 터무니없다고 일거에 부정할 것이다. 그러나 위의 주장에 공감하는 이들이 점점 늘어나고 있다. 북한 역사학계의 입장도 근거가 있다면 적극 수용하는 개방적 자세를 지녀야 한다. 다만 강단사학계가 열린 학문적 태도로 북한학계의 연구결과를 받아들이지 못하고, 일제의 이론과 관행에 깊이 빠져있을 뿐이다. 세상은 변했다.

추상적인 차원에서 고대 한국이 일본에 문화를 전파했다는 주장은 그다지 의미가 없다. 어떤 일들이 있었는가를 파악하는 일이 우선 중요하다. '있는 그대로를 보는 역사'는 의미 있는 역사의 출발점이다. 『일본서기』를 역사학, 고고학, 언어학, 사회학, 민속학 등을 통해 분석한 최재석의 평가다.

백제 패망까지는 궁의 이름과 거주지의 이름과 사찰의 이름과 심지어는 왕의 시체의 안치소의 이름마저 백제라는 것을 표시하여 야마토왜

는 백제 사람들에 의하여 경영되는 것을 과시하였으나 종주국인 백제가 멸망하여 백제의 지배층이 백제의 관위官位가 통용되고 백제가 경영하고 있던 대화왜에 대량 이주하자 이러한 의식은 달라지기 시작하였다. 그리하여 이들은 국호를 왜에서 일본으로 바꾸고, 고대국가로서의 기틀을 만듦과 동시에 대화왜의 역사를 왜곡하기 시작하였다. 역사의 진실을 은폐하고 거짓 역사를 서술하였는데 그것은 첫째 한국 역사보다 긴 역사를 만들고, 둘째 대화왜는 처음부터 독립국가였으며, 셋째 한반도는 일본의 식민지였다는 세 가지 항목으로 요약될 수 있을 것 같다(일본 고대사학자는 여기에 더 보태서 임나는 가야이고 『삼국사기』의 초기 기록은 조작되었다고 주장한다).

– 최재석, 『백제의 대화왜와 일본화 과정』, 일지사, 1990, 16쪽

최재석은 고대한일관계사 연구가 주로 문화의 시각으로만 행해지는 것의 한계를 지적했다. 고대 일본열도의 정치적 상황, 국가의 성립과정, 한국과 왜 간에 벌어진 사실들을 연구하지 않으면 오히려 구체적인 역사 파악을 저해하기 때문이다. 그는 문화의 시각이 아니라 인간집단의 시각에 서서 역사의 전개를 연구하자고 한다. 일본 원주민과 일본으로 이주한 이주민을 구별하고 양자의 수와 문화 수준을 조사 비교하고 그 이주민의 본래 국적을 밝히는 것, 또한 일본국가사 연구와 즐문, 미생시대를 포함하는 일본고대사를 구별하고, 일본고대국가의 강역의 범위와 일본열도 각지에 존재하는 수많은 독립된 소왕국 내지 소군주의 실체는 물론 대화 왜의 해상수송 수준 내지 능력, 일본 이주민의 이주 형태(개별 이주인가 집단 이주인가)를 검토하자고 했다. 그리고 『일본서기』를 분

석하는 시각이 관건인데 그가 가장 중요하게 여기는 것은 이렇다.

> 그러나 이상의 것보다도 가장 중요한 것은 일본고대사의 진실을 과학
> 적으로 파헤치고자 하는 용기와 의지가 있는가 없는가 하는 점이다.
> – 최재석, 『백제의 대화왜와 일본화 과정』, 일지사, 1997, 12쪽

결국 진실을 대면할 용기와 의지가 한일고대사의 진실을 파헤치는 근원이다. 임나일본부설의 사활도 여기에 달려있다. 임나일본부설을 사료에 따라 구체적으로 분석하면 그것의 허구성이 드러나고, 그에 입각한 한국사의 전체 흐름과 체계가 완연하게 달라진다. 임나일본부설은 조선총독부가 구축한 식민사학의 핵심 이론이다. 그것은 여전히 살아있고 한국사를 지배하고 있다.

나의 눈으로 역사 바로보기

1. 강단사학자들은 서기전 1세기에 고구려, 백제, 신라가 국가로 성장했다는 『삼국사기』 초기 기록을 불신합니다. 그 근본 이유는 무엇이라 생각하나요?

2. 김현구-이덕일 재판에서 사법부가 최종적으로 김현구가 『임나일본부설은 허구인가』에서 스에마쓰의 주장을 거의 받아들였다고 판단한 근거는 무엇인가요?

3. 북한학계는 임나일본부설을 어떻게 평가하나요?

2부

한국사 혁명을 위하여

저것은 넘을 수 없는 벽이라고 고개를 떨구고 있을 때
담쟁이 잎 하나는 담쟁이 잎 수천 개를 이끌고 결국 그 벽을 넘는다.
도종환, 「담쟁이」 중에서

5장
역사를 어떻게 보고,
어떻게 쓸 것인가

요즈음의 역사가들은 일본을 숭배하는 노예근성이 또 자라나 우리의 신성한 역사를 무함誣陷하고 업신여기니, 아아, 이 나라가 장차 어느 땅에서 탈가脫 駕할 것인지. 여러분, 여러분들이여, 역사를 편찬하는 여러분들이여, 여러분 들은 이것을 들으면 반드시 "일본사람들이 비록 망녕되나 어찌 역사의 기록 을 날조하겠는가. 이러한 사실들이 반드시 있는 것이므로, 우리 역사에 수입 하지 않을 수 없다."고 하여 일본인들의 말을 망녕되이 믿으며 우리 자신을 스스로 기만하는 것이다.

신채호, 「독사신론」 중에서

일본인의 말을 망녕되이 믿는 역사 편찬가들

단재 신채호는 사실관계에 철저한 역사를 강조했다. 그는 『조선상고사』에서 그림을 그릴 때 연개소문은 호걸스럽게 그리고 강감찬은 몸집이 초라한 강감찬을 그려야 한다고 말했다. 영국 해군부 보고에 "철갑선의 시조는 1592년경 조선 해군대장 이순신"이라는 기록이 있었다. 조선의 집필자들이 이를 인용했다. 그가 『이충무공전서』에서 이를 살펴보니 거북선은 목판 장식함이었지 철판 장식함이 아니었다. 그는 이순신을 장갑선의 시조라 함은 가하나 철갑선의 시조라 함은 불가하다고 했다. 그는 이순신이 철갑선을 최초로 만들었다는 것보다 장갑선을 최초로 만든 이라고 하면 더 명예롭겠지만 만들어내지 않은 것을 만들었다고 하면 철갑선의 발전단계를 어지럽힐 뿐이라고 했다. 가령 분명하지 않은 기록 중에서 부여의 어떤 학자가 물리학을 발명했다든지, 고려의 어떤 뛰어난 기술자가 증기선을 최초로 만들어냈다는 문자가 발견되었다 해도 자신과 남을 속이는 역사를 쓰면 안 된다고 그는 말했다. 그는 영국사를 쓰려면 영국사답게, 러시아사를 쓰려면 러시아사답게, 조선사를 쓰려면 조선사답게 써야하는데, 조선사다운 조선사가 없었다고 말했다. 그가 보기에 조선인이 읽는 조선사나 외국인이 아는 조선사는 모두다 혹 붙은 조선사요, 올바른 조선사가 아니었다. 그는 내란이나 외환보다는 조선사를 기록하는 사람들의 손에 의해 조선사가 쓰러지고 무너졌다고 비판했다. 그가 보는 올바른 조선사는 조선을 주체로 보고, 사실에 충실한 역사였다. 그는 1908년 『독사신론』에서 이렇게 말했다.

우리나라 중세 무렵에 역사가들이 중국을 숭배할 때, 중국인들이 자존심과 오만한 특성으로 자기를 높이고 남을 깎아내린 역사서술을 우리나라 역사에 맹목적으로 받아들여 일반의 비열한 역사를 지었던 까닭에 민족의 정기를 떨어뜨려 수백 년간이나 나라의 수치를 배양하더니 요즈음의 역사가들은 일본을 숭배하는 노예근성이 또 자라나 우리의 신성한 역사를 무함誣陷하고 업신여기니, 아아, 이 나라가 장차 어느 땅에서 탈가脫駕할 것인지. 여러분, 여러분들이여, 역사를 편찬하는 여러분들이여, 여러분들은 이것을 들으면 반드시 "일본사람들이 비록 망녕되나 어찌 역사의 기록을 날조하겠는가. 이러한 사실들이 반드시 있는 것이므로, 우리 역사에 수입하지 않을 수 없다."고 하여 일본인들의 말을 망녕되이 믿으며 우리 자신을 스스로 기만하는 것이다.

- 신채호 저, 정해렴 편역, 『신채호 역사 논설집』, 현대실학사, 1995, 40~41쪽

신채호가 평생을 통해 추구한 것은 주체성이었다. 인류와 민족, 국가, 사회 등의 공동체와 나의 주체성이 그가 평생을 통해 추구한 가치였다. 그에게 중화주의와 황국사관은 맞서 싸워야 할 노예사상이었다. 일제에 의해 죽임을 당하고 광복 후 '국수주의자', '관념주의자' 등으로 폄훼된 그의 사상과 삶은 한국사의 비극을 상징한다. "일본이 어찌 역사의 기록을 날조했겠는가?" 하는 근거 없는 믿음이 아직도 횡행하고 있다.

그가 『독사신론』에서 질타한 '비열한 역사', '역사를 무함하고 업신여기는 역사', '우리 자신을 스스로 기만하는 역사'는 지금도 이 땅의 청소년들에게 주입되고 있다. 신채호는 사마천과 반고가 쓴 역사서는 물론 서구의 역사서를 유치하다고 평가했다. 그는 조선을 다룬 중국의 『사

기』, 『위략』, 『삼국지』 등이 다음과 같은 문제점을 안고 있다고 했다.

> 첫째, 조선을 서술할 때에는 조선 자체를 위하여 조선을 계통적으로
> 서술하지 않고 오직 중국과 정치적으로 관계되는 조선만을 서술하였
> 는데, 그것마저도 왕왕 피차의 성패와 시비를 전도하였다. 둘째, 조선
> 의 국명·지명 등을 적을 때에 흔히 조선인이 지은 본래의 명사를 그대
> 로 쓰지 않고 저들 임의로 다른 명사를 지어서 동부여를 불내예라 하
> 고, 오열홀을 요동성이라 한 것과 같은 종류의 필법이 많다. 셋째, 조선
> 은 특수한 문화를 가지고 특수하게 발달해 왔음에도 불구하고, 문화
> 발달의 공을 언제나 기자나 진의 유민에게 돌리기 위하여 수많은 위증
> 들을 하고 있다.
> – 신채호 지음. 박기봉 옮김. 『조선상고사』, 비봉출판사, 2006, 121쪽

그는 중국에서 독립투쟁을 할 때 유일한 생계원이었던 『북경신문』
논고도 '어조사 의矣'자를 임의로 삭제했다고 중단 의사를 밝힐 정도로
사실에 엄격했다. 그는 일본의 대표적인 역사학자 쓰다 소키치, 이케우
치 히로시, 이마니시 류, 스에마쓰 야스카즈 등과 그들의 스승인 시라토
리 구라키치도 역사학의 기초가 안 돼 있다고 비판했다.

신채호는 "역사를 쓰는 자는 반드시 그 나라의 주인인 한 종족을 먼
저 드러내어, 이것으로 주제를 삼은 후에 그 정치는 어떻게 흥하고 쇠하
였으며, 그 산업은 어떻게 번창하고 몰락하였으며, 그 무공武功은 어떻
게 나아가고 물러났으며, 그 생활관습과 풍속은 어떻게 변하여 왔으며,
그 밖으로부터 들어온 각각의 종족을 어떻게 받아들였으며, 그 다른 지

역의 나라들과 어떻게 교섭하였는가를 서술하여야 이것을 역사라고 말할 수 있다."고 했다. 고려 이후 편찬된 역사서에 대한 그의 평가를 요약하면 다음과 같다.

묘청을 물리치고 김부식이 사대주의에 기초해서 『삼국사기』를 편찬했다. 고려 말의 역사서들은 강성했던 고종 임금 이전의 기록이 몽골의 미움을 초래할까 봐 삭제하거나 개작했다. 대신 비굴한 언사와 풍부한 공물로 북방 강대국들에게 복속했던 사실만을 덧붙이거나 위조해 민간에 퍼뜨렸다. 이런 기록들이 조선시대 정인지가 편찬한 『고려사』의 참고자료가 되었다.

조선 세종은 특히 역사서에 관심을 두었다. 그러나 할아버지인 태조와 아버지인 태종은 최영의 북벌군 속에서 반란을 일으켜 사대주의 기치를 들고 역성혁명의 기초를 다진 사람들이었다. 그는 그런 발자취로부터 자유로울 수 없었다. 그래서 그는 몽골의 압박을 받기 전에 존재했던, 단군조선의 실제 기록에 근거하여 역사를 기록하지 못했다. 내우외환 등 불가피한 측면을 제외하고 우리 자신의 잘못으로 생긴 역사서의 문제점으로 우선 들 수 있는 점은 역사를 은밀히 보관하는 관행이었다. 조선 중엽 이전만 해도 『동국통감』이나 『고려사』 같은 몇몇 관찬 서적 외에는 개인이 역사서를 소장할 수 없었다. 개인이 역사서를 저술하는 것도 마찬가지였다. 개인이 고대사를 짓지도 읽지도 못하게 했다. 그래서 역사를 읽는 사람들이 적었다.

사색당파의 당쟁이 300년간 국가적으로 큰 해악을 끼쳤다고들 말한다. 그러나 그들이 다툰 쟁점은 '어느 당이 조선왕조의 충신이냐 역적이냐, '어느 선생이 주자학의 정통이냐 이단이냐' 하는 소소한 것들뿐이어서 역사연구에 지장을 주기 힘들었다. 오늘날 우리의 눈에는 서슬 퍼런 칼날로 군주의 시체를 두 동강 낸 연개소문이야말로 진정한 쾌남이고, 성균관 명륜당 기둥에 공자를 비난하고 자기주장을 펴는 윤휴야말로 진정한 걸물이다. 주자학의 정통이냐 아니냐 하는 것은 실없는 소리일 뿐이다. 노론, 소론, 남인, 북인이 정치에 미친 영향이 어떠했고, 그들이 조선왕조의 충복인지 아닌지를 따지는 것은 잠꼬대 같은 소리다.

그럼 기존의 책들이 다 문제가 있다 하면 무엇을 근거로 올바른 조선사를 쓸 것인가. 사금을 캐는 사람들은, 한 말의 사금을 캐면 한 알의 금을 얻을까 말까 한다고 한다. 서적에서 사료를 얻는 것도 그처럼 어려운 일이다. 어떤 사람들은 "조선사를 연구하자면, 조선과 만주 등지의 땅속을 발굴해서 수많은 유물부터 발견해야 한다."거나 "금석학, 화폐학, 지리학, 미술학, 족보학 등의 학자들이 쏟아져 나와야 한다."고들 말한다. 물론 맞는 말이다. 하지만 지금은 현존하는 서적들을 갖고 장단점을 평가하고 진위를 대조하여 조선사의 앞날을 개척하는 비상처방이 급선무라고 생각한다(신채호의 『조선상고사』에서 발췌 정리).

1931년 11월 16일, 당시에는 진보적인 민족지였던 「조선일보」 기자가 중국 여순 관동형무소에서 신채호를 면회한 후 쓴 기사다.

최근 수개월 전부터 우리 신문지상에 그가 30여 년간의 깊은 연구와, 세밀하고 넓은 조사와, 꾸준하고 절륜한 노력을 경주한 『조선상고사』와 『조선상고문화사』가 비로소 대중적으로 계속 발표, 소개됨에 따라 그 심오한 내용, 풍부한 예증, 정확한 사실, 그 단아하고 첨예하고 웅혼한 필치가 과연 조선 역사의 대가로서 추앙받던 까닭을 바로 나타내 보이면서 수십만 독자들에게 절대적인 환영과 지지를 받고 있다.
— 신채호 지음, 박기봉 옮김, 『조선상고사』, 비봉출판사, 2006, 553쪽

이 기사는 신채호의 글이 심오하고 정연한 학문체계로 타의 추종을 불허하며 독자에게서 절대적이고 열광적인 환영을 받고 있음에도 단재는 발표 중지를 요구하며 완벽을 기하려 한다고 덧붙였다.

신채호의 역사학을 어떻게 볼 것인가?

2017년에 강단사학계의 여러 학자들이 펴낸 책은 여지없이 신채호에 대한 폄훼로 시작한다.

일찍이 신채호는 조선상고사에서 단군조선의 역사를 만주 지역에서 찾았고, 그 역사는 부여족이 주도했다고 서술했다. 이러한 주장의 근본적인 문제는 단군신화를 포함한 후대의 고조선 사료와 남만주 관련 중국 사료에 대한 종합적이고 비판적인 이해가 결여되었다는 점이다. 특히 우리 역사와 민족에 대한 지나친 우월의식으로 한국사의 유구함과 영토의 광대함을 밝히고자 하는 의도가 많이 작용했다. 이제는 그동안의 과장된 역사 인식에서 벗어나 남만주 지역 고고 자료와 문헌 자료를 면밀하게 검토해 역사의 실체를 냉정하게 바라보아야 한다.

– 한명기 외, 『쟁점 한국사』, 창비, 2017, 18~19쪽

윗글은 송호정이 썼다. 신채호가 사료에 대한 종합적인 이해가 결여 돼 단군조선의 역사를 만주에서 찾았다고 한다. 그가 우리 역사와 민족에 대한 지나친 우월의식으로 과장된 역사를 썼다는 것이다. 송호정은 "단군조선은 단지 신화일 뿐, 역사적 사실로서 그 증거를 찾는다는 것은 사실상 불가능하다."고 자신의 대표작에서 말한 바 있다. 이마니시 류의 박사학위 논문 『단군고檀君考』에서 유래한 주장이다.

이마니시 류는 단군의 (고)조선 건국은 신화에 불과할 뿐 역사가 아니라고 했다. 그러나 신화에서 역사를 연구하는 것이 불가능하다면 역사는 뿌리를 잃는다. 최초의 문자라는 메소포타미아 지역의 쐐기문자(설형문자)의 역사도 약 5,000년에 불과하지만 최소한 수십만 년의 인류 역사가 있었다. 문자를 사용하기 전에 인류는 신화를 통해 자신의 역사를 전승해 왔다. 신화는 고대인들이 집단적으로 체험한 역사적 사실을 함축한다. 신화는 역사의 원형이고 뿌리다. 신화는 고대인들의 세계관과 가치관, 우주관과 종교관, 역사를 응축해 전한다. 신화에서 역사를 이해해야 한다. 더욱이 (고)조선 건국과 관련한 사실은 당대 최고 학자였던 일연과 이승휴가 당시까지 전해지던 사서 등 모든 자료를 취합해 각기 『삼국유사』와 『제왕운기』로 편찬한 것이다.

(고)조선 연구로 박사학위를 받은 러시아의 고고학자 U. M. 부틴도 "단군조선은 신석기 시대와 초기 청동기시대의 문화가 결합된 원시 한국 사회였다고 결론지을 수 있다."고 했다. 강단사학계의 신채호 폄훼는 이런 역사학의 상식을 무시하고, 일제의 논리를 그대로 답습하는 것에

불과하다. 옛 역사 기록에 대한 신채호의 견해다.

혹자는 이 기록이 너무 신화적이어서 신뢰할 수 없다고 하나, 어느 나라든지 고대의 신화시대가 있어서 후세 사가들이 그 신화 속에서 사실을 채취할 뿐이니, 이를테면 "말이 돌을 보고 눈물을 흘렸다.", "천신天神이 아란불에게 내려왔다.", "해모수가 오룡거를 타고 하늘에서 내려왔다."고 한 말들은 다 신화이지만, 해부루가 다른 사람의 사생아인 금와를 주워서 길러 태자를 삼은 것은 사실이고, 해부루가 아란불의 신화에 의탁하여 천도를 단행한 것도 사실이며, 해모수가 천체의 아들이라고 칭하며 고도를 습격하여 차지한 것도 사실이니, 총괄하면, 동·북부여가 분립한 역사상 빼지 못할 큰 사실이다.

– 신채호 지음, 박기봉 옮김, 『조선상고사』, 비봉출판사, 2006, 158~159쪽

어느 나라든 고대의 역사는 신화로 전한다. 신화에서 역사를 밝히고 해석하지 못한다면 역사학이 아니다. 강단사학계가 이렇게 역사학의 상식에서 벗어난 주장을 하는 것은 자신들의 정설을 고수하기 위한 폐쇄적인 태도에서 나왔다. 젊은역사학자모임의 주장을 보자.

3차 교육과정기 교과서는 '단군신화'라는 소제목 아래 단군왕검이 고조선을 건국한 과정이 신화적 사실史實임을 명확히 하고 있으나, 4차 교육과정기 교과서는 '단군의 건국과 고조선'이라는 소제목 아래 삼국유사에 전하는 단군의 고조선 건국이 실재하였던 것처럼 서술하고 있다. 특히 단군의 고조선 건국 연대를 표기한 것은 사이비역사학측의

주장을 그대로 수용한 결과였다. 사이비역사학측에서 지속적으로 제시했던 단군의 신화화에 대한 문제 제기가 일부 받아들여진 것이다. 이렇듯 단군에 대한 강조가 이루어진 것은 처음 국사교과서에 문제를 제기했던 사이비역사학측의 구성원들이 가지고 있었던 특징이었다.

– 젊은역사학자모임 지음, 『한국고대사와 사이비역사학』, 역사비평사, 2016, 63쪽

윗글은 장미애(가톨릭대학교 강사)가 썼다. 젊은역사학자모임은 역시 신화와 역사를 별개로 인식하면서 단군조선을 사실이 아닌 것으로 주장하고 있다. 그들은 강단사학계의 견해를 절대화하고 다른 관점과 이론을 사이비역사학이라고 강변한다. 강단사학계는 식민사학에 대한 비판이 크게 일 때마다 위기대응에 나섰는데, 그 출발은 늘 신채호 깎아내리기였다. 이기백은 1961년, 4·19혁명으로 식민사관에 대한 비판이 활발히 일던 때 신채호와 최남선을 중심으로 민족주의를 평가한다면서 다음과 같이 말했다.

우선 그들의 민족 관념이 지나치게 고유성을 강조하고 있다는 데에 문제가 있다. 단재의 경우가 특히 심하여서 거의 민족을 세계로부터 고립시키고 있다. 단재가 역사를 아我와 비아非我의 투쟁사로 본 것을 혹은 세계사적인 넓은 입장에 서 있는 것으로 생각한다면 이것은 잘못일 것이다. 같은 민족사관의 소유자였지만, 랑케는 그의 '강국론'에서 민족과 민족과의 조화-마치 교향악과 같은 조화-를 이루는 면을 생각하였지만, 단재에서는 이러한 면을 찾을 수가 없다. 그에게는 오직 민족과 민족과의 투쟁이 있을 뿐이었다. 더구나 민족과 민족 사이에 개

재하는 같은 인류로서의 공통성에 대해서 생각이 미치지 못하였다. 그
러므로 세계성을 띤 사상이나 종교에 대한 인식이 있을 수 없었다. 급
박한 민족적 위기에 처한 시대에 생을 누린 그에게 이러한 너그러운
태도를 요구하는 것이 오히려 무리일는지 모른다. 이에 비하면 육당은
훨씬 넓은 입장에 서 있는 것 같다. 그는 커다란 문화권 속의 한국을
인식하고 있는 것이다.

– 이기백, 『민족과 역사』, 일조각, 1983, 21쪽

신채호는 『조선상고사』에서 "역사는 아와 비아의 투쟁이 시간적으로
전개되고 공간적으로 펼쳐지는 심적 활동 상태에 대한 기록이라고 말
했다. 그는 주관적 위치에 선 자를 '아'라 하고 그 외를 '비아'라고 했다.
'아' 속에 '아'와 '비아'가 있고, '비아' 속에도 '아'와 '비아'가 있다고 봤다.
'아'는 '비아'를 전제한 개념이다. '아'와 '비아'가 이분법적으로 분리된
것이 아니었다. 그는 '아'에 대한 '비아'의 접근이 빈번해질수록 '비아'에
대한 '아'의 분투도 더욱 더 맹렬해진다고 했다. 그래서 인류사회의 활
동은 쉴 틈이 없고 역사의 전진이 완결될 날이 없다고 봤다. 역사는
'아'와 '비아'의 투쟁의 기록이라는 뜻이 이렇게 나왔다.

단재 신채호는 아나키스트다. 아나키스트는 모든 부당한 지배 권력
을 부인한다. 또 모든 개인이 다른 개인에게 평등하고, 모든 국가가 다
른 국가에게 평등한 세계시민주의를 주창한다. 단재가 설정한 비아는
일본 제국주의였다. 김용섭(연세대학교 명예교수)이 신채호를 비롯한 독립
혁명가의 역사학에 대해 내린 평가를 보자.

흔히 민족주의 역사학의 역사서술은, '비과학적'이라든가 '편협'하다든가 또는 '치졸'하다는 표현으로서 평가되기도 하지만, 그것은 민족주의 역사학 전체에 대한 평가일 수 없고, 또 민족주의 역사학의 본질을 잘 이해한 위에서 내린 정당한 비판일 수도 없겠다. 이들의 역사서술은 민족과 민족정신을 바탕에 깔고 있었으나, 역사를 국제관계에서 이해하려는 넓은 안목이 있었고, 우리적인 것을 강조하는 경향이 강렬하기는 하였지만, 근거 없는 주장을 함이 아니라, 그들의 훌륭한 사안史眼이 과거에 도외시 되었던 면을 새로이 발굴하여 내세우는 데 지나지 않은 것이며, 그것도 사회과학이나 민속학의 성과까지도 흡수하여, 역사를 구성적으로 종합적으로 이해한다는 건실한 태도를 취하고 있는 것이었다.

– 김용섭, 『역사의 오솔길을 따라서』, 지식산업사, 2011, 673~674쪽

김용섭은 강단사학계의 민족주의 역사학에 대한 평가가 정당한 비판이 아니라고 한다. 민족사학이 민족을 주체로 보면서도 국제관계에서 보는 넓은 안목으로 종합적인 역사학을 했다는 것이다. 그는 민족사학자들이 근거에 입각해 주장하고 건실한 태도를 취했다고 한다.

강단사학계는 독립혁명가의 민족주의 전통을 폄하한다. 그들은 일본 극우파의 관점에 서 있으면서도 이를 부인한다. 그들은 세계화 시대를 거론하며 한민족과 한국의 민족주의를 배타적으로 거부한다. 강대국의 자본을 중심으로 움직이는 세계화에 대한 비판을 보자.

물론 강대국 사람이든 약소국 사람이든 자신을 '세계의 시민'으로 보고

세계의 '보편적' 문제들에 주목하고자 하는 사람들이 있을 수 있다. 이들의 의도가 존중되어야 하고 문제에 따라 이런 관점이 필요하기도 하지만, 그러나 이런 시도를 하는 약소국 주민이 결국 겪게 될 숱한 소외감과 차별감, 그리고 강대국 학문을 쫓아갈 수밖에 없는 데서 오는 후진성, 또 때로는 이를 미처 인식하지도 못하는 '거짓의식'을 생각하지 않을 수 없다. 순수한 객관성이 허구이듯이 연구자 개개인이 처한 세계사적 자리를 무시한 '세계인적인 보편적 시각' 역시 허구이다. 강대국 사람이 이런 생각을 하는 것은 자신과 자신의 나라가 가진 힘이 만들어낸 착각이거나 지배 유지의 이데올로기이며, 약소국 사람이 이런 생각을 하는 것은 역시 착각이거나 힘을 추종하는 사대주의 이데올로기라는 혐의를 벗기 어렵다.

– 김영명, 『우리 눈으로 본 세계화와 민족주의』, 오름, 2002, 17~18쪽

윗글은 민족과 국가를 넘어서는 세계 공동체를 꿈꾸되, 과연 작금의 세계화론자들이 이상적인 세계 공동체를 꿈꾸는지에 대해서도 의문을 제기한다. 각국, 그리고 국내의 각계각층이 다른 현실과 조건 속에 있다. 이런 구체적인 현실을 무시하고 추구하는 이상 결국 약자를 강자에게 굴종시키는 결과를 초래하게 된다.

사이비 역사학자가 된 신채호

장미애는 1987년 6월 항쟁 이후 나온 5차 교육과정 국사과 교육 목표

에 대해 이렇게 주장했다.

> 여전히 "민족 문화에 대한 자부심"을 강조하고 있어, 이 시기에도 민족
> 적 요소가 완전히 배제된 것은 아니었음을 알 수 있다. (…) 정치적 민
> 주화는 이루어졌으나, 여전히 역사인식에서는 민족의 요소가 강조되
> 고 있었던 것이다. 그렇다면 교과서 내용에서 '민족주의'적 요소가 강
> 화되어가는 양상은 무엇 때문이라고 볼 수 있을까? 이 지점에서 생각
> 해봐야 할 것이 사이비역사학의 영향이다.
> ― 젊은역사학자모임 지음, 『한국고대사와 사이비역사학』, 역사비평사, 2016, 74~75쪽

젊은역사학자모임은 1987년 6월 항쟁 이후에도 국사과 교육목표에
서 '민족의 요소'가 완전히 배제되지 않았다고 비판한다. 엄연히 존재해
온 민족을 완전히 배제하라는 주장은 일제의 입장과 부합하는 것이다.
미국의 역사학자들도 이렇게 말한다.

> 인간은 누구나 하나의 집단 속에서 태어나며, 그들이 삶에 제기하는
> 가장 기본적인 첫 번째 질문들에 대답해주는 것이 그 집단이다. 거의
> 모든 사람에게서 그 첫 번째 의식의 조직이 남긴 각인은 죽을 때까지도
> 사라지지 않는다. 따라서 민족중심주의는 모든 종족에게 공통적이다.
> ― 린 헌트 외, 『역사가 사라져 갈 때』, 김병화 옮김, 산책자, 2013, 402쪽

인간은 하나의 집단 속에서 태어나 그 집단의 역사와 전통의 영향을
받고, 자신이 속한 민족을 중심으로 사고한다는 것이다. 더군다나 한국

의 민족주의는 19세기에 제국주의에 저항하면서 형성돼 일제에 맞서 싸우는 구심이었고, 광복 후에는 민족통일과 민주주의 실현의 이념 역할을 해왔다. 강대국의 쇼비니즘이 강고한 현실에서, 민족의 분단된 현실에서 민족의 요소를 완전히 배제하면 그 결과는 어떠할 것인가. 젊은 역사학자모임의 주장은 거침이 없다.

> 우리나라에서 민족주의 역사 서술은 국권 침탈의 과정에서 본격적으로 시작되었다. 신채호를 중심으로 하는 민족주의 역사학들은 국권 침탈로 인해 더 이상 국가와 민족의 역사를 동일하게 서술할 수 없게 되자 이를 극복하는 새로운 서술 방법을 찾았다. 그 과정에서 단군을 시조로 하는 역사 서술방식을 취하게 되었고, '민족의 시조=단군'의 구도를 만들어냈던 것이다. 이러한 역사 서술 방식은 그 시대적 요구에 의한 것이었다고 할 수 있다. 그러나 해방 이후 이미 40여 년이 지난 시점에서 여전히 그와 같은 역사인식을 가지고 '민족'을 강조하는 것은 학문적 발전 수준이나 당시 시민의식의 수준을 볼 때 매우 퇴보된 역사인식이었다고 할 수 있다.
>
> – 젊은역사학자모임 지음, 『한국고대사와 사이비역사학』, 역사비평사, 2016, 65~66쪽

윗글을 쓴 장미애는 단군조선이 역사적 사실이 아님에도 불구하고 독립혁명가들이 만들어 냈다고 주장한다. 이는 독립혁명가들이 독립을 위한 목적으로 역사를 자의적으로 왜곡·조작했다는 주장을 에둘러 표현한 것이다. 강단사학계는 독립혁명가의 역사학이 사실에 근거한 것이 아니라고 보고 있기 때문에 사이비역사학의 연원을 신채호를 비롯한

독립혁명가들에 둔다. 장미애는 민족도 역사적으로 실재한 것이 아니라고 본다. 그래서 1980년대에 아직도 그와 같은 역사인식을 갖는 것은 퇴보된 역사인식이라고 한다. 강단사학계는 민족의 실재와 한국 민족주의의 역사를 전면에서 부정한다.

2016년에 「한겨레」는 송호정(한국교원대)의 최근 「한국상고사 논쟁의 본질과 그 대응」이라는 소논문을 기초자료로 하여 "이덕일 중심 '상고사 열풍'에 드리운 정치적 위험성"이라는 기사를 실었다. 「한겨레」 강희철 기자는 강단사학자들이 자기변론을 위해 만들어낸 '유사역사학자'라는 마타도어적 용어를 서슴없이 사용했다.

> 유사역사학자들은 고조선의 중심이 한반도가 아니라 중국 랴오닝(요령)성 일대에 있었다고 주장한다. 이 '고조선 중심지 재요령성설'은 조선 시대 이익·안정복에서 발원해 신채호를 거쳐 북한의 리지린이 종합 정리한 것이다.
>
> 국회도 '동북아역사왜곡대책특별위원회'라는 특별 기구까지 만들어 유사역사학자들에게 활동 무대를 제공했다. 과장된 영토관과 중심지 논쟁은 국수주의의 온상이 되거나 이웃 나라들과 외교적 마찰 등 과도한 정치화의 위험에 노출될 수 있다. 송 교수는 "전문 역사학자들이 용감하게 이 문제에 대해 발언함으로써 유사역사학이 설 자리가 없도록 해야 한다."고 강조했다.
>
> 왜 한반도를 시원부터 '순결한 땅'으로 포장하려 드는 것일까. 송 교수는 "이민족 식민통치라는 부끄러운 역사를 한반도 밖으로 밀어내려는" 국수주의적 열등감, 일제 식민 경험에 따른 피해의식의 산물이라

고 진단한다.

– 「한겨레」, 2016년 3월 24일, "이덕일 중심 '상고사 열풍'에 드리운 정치적 위험성",
강희철 기자

이 기사는 한국역사연구회가 주최한 심포지엄에서 발표된 송호정의
소논문을 논조로 삼아 신채호에게서 이어진 역사학을 사이비역사학으
로 규정했다. 사료에 의거해 (고)조선이 요동에 걸쳐있었다고 보면 사
이비역사학이 되는 것이다. 이 기사는 구체적인 사실관계 확인 없이 '국
수주의', '애국주의', '전체주의', '열등감', '피해의식의 산물', '외교 마찰',
'과도한 정치화의 위험' 등의 수사로 점철했다.

1930년대 이 땅에서 수십만 민중들에게 절대적인 환영과 지지를 받
았던 신채호의 역사학은 이제 한국역사학계가 척결해야 할 사이비역사
학으로 전락됐다. 윤내현은 신채호, 정인보, 장도빈 등 독립혁명가들의
역사학에 대해 다음과 같이 증언했다.

학계에서 만주 지역을 언급한 분은 신채호, 정인보, 장도빈 등 소위
민족주의 사학자들인데, 해방 후 우리 사학계는 그분들의 연구를 인정
하지 않았어요. 그냥 독립운동 하던 분들이 애국심, 애족심에서 만들어
낸 이야기쯤으로 취급했죠. 물론 그분들의 연구에는 각주가 없기 때문
에 무슨 근거로 그런 주장을 했는지 알 턱이 없습니다. 예를 들어 정인
보 선생의 『조선사연구』에는 '고조선의 국경은 고려하다'라고 되어 있
는데 문헌에는 도대체 '고려하'란 지명이 나오질 않아요. 신채호 선생
의 『조선상고사』에도 고조선의 서쪽 끝이 '헌우락'이라고 하는데 헌우

락이 어딘지 알 길이 없으니 아예 무시한 겁니다. 그런데 중국 문헌을 찾다보니 『요사療史』에 헌우락이 나오더군요. 또 옌칭에서 중국고지도를 뒤지다가 '고려하'라는 강명을 발견했습니다. 대릉하에서 북경으로 조금 가면 '고려하'가 있고, 상류에 고려성터가 있었다고 합니다. 일제시대 만주에 살던 분들께 물어보니 고려성터가 있고 일본이 세운 팻말도 있었다고 하더군요. 신채호, 정인보 선생은 현지답사도 하고 문헌도 보았던 겁니다. 우리가 거들떠보지 않는 동안 북한이 그 학설을 이어받았습니다.

　–「신동아」 2003년 12월호 인터뷰 기사

　신채호와 정인보, 장도빈 등 독립혁명가들은 문헌사료와 현장답사에 사활을 걸었다. 사실을 밝히기 위해 수많은 사료를 섭렵했던 신채호는 "당지에 가서 집안현을 한 번 본 것이 김부식의 고구려사를 만 번 읽는 것보다 낫다."면서 현장을 조사하고 문헌을 재검증했다. 그의 연구가 이후 사실로 밝혀진 것은 이런 과정에서 나왔다. 2014년 4월, 식민사학 해체국민운동본부가 동북아역사재단에 대한 정책감사를 감사원에 요구하자 동북아역사재단 이사장 김학준은 다음과 같이 말했다.

　확실히 위기상황입니다. (…) 우리는 바로 이 자리에서 단재사관을 다시 높이 평가하고 우리 구성원 모두의 출발점으로 삼아야 한다고 말씀드리고 싶습니다. 바로 구국의 역사의식, 단재사관, 백암사관의 터전 위에서 역사적 진실을 찾아가는 노력, 이것이 바로 우리 재단이 수행해야 할 임무임을 저는 거듭 여러분에게 말씀드리고자 합니다.

신채호의 역사학에 사실과 진실이 담겨있다는 것을 김학준도 알고 있었다. 그러나 이후 현실은 정반대로 진행되었다. 2014년 7월에 동북아역사재단의 후원으로 한국고대사학회 세미나가 열렸다. 첫 주제는 조인성(경희대학교 교수)의 '근대 민족주의 역사학의 고조선 인식-신채호의 『조선상고사』를 중심으로'였다. 결론은 신채호의 연구가 일반적으로 실증성이 떨어진다는 것이었다.

자료의 자의적인 선택과 해석으로 인해 고증적인 면에서 문제가 있다고 판단되는 점도 있었다. 망명과 독립운동 등 신채호의 연구 환경이 대단히 열악하였음을 고려할 때 이는 충분히 양해될 수 있다고 본다. 그렇더라도 이 점을 간과해서는 안 될 것이다.
- 한국고대사학회, 「고조선 연구의 새로운 모색」, 23쪽

신채호의 자료 선택, 논리, 해석에 심각한 문제가 있다는 강단사학계의 주장을 반복했다. 토론에 나선 주보돈의 발언이다.

실증의 측면에서 보면 단재의 접근 방식에는 많은 문제점을 안고 있음은 숨길 수 없는 사실이다. 스스로는 사료학의 기본, 기초를 지적하고 강조하고 있으면서도 실제적인 논증의 과정에서는 정작 그러지 못한 모순점을 보이기도 한다. 이를테면 발표자도 지적하듯이 『오월춘추』나 『만주원류고』 등 문제가 있는 사료를 오히려 적극 활용하고 있다. 그런 경향성

은 꽤나 적지 않은 부분에서 찾아진다. 사료의 등급을 전혀 고려하지 않으면서 다루고 있는 것이다. 그런 상태에서 진행된 논증은 물론이고 그 결과가 어떠할지는 불문가지의 일로 보인다. 발표자도 그런 점을 의식하고서 단재의 많은 주장 가운데 각별히 문제가 두드러진 사항만을 소개하면서 그에 내재된 문제점을 간단히 지적하고 있다. 그런 지적 내용은 대부분 타당성이 있으므로 별로 문제 삼을 만한 것이 없다.
– 위의 자료, 176쪽

"조선총독부사관의 수제자들만 남았구나"

신채호의 연구는 사료학의 기초가 부족하고, 발표자의 주장에 문제 삼을 것이 없다는 말이다. 신채호의 연구를 구체적으로 연구하는 대신 관념적인 민족주의와 국수주의로 그를 재단하고 나선다. 식민사학 해체 국민운동본부 의장단은 동북아역사재단 이사장 김학준의 요청으로 2014년 5월 8일 면담을 했다. 그때 오갔던 대화의 일부다.

이종찬 위원장 우리 학계는 병들었구나. 완전히 조선총독부사관의 수제 자들만 남았구나 하는 생각이 들었습니다. 이 문제에 대해서 동북아역 사재단이 주선을 해주세요. 한사군 문제와 관련해서 공개 토론합시다. 단국대학교의 서영수, 서울대학교의 노태돈, 한국교원대학교의 송호 정, 바잉턴 이 네 사람 토론에 불러내세요. 우리도 나가겠습니다. 토론 합시다. 어떻게 한사군이 대동강에 있었는지 우리 같이 토론합시다.

김학준 이사장 토론을 하면 토론이 안 됩니다. 간곡히 말씀드립니다. 이번 5월 13일에 제1회 상고사 학술회의가 열립니다. 이번 1회만 조용히 끝나게만 해주십사 부탁드립니다. 이번 토론회에 보통 공을 들인 게 아닙니다. 토론회를 하려고 하면 안 나가려고 합니다. 제가 죄인이지만 간곡히 말씀드립니다만 이번 1회만 조용히 끝나게 해주시면 4회 쯤 돼서 조용히 끝나는구나 하고 안 나오던 분들도 나올 생각을 할 겁니다. 이분들은 "나는 떠들썩한 데는 못나가겠다."고 합니다. 1, 2회 정도를 조용히 끝나게 해주시면 제가 재단을 책임지고 바꾸겠습니다. 물러날 생각도 하겠습니다. 본부에서 말씀하시는 충정을 알고 있습니다. 다만 저를 용서해주신다면 저에게 시간을 주십시오. 제가 임기가 1년 반 남았는데, 확 뜯어고치지는 못할지언정 방향은 바꾸겠습니다. 제가 임직원 조회에서 우리는 위기 상황이다. 우리는 단재사관에서 출발해야 한다고 말했습니다. 제가 모든 것을 걸고 바꿔보겠습니다.

이종찬 위원장 김학준 이사장 개인의 문제가 아닙니다. 재단의 현주소를 잘 봐야 합니다. 재단은 처음부터 방향이 잘못됐습니다. 상고사를 팽개쳐놓고 어떻게 동북공정에 대응합니까? 처음부터 안 되는 것입니다. 지금 통일시대에 민족의 동질성을 어디서 찾을 겁니까? 현대사에서는 어렵습니다. 북한과 대한민국의 현대사는 다른 길을 걸어왔습니다. 고대사부터 동질성을 찾는 것도 맞는 말이요, 역사 왜곡에 대응하기 위해서도, 교육을 바로세우기 위해서도 조선총독부 사관을 벗어나야 하는 겁니다. 하버드 대학, 연구소도 아니고 하버드 프레스 뭐가 그리 대단합니까? 우리 학자들은 다 어디로 갔고, 바잉턴이 얼마나 연구를 많이 했다고 그럽니까?"

이종찬 임시정부기념관건립추진위원장의 학계는 병들었구나, 완전히 조선총독부사관의 수제자들만 남았구나, 토론에 불러내세요, 토론합시다, 상고사를 팽개쳐놓고 어떻게 동북공정에 대응합니까, 통일시대에 민족의 동질성을 어디서 찾을 겁니까, 교육을 바로 세워야 한다는 발언에 주목하자. 이에 대해 동북아역사재단 이사장은 토론을 하면 토론이 안 됩니다, 토론회를 하려고 하면 안 나가려고 합니다, 조용히 지나가게 해달라는 발언의 연속이었다. 강단사학계는 갖은 핑계를 대서 어떻게든 토론을 회피한다.

역사의 객관성은 전문가들의 폐쇄적인 울타리에서 절대 나올 수가 없다. 신채호는 『독사신론』 서문에서 "사소한 견문과 사소한 연구로 역사 저술가로 자처할 수 없을뿐더러, 또한 시비와 득실도 스스로 판단하기 어려워서, 역사를 읽는 여가에 그때그때 느낀 대로 기록해둔 것들을 들어서 국내의 동지들에게 보여주고자 한다."고 말했다. 그는 자신의 글이 정연하게 조직한 하나의 학설도 아니고, 찬란하게 재단하여 만든 역사도 아니고, 다만 내가 느낀 바대로 복잡하게 써낸 것에 불과하다면서 이렇게 말했다.

아, 독자 제군은 혹 의리義理에 어긋나는 바가 있거든 내치거나 바로잡아 주고, 논단에 틀린 것이 있거든 비평해 주고, 또 혹 연구하는 데 근거로 삼기에 합당한 진귀한 책이 있으면 참고할 수 있도록 해준다면, 이 글을 완성시키는 일만 쉬워질 뿐 아니라 여러 사람의 지식과 여러 사람의 힘을 합하여 조국 역사의 매몰된 광명을 다시 빛나게 할 수 있을 것이니, 이는 저자가 간절히 바라는 바이다.

– 단채 신채호 원저, 박기봉 옮김, 『조선상고문화사』(외), 비봉출판사, 2016, 217쪽

역사(학)의 진면목이 이와 같다. 이처럼 역사(학)는 전문가의 독점물이 아니라 모든 이들이 공유하고 함께 만들어 나가는 것이다. 역사의 객관성과 진실성은 여기에 달려있다. 일제에 맞서 총과 역사로 맞서 싸운 신채호는 제국주의 침략에 대항하는 민족 주체사관을 정립하고 역사 발전의 원동력으로 민중을 세웠다. 그가 추구한 민중혁명은 일본에 대한 저항일 뿐 아니라 민족사의 진정한 주체인 민중이 자기 운명의 주인이 되는 세상이었다. 천국은 자신의 참 면목을 깨닫는 것에 있다고 한 그는 자신의 참 면목을 이렇게 표현했다.

> 한량없이 넓은 세계 안에 한량없는 내가 있어서 동에도 내가 있고, 서에도 내가 나타나며, 위에도 내가 있고 아래도 내가 나타나서 내가 바야흐로 죽으매 또 내가 나며, 내가 바야흐로 울며 또 나는 노래하여 나고 죽으며, 죽고 나며, 울고 웃으며, 웃고 우는 것이 대개 나의 참 면목이 본래 이 같은지라.
>
> – 신채호 저, 정해렴 편역, 『신채호 역사논설집』, 현대실학사, 1995, 292쪽

내가 나를 나(아)라고 부를 수 있기 위해서는 나 아닌 너를 다른 나(비아)로서 인정해야 한다. 인간관계, 인간과 다른 사물과의 관계도 그러하다. 모든 인간은 역사적 존재다. 누구든 특정한 역사적, 문화적, 사회적 연관성 속에서 일체가 되어 살아가고 있다. 한량없이 넓은 세계 안에 한량없는 단재는 나고 죽고, 죽고 나며 우리와 늘 함께한다.

이종찬 위원장은 단재 신채호 선생을 가장 존경한다면서 "단재는 일관되게 우리나라를 사랑한 인물입니다. 그가 쓴 『조선상고사』 연장선 위에 우리상고사가 있습니다."고 말했다(2018년 2월 4일, 「한겨레」). 그의 말처럼 우리 역사는 단재 신채호가 말하는 주체적 시각에서 새롭게 써나가야 한다. 한국사혁명은 여기서 출발한다.

나의 눈으로 역사 바로보기

1. (고)조선 연구로 박사학위를 받은 러시아의 고고학자 U. M. 부틴은 단군조선을 어떤 사회로 규정했나요?

2. 강단사학을 대변하는 젊은역사학자모임의 연구자들이 단군조선을 역사적 사실이 아닌 신화로 주장하는 근거는 무엇인가요?

3. 단재 신채호 선생의 조선상고사 연장선 위에 우리 상고사가 있다는 이종찬 위원장의 말은 무슨 뜻일까요?

6장
여성의 눈으로
보는 한국사

신채호는 조선이 여성을 상당히 존중한 역사였는데 『삼국유사』의 편찬자 일연이 여성을 지나치게 비하했고, 이 때문에 순수한 조선의 신화가 못 된다고 비판했다. 타당한 지적이었다. 『삼국사기』와 『삼국유사』는 진평왕이 아들이 없었기 때문에 여성이 왕위에 올랐다고 했지만, 이후 발견된 『화랑세기』는 선덕왕이 단순히 성골이어서가 아니라 적극적인 노력으로 왕이 되었다고 기록했다. 여자가 왕이 되어 나라가 망하지 않은 것만도 다행이라고 한 김부식도 선덕왕에 대해 '성품이 너그럽고 어질었으며 명민하였다.'고 평했다.

조선 역사상 유일한 여성 건국자 소서노

한국이 격동의 시대를 겪고 있는 가운데 가장 두드러진 변화를 보이는 분야가 있다. 여성들이 오랜 차별과 억압을 뚫고 자신의 목소리를 내기 시작했다는 것이다. 한국사회의 가장 근본적인 변혁은 바로 여기에서 비롯할 것이다. 한국사에서 여성들이 어떻게 살아왔는지를 돌아봄으로써 역사적 존재로서의 여성, 역사혁명의 근원으로서의 여성을 생각해보고자 한다.

『삼국사기』「고구려본기」는 고구려를 건국한 시조를 주몽 혹은 추모로 기록하고 소서노를 언급하지 않았다. 하지만 『삼국사기』가 소서노를 기록하지 않을 수는 없었다. 그녀는 『삼국사기』「백제본기」에 이렇게 나온다.

> 그녀는 나라를 세우고 왕업을 여는 데에 자못 내조가 있으므로 주몽은 그녀를 총애함이 자별했고, 또 비류 등을 대하기를 자기 아들같이 했다.

『삼국사기』를 편찬한 김부식은 여성의 역할을 폄훼하거나 비판적으로 보기 때문에 그 이면을 잘 살펴야 한다. 김부식은 『삼국사기』에서 신라를 정통으로 세우면서도 "신라는 여자를 세워 왕위에 있게 했으니 진실로 어지러운 세상의 일이라 하겠으며, 나라가 망하지 아니함이 다행이라 하겠다."는 논평을 달았을 정도다. 추모는 부여에서 나와 졸본에 살던 열한 살 연상 과부인 소서노를 만나 그녀의 세력에 힘입어 고구려

를 세웠다. 고구려는 건국 2년 만에 옛 (고)조선 땅을 회복한다는 다물
(多勿, 옛 땅을 되찾는다는 고구려 말)을 내세웠다. 오늘 우리가 자부하는 고구
려 역사는 소서노가 주춧돌을 놓았다.

추모왕은 아들인 유리가 어머니 예 씨와 함께 동부여에서 찾아오자
그를 태자로 삼았다. 방황하는 아들 유리의 정체성을 키우고 아버지에
게 이끈 이는 그의 어머니 예 씨였다. 당시 비류는 아우 온조에게 다음
과 같이 말했다.

처음에 대왕이 부여의 난을 피해 도망하여 여기에 이르자 우리 어머님
은 집안의 재력을 기울여 도와서 나라의 기틀을 이루었으니 그 공로가
컸는데 대왕이 세상을 떠나자 나라가 유리에게 돌아갔다. 우리들은 공
연히 여기에 쓸데없는 물건이 되는 것보다는 어머님을 모시고 남쪽으
로 가서 좋은 땅을 찾아 따로 나라를 세우는 것이 낫겠다.
　- 『삼국사기』 「백제본기」

신채호는 『삼국사기』에서 소서노가 백제의 첫 번째 왕으로 조선 역
사상 유일한 여성 건국자이며, 고구려, 백제 두 나라를 건설한 사람이라
고 했다. 서기전 6년에 소서노가 61세에 세상을 떠나자 온조는 "국모國
母가 세상을 떠나셔 형세가 편안하지 못하니, 반드시 장차 서울을 옮겨
야 하겠다(『삼국사기』 「백제본기」)."라며 몇 개월 후 천도했다. 건국한 지
얼마 되지 않은 상황에서 왕의 어머니가 사망했다고 도읍을 옮기는 일
은 예사롭지 않다. 서기전 2년에 사당을 세워 국모에게 제사를 지냈다.
소서노의 위상은 여실히 드러난다.

한편 추모왕을 부여에서 떠나보낸 사람도 어머니 유화였다. 추모가 부여 금와왕의 아들에게서 시기를 받자 유화는 "나라사람들이 장차 너를 죽이려고 하니, 너의 재능과 지략으로써 어디 간들 안 되겠는가? 이곳에 오래 머물러서 욕을 당하는 것보다는 차라리 멀리 가서 큰일을 하는 것이 낫겠다."라며 아들의 모험을 독려했다. 부여를 떠나 군사에 쫓기며 엄사수에 이른 추모는 두려워하며 물에게 외쳤다. "나는 천제의 아들이요, 하백의 외손이다." 그러자 물고기와 자라가 다리를 만들어 그를 건너가게 했다. 물은 생명이다. 물의 신 하백의 딸 유화는 추모의 수호신이었다. 유화가 세상을 떠나자 부여의 금와왕은 태후의 예로써 그녀를 장사지내고 신묘를 세웠다. 고구려는 동부여에 사신을 보내 방물을 선사하며 그 은덕을 기렸다. 유화의 존재감이 엿보인다.

신라의 첫 왕비 알영도 당시 사람들이 혁거세와 함께 두 성인이라고 했다. 『삼국사기』는 "우리나라는 두 성인이 처음 일어나시면서부터 세상일이 바로 잡히고, 자연현상이 고르며, 창고에 곡식이 차고, 인민들이 서로 공경하고 사양하니 진한 유민들로부터 변한, 낙랑, 왜인들까지 두려워하지 않음이 없습니다."는 기록이 있다. 피장자가 여성으로 밝혀진 신라의 황남대총 북분에서 금관이 출토되었다. 당시는 여왕이 즉위하기 전이었다. 여성도 금관을 썼던 것으로 추정된다.

『삼국사기』 등 문헌사료를 통해 알려진 우리민족 최초의 국가 (고)조선의 건국은 서기전 2333년경이다. 그 후 2018년 현재까지 이어진 우리 역사의 반 이상이 (고)조선 시대다. (고)조선은 우리 역사의 근원이다. (고)조선을 건국한 단군왕검은 여자가 된 곰이 항상 단수檀樹 밑에서 축원해서 태어난 존재였다. 신채호는 『삼국사기』에 대해 "어느 나라든

고대의 신화시대가 있기 마련이고, 후세 역사가들은 신화 속에서 사실을 채취하는 법"이라면서도 『삼국유사』의 단군신화에 대해 『조선상고사』에서 이렇게 평했다.

> 여기서 '제석'이니 '웅'이니 '천부'니 하는 것들은 거의 다 불경에서 나온 명사들로 단군 시대를 반영하는 어휘가 아니다. 또 삼국사 초반의 사회에서는 여성을 상당히 존중했다는데, 이 신화에서는 남자는 신의 화신이고 여자는 짐승의 화신이라 하여 여성을 지나치게 비하했다. 나는 이것이 순수한 조선의 신화가 아니라 불교 유입 이후 불교도에 의해 윤색된 것이 많았다고 생각한다.
> – 신채호 원저, 박기봉 옮김, 『조선상고사』, 비봉출판사, 2006, 94쪽

신채호는 조선이 여성을 상당히 존중한 역사였는데 『삼국유사』의 편찬자 일연이 여성을 지나치게 비하했고, 이 때문에 순수한 조선의 신화가 못 된다고 비판했다. 타당한 지적이었다. 『삼국사기』와 『삼국유사』는 진평왕이 아들이 없었기 때문에 여성이 왕위에 올랐다고 했지만, 이후 발견된 『화랑세기』는 선덕왕이 단순히 성골이어서가 아니라 적극적인 노력으로 왕이 되었다고 기록했다. 여자가 왕이 되어 나라가 망하지 않은 것만도 다행이라고 한 김부식도 선덕왕에 대해 '성품이 너그럽고 어질었으며 명민하였다.'고 평했다.

가야의 시조는 김수로와 허황옥이다. 김수로는 허황옥과 혼인한 후 나라의 기틀을 다지기 시작했다. 『삼국유사』 「가락국기」는 그 둘의 결합 후 "이제야 나라와 집안을 잘 다스리고 인민을 자식처럼 사랑하니

그 교화는 엄급嚴急하지 않아도 위엄이 서고, 그 정치는 엄혹하지 않아도 다스려졌다. 더구나 왕이 왕후와 함께하는 삶을 비유하면 마치 하늘에 대하여 땅이 있고, 양에 대하여 음이 있음과 같다!"라며 허 황후의 공을 칭송했다. 허 왕후가 세상을 떠나자 나라사람들은 마치 땅이 무너진 것처럼 슬퍼하고, 백성을 사랑하던 왕후의 은혜를 잊지 않으려고, 그녀의 자취가 남은 곳을 기념했다. 왕후가 세상을 떠난 후 왕은 매양 외로운 베개에 의지한 채 지나칠 정도로 슬퍼했다고 한다.

한국사에서 남녀차별은 어떻게 깊어졌을까?

중국 사람들은 우리민족이 남녀노소에 구애받지 않고 같이 어울리는 풍속을 특이하게 보고 역사서에 기록했다.

> 그 백성들은 노래와 춤을 좋아하여 나라 안의 마을마다 밤이 되면 남녀가 떼 지어 모여서 서로 노래하며 유희를 즐긴다.
> – 「삼국지」 「오환선비동이전」 고구려전

> 일에 다닐 때에는 낮에나 밤에나 늙은이 젊은이 할 것 없이 노래를 부르기 때문에 하루 종일 노래 소리가 그치지 않는다.
> – 「삼국지」 「오환선비동이전」 부여전

고구려 계승을 내세운 고려에 이르기까지 여성의 지위는 낮지 않았다. 정치권력은 남성이 독점했지만 여성이 남성에게 일방적으로 지배받는 존재는 아니었다. 조선시대보다 고려는 여성의 지위가 높았다. 남녀에 관계없이 재산이 공평하게 분배됐고, 결혼한 딸도 예외가 아니었다. 여자가 상속받은 재산은 결혼 후에도 자신이 관리했다. 고려의 여성들은 재산을 소유하고, 자유롭게 처분했다. 여성은 제사에도 동등하게 참여했다. 남성은 결혼 후 처가에서 살았다. 외가에서 자란 자식들은 외가를 친가보다 가까워하고 존중했다. 여성도 혼인 후 친정부모를 모시고, 사위나 외손도 아들이나 친손과 같았기에 아들과 딸이 차별되지 않았다. 법·제도적으로 남녀가 평등했다.

조선 전기에도 재산상속과 제사풍속에서 여성의 권리는 보장되었다. 남녀차별이 공고해지는 시기는 조선 후기로 17세기말에 고착된다. 노론 세력이 성리학을 폐쇄적인 지배 이념으로 만들면서 일어난 사회변화였다. 조선은 유학의 일파인 성리학의 나라였다. 성리학을 집대성한 주자는 중화사상을 가진 남송의 인물로 이민족(오랑캐)에 대한 한족의 우위와 지배를 꿈꿨다. 성리학은 우주만물의 근본적인 원리와 인간의 심성을 철학적으로 규명하면서 이기론을 펼쳤다. 이理와 기氣로 사람의 등급을 구별했다. 성리학은 고려 때 소개되었지만 크게 퍼지지 않았다. 고려는 주체적인 천하관을 가진 나라였다. 역사상 가장 넓은 영토를 확보한 몽골도 고려를 점령했으나 완전히 장악하지 못했다.

조선시대에 주자가 편찬한 『소학』이 아이들을 가르치는 교재로 널리 쓰이고, 『소학』을 암송해야 과거 응시 자격을 줬다. 『소학』의 내용들이다.

말을 할 때가 되면 남자아이는 재빨리 대답하고 여자아이는 천천히 대답하도록 가르친다. 그리고 남자아이의 허리띠는 가죽으로 만들고 여자아이의 허리띠는 실로 만든다.

아이가 여섯 살이 되면 숫자와 동서남북 방향을 가르치고, 일곱 살이 되면 남자아이와 여자아이가 함께 자리에 앉거나 음식을 먹지 않도록 한다. (…)

열 살이 되면 외부에 있는 스승을 찾아가 그곳에서 머물며 육서와 수를 배운다. (…) 여자는 열 살이 되면 밖으로 나다니지 않는다.

여선생은 여아에게 상냥한 말, 부드러운 낯빛 그리고 순종하는 태도를 가지도록 가르친다. (…) 여자는 다른 사람에게 순종해야 할 존재이다. 그러므로 마음대로 일을 처리할 수 없으며 순종해야 할 세 가지 대상이 있다.

시집가기 전 집에 있을 때는 아버지에게 순종하고 시집가서는 남편에게 순종하고 남편이 죽으면 아들에게 순종해 감히 자신의 생각대로 일을 처리해서는 안 된다. 여자의 가르침과 명령은 여인들의 처소 밖으로 나가서는 안 되며 여자가 하는 일은 음식을 장만하는 데 머물러야 한다.

– 주희·유청지 지음, 윤호창 옮김, 『소학』, 홍익출판사, 2005, 27~74쪽

그러나 조선 중기까지도 고려의 풍습은 이어졌다. 기층에 흐르는 오랜 문화가 일거에 바뀌지는 않았다. 남자가 여자의 집으로 장가들어 아들과 손자를 낳아서 외가에서 자라기 때문에 외가 친척의 은혜가 중하다는 기록이 『조선왕조실록』 곳곳에 있다. 실학자 이익은 『성호사설』에 "백 년 전만 하여도 아직 처가살이 혼 풍속이 숭상되었다."고 썼다.

재산도 남녀차별 없이 나누었다. 제사도 조선 중기까지 아들·딸 구별 없이 맡았다. 출가한 딸이 아버지 제사를 지낸 기록도 많다.

"자네 항상 내게 이르되, '둘이 머리 세도록 살다가 함께 죽자' 하시더니, 어찌하여 나를 두고 자네 먼저 가시는가?" 16세기 말경에 여성이 남편에게 쓴 한글편지의 일부다. 이 글은 남편을 '자내'(자네)라고 부르고, 대등한 관계에서 쓰는 '하소체'를 썼다. 당시 대등한 남녀관계를 보여준다.

조선 건국(1392) 후 약 300년이 지나면서 남성우위의 여성차별과 친가와 장자를 중시하는 유교적 가부장제가 확고해졌다. 처가살이는 시집살이로 변하고 '처가는 멀수록 좋다'는 말이 나왔다. 열녀의 개념도 남편이 먼저 죽어 개가할 수 있는데도 일부종사하는 여인을 일컫다가 반드시 순절해야 하는 것으로 변화했다. 나라에서 종사한 여성만 열녀로 포상했고, 미망인, 즉 아직 죽지 못한 사람이란 말이 나왔다. 과부의 자식에게는 불이익을 줬다. "과부의 아들은 탁월한 재주가 없으면 벗으로 삼지 않는다." 하는 『소학』의 규범을 현실에서 강화했다.

갑오동학농민혁명에서 '과부의 재가 허용'을 들고 나온 것은 이런 배경이다. 갑오동학농민혁명에 적극적으로 참여한 여성들은 대일항쟁기에도 목숨을 건 투쟁을 멈추지 않았다.

건국의 어머니들

신의神醫로 알려진 장병두(1906~) 선생은 "항상 죄스럽고 양심에 가책이 되는 애국자가 하나 있지. 그 사람을 생각하면 지금도 눈물이 나. 이 사람만큼은 지독히도 우리 민족의 심금을 울린 인물이야. 바로 유관순이지."라면서 다음과 같이 말했다.

생각해봐. 열여섯 살이 뭘 알겠어? 무슨 독립을 알겠어, 죽음에 대해서 알겠어? 그런데 그 나이에 일본 놈의 잔인한 고문을 견딘 용기를 생각하면, 우리나라 남자 놈들은 다 유관순에게 삼천 배라도 해야 해. 책에 나온 고문은 그냥 서술하느라고 써놓은 거야, 내가 소문으로 들어 아는 고문은 정말 상상을 초월할 만큼 잔악해. 사타구니를 불로 지져대면 보통 피부를 불로 지지는 것보다도 네 배나 더 뜨겁거든. 아무도 못 견뎌. 다 불 수밖에 없어. 그 때 나도 그런 고문을 받았으면 살려달라고 하면서 다 불었을 거야. 그런데 끝까지 그 배후를 불지 않았어.
– 장병두 구술 및 감수/ 박광수 역음, 『맘 놓고 병 좀 고치게 해주세요』, 정신세계사, 2009, 93~94쪽

근 백년을 살아오면서 우리나라에서 애국한 사람들을 다 안다면서 장병두 선생은 눈시울을 붉히며 유관순이라는 이름을 입에 담자마자 그 용기와 저항 그리고 끝까지 참아낸 고통에 대해 말했다고 한다.

2018년 3·1절 기념사에서 문재인 대통령은 안중근, 강우규, 박재혁, 최수봉, 김익상, 김상옥, 나석주, 이봉창, 윤봉길 등 수많은 의사들과 무명 열사들을 대한민국 건국의 아버지들이라고, 이어서 건국의 어머니들을 다음과 같이 거론했다.

천안 아우내 장터에서 만세 시위를 주도한 열여덟 살 유관순 열사는
지하 독방에서 고문과 영양실조로 순국했습니다. 열일곱 꽃다운 나이
의 동풍신 열사는 함경북도 명천 만세시위에 참가했고 이곳 서대문형
무소에서 순국했습니다. 밤을 지새우며 태극기를 그린 부산 일신여학
교 학생들, 최초 여성 의병장 윤희순 의사, 백범 김구 선생의 강직한
어머니 곽낙원 여사, 3·1운동 직후인 3월 9일 46세의 나이에 압록강을
건너 서로군정서에 가입한 독립군의 어머니 남자현 여사, 근우회 사건
을 주도한 후 중국으로 망명하여 의열단 활동을 한 박차정 열사, 대한
민국임시정부의 독립자금을 마련하기 위해 국경을 6차례나 넘나든 정
정화 의사, 우리에게는 3·1운동의 정신으로 대한민국을 세운 건국의
어머니들도 있었습니다. 우리 선조들의 독립투쟁은 세계 어느 나라보
다 치열했습니다. 광복은 결코 밖에서 주어진 것이 아닙니다. 선조들이
'최후의 일각'까지 죽음을 무릅쓰고 함께 싸워 이뤄낸 결과입니다.
  – 2018년 3월 1일. 문재인 대통령의 3·1절 기념사 중에서

우리는 우리를 있게 한 건국의 어머니들을 잊어서는 안 된다. 그러나
우리는 오랜 세월 동안 그들을 잊어왔고, 21세기 현재 한국 여성들의
교육 수준 등은 세계에서 최상위이지만 삶의 질은 최하위에 속한다.
2016년 강원 평창군 하리 발굴 현장의 석관묘 내부에서 사람 뼈와 비파
형 동검이 함께 발견되었다. 한반도 청동기시대 무덤에서 두 유물이 함
께 나온 최초의 발굴이었다. 2년간의 분석 결과 유골 주인이 20대 여성
인 것으로 확인되었다. 여성이 부족을 이끈 제사장이나 정치체제 수장
이었을 것으로 추정되는 인골이 국내에서 처음으로 확인된 것이다(「동

아일보」, 2018년 2월 14일). 비파형 동검은 (고)조선 지배층의 전유물이었다
(「동아일보」, 2018년 2월 14일).

비파형 동검은 (고)조선의 대표적인 표지유물로 (고)조선의 강역이었던 한반도 전역과 중국 대륙에 걸쳐 발굴되었다. 우리 역사를 바로 보여주는 획기적인 발굴이다. 우리 민족의 오랜 역사에서 여성의 지위는 결코 낮지 않았다. 앞으로도 더욱 많은 발굴과 발견이 이를 증명할 것이다.

우리 사회의 가장 근본적인 변화는 여성과 남성의 차별과 억압이 사라질 때 이루어질 것이다. 여성이 여성이라는 이유로 남성과 다른 대우를 받는 사회에는 아무런 희망이 없다. 한국사 혁명은 여성의 시각으로 새롭게 역사와 세계를 볼 때 근본적으로 실현될 것이다.

나의 눈으로 역사 바로보기

1. 단재 신채호 선생이 우리의 전통은 여성을 상당히 존중한 역사였다고 한 말의 근거와 의미는 무엇일까요?

2. 조선시대와 고려시대 여성의 사회적 지위에는 어떤 차이가 있었나요?

3. 갑오동학농민혁명에서 '과부의 재가 허용'을 들고 나온 사회적 배경은 무엇인가요?

7장
독도를 잃으면
모든 것을 잃는다

독도는 일본의 한반도 침탈과정에서 가장 먼저 병탄되었던 우리 땅입니다. 일본이 러일전쟁 중에 전쟁 수행을 목적으로 편입하고 점령했던 땅입니다. 지금 일본이 독도에 대한 권리를 주장하는 것은 제국주의침략 전쟁에 대한 점령지의 권리, 나아가서는 과거 식민지 영토권을 주장하는 것입니다. 우리 국민에게 독도는 완전한 주권의 상징입니다. 우리에게 독도는 단순히 조그마한 섬에 대한 영유권의 문제가 아니라, 일본과의 관계에서 잘못된 역사의 청산과 주권확립을 상징하는 문제입니다.

2006년 4월 25일. 노무현 대통령의 특별담화 중에서

독도를 보는 일본의 시각

독도

주소 : 경상북도 울릉군 울릉읍 독도리 1~96번지

독도 ↔울릉도 : 87.4km²

독도 ↔시마네현 오키섬 : 157.5km²

　독도는 경상북도 울릉군 울릉읍 독도리 1-96번지에 있다. "독도는 1905년 러일전쟁 때 시마네 현에 편입해 영유권을 확립했다. 독도는 일본의 고유 영토인데 한국이 불법적으로 점거하고 있다." 이것이 독도에 대한 일본정부의 공식입장이다. 2015년 4월 6일 일본 문부과학성은 지리(4종), 공민(6종), 역사(8종) 등 총 18종의 중학교 교과서 검정 결과를 확정했다. 18종 교과서 모두 독도를 다뤘고 다수가 독도를 다케시마(竹島, 일본이 내세우는 독도 명칭)로 표기해 일본 고유의 영토인데 한국이 불법적으로 점거하고 있다고 서술했다. 지리와 공민 교과서 모두 독도를 '일본 고유의 영토'라고 했고, 이 표현을 쓴 역사교과서는 7종 중 1종에서 8종 중 5종으로 늘었다. 모든 지리 교과서가 '한국의 불법 점거'라고 썼고, 공민 교과서도 6종 중 5종, 역사교과서도 8종 중 4종이 그렇게 표기했다.

　2018년 2월에 일본정부는 독도가 일본 땅이라는 내용을 고등학교 교과서에 반드시 포함시키도록 한 고등학교 학습지도요령 개정안 초안을 발표했다. 지금까지는 교과서 집필진이 알아서 판단할 문제였다면, 이제는 무조건 독도는 일본 땅이라고 써야 한다. 초·중학교 학습지도요령은 2017년 개정을 통해 이미 '독도는 일본 땅'이라고 명시해놓았다. 개정안들이 확정되면 2022년부터 교육현장에 적용된다.

일본정부는 2015년 4월 7일 외교백서에 해당하는 '외교청서'를 발표했다. 기존 외교청서대로 독도를 '역사적 사실에 비춰 봐도 국제법상으로도 명백한 일본 고유의 영토'로 표기했고, 한국에 대해 '가치관을 공유하는 나라'라는 부분을 삭제했다. 한국이 일본의 영토를 불법적으로 점거하고 있다고 주장하기 때문이다. 독도에 대한 일본정부의 이 같은 견해는 점점 강화될 것이다. 문제는 한국정부가 겉으로는 대응하는 척하면서 침묵하거나 일본에 근거를 제공하고 있다는 점이다. 바다에 홀로 우뚝 솟아 역사의 진실을 목격한 독도의 증언을 들어보자.

일제는 러시아와 전쟁 중이던 1905년 '시마네현' 고시 제40호를 통해 독도를 일본영토로 편입했다고 주장했다. 일제는 이를 비밀리에 진행했다. 한국은 이런 사실을 알지도 못했다. 일제가 제국주의 전쟁을 위해 독도를 전쟁기지로 만드는 명백한 불법 침략행위였다. 한국 주권 침탈의 첫 희생물이 바로 일제의 독도 침탈이었다. 1905년 이전의 독도역사를 살펴보자.

우리나라 관찬 문헌이 말하는 독도의 진실

지금까지 전하는 우리나라 최고最古의 역사서인 『삼국사기』(1145년)에 신라 장군 이사부의 우산국 복속 사실이 기록되어 있다. 우산국은 울릉도를 거점으로 하는 해상왕국이었다.

13년(512년) 6월에 우산국이 항복하여 복귀하고 해마다 토산물을 바치게 되었다.

　－『삼국사기』「신라본기」. 지증왕 13년 조

또한 많은 관찬 문헌이 독도를 우리 땅으로 기록하고 있다.

우산과 무릉 두 섬이 현의 정동쪽 바다 가운데 있다. 두 섬은 서로 멀리 떨어져 있지 않아, 날씨가 맑으면 바라볼 수 있다. 신라 때에 우산국 또는 울릉도라 하였다.

　－『세종실록』「지리지」. 1454년

우산도 · 울릉도

무릉이라고도 하고, 우릉이라고도 한다. 두 섬이 현의 정동쪽 바다 가운데 있다.

　－『신증동국여지승람』. 1531

우산도 · 울릉도…

두 섬으로 하나가 바로 우산이다. (…) 지지에 이르기를, 울릉과 우산은 모두 우산국의 땅인데, 우산은 일본이 말하는 송도라고 하였다.

　－『동국문헌비고』. 1770

울릉도가 울진 정동쪽 바다 가운데 있다. (…) 여지지에 이르기를, 울릉과 우산은 모두 우산국의 땅인데, 우산은 일본이 말하는 송도라고 하였다.
　– 『만기요람』, 1808

제1조 울릉도를 울도라 개칭하여 강원도에 부속하고, 도감을 군수로 개
정하여 관제에 편입하고, 군의 등급은 5등으로 할 일. 제2조 군청 위치
는 태하동으로 정하고, 구역은 울릉전도와 죽도·석도를 관할할 일.
　– 대한제국이 독도를 울릉도 관할로 명시한 『칙령』 제41호, 1900

우산도·울릉도. (…) 두 섬으로 하나가 우산이다. 지금은 울도군이 되
었다.
　– 『증보문헌비고』, 1908

일본의 문헌이 말하는 독도의 진실

이에 비해 일본의 문헌은 어떠한가? 1905년까지 일본정부는 독도를
자국 영토로 생각하지 않았으며, 1905년 이전 독도를 일본 영토라고 기
록한 일본정부의 문헌이 없고, 오히려 일본정부 공식 문서들이 독도는
일본의 영토가 아니라고 명확하게 기록하고 있다. 19세기 후반기에 일
본에서 제작된 대부분의 근대적인 일본 지도에도 울릉도와 독도가 나
타나지 않는다. 반대로 일본에서 제작된 조선전도에는 울릉도와 독도가
한국 영토로 명백히 포함되어 있다. 19세기 서구에서 제작한 조선 전도
중에는 울릉도와 독도를 한국 영토에 그린 지도가 상당수 있지만, 독도

를 일본영토에 포함한 경우는 서양은 물론 일본 지도 중에도 거의 없다. 독도에 관해 기술하고 있는 가장 오래된 일본 문헌의 하나인『은주시청합기』(1667년)는 현재의 시마네현 동부 지방 관료가 썼는데, 일본의 서북쪽 경계를 오키섬으로 썼다. 은주는 현재의 오키섬이고 보고視 들은廳 일을 기록合記한 조사보고서이다. 독도를 일본 영역으로 보지 않았는데, 현재 외무성과 시마네현 홈페이지가 제공하는 역사자료에『은주시청합기』는 없다.

일본의 실학자 하야시 시헤이林子平가 1785년에 제작한 군사지리서『삼국통람도설』은 울릉도와 독도를 조선과 같은 색으로 칠하고 '조선의 것'이라는 글로 영유권을 명백하게 했다. 1592년 도요토미 히데요시가 조선침략을 앞두고 지시해 그린 지도인『조선국지리도』가 1872년에 다시 그려진 것으로 전해지는데 울릉도와 독도 두 섬이 조선의 영역임을 분명히 했다. 에도막부는 한일 양국 정부 간 교섭(울릉도쟁계) 과정에서 1695년 12월 25일 "울릉도(죽도)와 독도(송도) 모두 돗토리번에 속하지 않는다."는 사실을 확인하고 1696년 1월 28일 일본인들의 울릉도 방면 도해를 금지하도록 지시했다. 1877년 메이지 시대 일본의 최고행정기관이었던 태정관은 에도 막부와 조선정부 간 교섭(울릉도쟁계) 결과 울릉도와 독도가 일본 소속이 아님이 확인되었다고 판단하고, "죽도(울릉도) 외 일도(독도)는 일본과 관계가 없다는 것을 가슴 깊이 새길 것"을 내무성에 지시했다(태정관지령). 시마네현립도서관에 보관된『시마네현전도』는 부속 섬을 별도로 그렸는데, 1904년 이전의 지도에는 독도가 빠져있고, 1905년 지도에는 독도가 포함되었다.

1936년에 일본 육군참모본부 육지측량부가 제작한 지도인『육지측

량부 발행 지도구역일람도』도 독도를 울릉도와 함께 조선구역에 포함 시켰다. 지도상의 조선구역은 일제 점령 당시 조선 영토를 나타내는데, 1905년 이른바 '시마네현 고시' 이후 31년이 지났는데도 독도를 한국 영토로 인식했다. 막부의 대표적 실측 관찬지도인 「대일본연해여지전 도」(1821년)를 비롯한 일본의 관찬 고지도들은 독도를 표시하고 있지 않 다. 독도를 자국영토로 인식하고 있지 않았던 일본정부의 인식이 반영 된 것이다. 1928년 동경학습사에서 발행한 소학교 국사교과서도 1905년 의 시마네현 고시 이후 23여 년이 지난 시점에서도 독도를 한국 영토로 인식해 그렸다.

무주지無主地 선점 논리의 부당성

독도는 울릉도의 속도屬島이고 울릉도는 고래로 한국 주민이 사는 한 국 고유의 영토이다. 울릉도에서 맑은 날이면 독도가 육안으로 보인다. 독도는 오랜 역사를 통해 울릉도의 일부로 인식돼 왔다.

일본이 무주지無主地 선점의 법적 근거로 내세우는 '시마네 현 고시' 는 제국주의 논리에 불과하다. 1905년 당시 독도는 무주지가 아니었고, 러일전쟁의 필요에 따라 일제가 강점한 침략행위였다. 독도가 일본영토 라는 일본교과서의 서술은 나치가 잠시 점령했던 프랑스를 프랑스가 불법 점거하고 있다는 주장과 같다. 무주지라는 말은 일본이 독도를 자 국 영토로 생각하지 않았다는 사실을 역으로 드러낸다. 한 나라의 주권 을 유린하고 침탈한 불법행위는 국제법적으로도 무효다.

1943년 12월 발표된 카이로 선언은 "일본은 폭력과 탐욕에 의해 탈취한 모든 지역으로부터 축출되어야 한다."고 기술했다. 1945년 7월 발표된 포츠담 선언도 카이로 선언의 이행을 규정했다. 연합군 최고사령관 총사령부도 1946년 독도를 일본의 통치·행정범위에서 제외했다. 1951년 샌프란시스코 강화조약은 "일본은 한국의 독립을 인정하고, 제주도, 거문도 및 울릉도를 포함한 한국에 대한 모든 권리, 권한 및 청구를 포기한다."고 규정했다. 독도를 명시하지 않았다는 일본측 주장은 한국의 섬 3,000여 개 모두를 적시해야 한다는 억지 주장이다.

일본의 땅 덩어리 크기는 세계 60위이지만, 제국주의 침략으로 경제주권을 쥔 해양(배타적 경제수역, EEZ) 크기는 세계 6위이다. 일본의 정치지도자들은 군국주의로 국민들을 몰아가고 있다. 일본의 극우세력은 장기적인 경기침체와 중산층의 붕괴, 원전사고, 잦은 총리 교체 등으로 발생하는 국내의 불만과 불안을 쇼비니즘으로 결집해왔다. 천황제국가인 일본은 2014년 7월 평화헌법(제9조-군비의 금지와 교전권의 부정)을 개악해 전쟁을 할 수 있는 나라가 되었다. "독도는 일본 땅이다."는 황국사관이 일본의 교과서에서 통설이 되고 있다. 일본은 독도나 쿠릴 열도, 센카쿠 열도가 일본 영토였기 때문에 돌려받아야 한다고 주장한다. 독도를 양보하면 나머지 두 개도 불리해지니 일본은 독도를 절대 포기하지 않을 것이다.

독도는 아름다운 자연을 간직하고 있고 남쪽의 난류와 북쪽의 한류가 만나는 황금어장이다. 석유에너지를 대체하는 차세대 에너지원으로 가장 주목받고 있는 천연자원인 메탄수화물(methane hydrate, 메탄하이드레이트)도 독도 해역에서 발견되었다. 2005년 울릉도 남쪽 100km 지점

해저에서 6억 톤 가량(국내 천연가스 소비량 30년 치)을 발견했다. 독도 해역에 매탄수화물의 존재가 확인되면서 독도의 경제적 가치는 급증했다. 독도는 200해리의 바다를 확보하는 배타적경제수역(EEZ)의 기점이다. 일본은 독도를 통해 주변의 어장과 해저 자원을 획득하려고 한다. 1994년 배타적 경제수역 200해리가 국제협약으로 된 후 일본은 독도로부터 200해리까지 일본의 배타적 경제수역을 설정하기 위해 독도가 일본의 고유영토라고 강변하는 것이다. 독도는 역사문제이고 영토문제이자 국가생존권 차원의 문제이다.

독도는 역사문제, 영토문제이자 국가생존권 차원의 문제

노벨상 수상자인 소설가 오에 겐자부로를 비롯한 일본의 양식 있는 이들이 2012년 9월 일본의 자성을 촉구하는 대국민 호소문을 발표한 바 있다. "현재 영토 갈등은 근대 일본이 아시아를 침략했던 역사를 배경으로 하고 있다는 것을 잊어서는 안 된다.", "일본의 독도 편입은 러일전쟁 기간 일본이 대한제국의 식민지화를 진행하며 외교권을 박탈하려던 중에 일어난 일로, 한국인들에게 독도는 단순한 섬이 아니라 침략과 식민지배의 원점이며 그 상징이라는 점을 일본인들이 이해해야 한다."고 호소했다.

"일본은 아무리 사죄해도 충분하지 않을 만큼 막대한 범죄를 한국에 저질렀습니다. 그런데 아직도 한국인들에게 일본은 충분히 사죄하지 않았습니다." 2015년 3월에 한국에 온 오에 겐자부로가 한 말이다. 그는 또 "전쟁을 직접 경험해보지도 않은 아베 신조 총리는 과거 일본이 얼마나 무서운 범죄를 저질렀는지 상상조차 못하고 있다."면서 아베 총리는 패전 직후 일본인들이 고민했던 부분들을 모두 부정하고 2차 세계대전 이전으로 되돌아가려 한다고 비판했다.

일본은 에도막부 때인 1696년 울릉도와 독도는 일본 영토가 아니라며 도항을 금지했고, 울릉도에 도항해 벌목한 사람을 사형에 처하기도 했다. 그러나 독도는 일제의 한국 주권 침탈 첫번째 희생물이었다. 이후 한국은 망국의 길로 치달았다. 하나를 내주면 다 내주게 되어있다. 독도를 잃으면 모든 것을 잃는다.

이제는 한국정부도 더 이상 침묵해서는 안 된다. 더욱이 동북아역사재단은 '역사 화해'를 내세우며 일본측에 유리한 근거를 지속적으로 제공해왔다. 동북아역사재단 독도연구소 연구위원이었고, 2013년까지 『동북아역사지도』 제작을 담당했던 배성준은 「'독도 문제'를 보는 비판적 시각을 위하여」라는 글에서 이렇게 주장했다.

> 독도가 우리 것일까? 독도 문제가 되풀이되는 것은 명백한 '진실'을 왜곡하고 독도를 빼앗으려는 일본의 음흉한 음모일까? 사실은 그렇지 않다. 선입관을 버리고 찬찬히 독도 자료를 읽어본 사람이라면 곧 독도의 '진실'이 그렇게 명명백백한 것은 아니라는 점을 느끼게 된다. 그리고 동시에 독도에 대한 '진실'이 얼마나 '독도는 우리 땅'이라는 선입관에 결박되어 있는지 실감하게 된다.

독도가 우리 땅이라는 사실은 명명백백한 사실이지 선입관이 아니다. 위와 같은 주장은 광복과 우리의 미래를 포기하는 것이다. 일본과 미국에서 학위를 취득하고 고위공직 생활을 한 후 독도문제를 연구해 온 정태만(인하대학교 고조선연구소 연구교수)은 이렇게 말한다.

독도는 한국과 일본의 중간에 있는 섬이 아니다. 독도는 울릉도에 부속된 섬이다. 단언하건대, 독도의 위치가 한·일간 등거리에 있었다면 한국 땅이 되지도 않았을 것이고, 한국인들이 일본의 독도 영유권 주장에 이렇게 민감하게 반응하지도 않았을 것이다.

현재 일본 외무성은 울릉도와 일본 오키섬의 정중앙에 독도를 그려 놓은 지도를 홈페이지에 올려두고 있다. 심지어 한국에서도 적지 않은 사람들이 독도가 중간 정도에 있는 것으로 착각하고 있는 것 같다. 이처럼 첫 출발인 지리적 위치에서부터 독도의 진실이 왜곡되어 있다.
– 정태만, 『태정관 지령이 밝혀주는 독도의 진실』, 2012, 7쪽

그는 일본이 독도를 일본의 고유 영토라고 주장할 때는 그만한 이유가 있지 않을까 하는 막연하고 단순한 호기심을 가지고 독도에 대한 연구를 시작했다고 한다. 사회로부터 자신을 격리시켰다고 할 정도로 많은 시간과 노력을 투자했다고 한다. 그러나 그는 일본에 대한 막연한 환상은 깨지고 자신이 그릇된 선입관에 빠져 있었음을 금방 깨달았다고 고백했다.

독일의 신나치주의자와 독일 시민들을 혼동한 것과 같았다. 특히 일본 메이지시대에 공시된 태정관지령에 나오는 섬이 2개의 울릉도라는 그

들의 주장은 나를 경악하게 만들었다. 지식인이기 이전에 인간으로서 기본적 양심이라도 가지고 하는 주장인지 의심스러웠다. 뿐만 아니라 주변에 그들의 선전·선동에 부지불식간에 현혹된 사람이 적지 않다는 사실도 놀라운 것이었다. 어떻게 해서든지 독도 문제에 대한 진실을 밝히고 그 내용을 널리 알려야 했다.

– 위의 책, 9쪽

독도를 연구해온 호사카 유지(세종대학교 교수)는 "독도는 광복의 상징을 넘어 우리 한민족의 미래를 상징한다."며 결론적으로 독도문제 해법을 다음과 같이 제시한다.

17세기 말 일본 에도막부는 울릉도를 조선 영토로, 독도를 울릉도에 속하는 섬으로 인정해 스스로 울릉도 문제를 해결했다. 지금의 독도 문제도 일본이 러일전쟁을 구실로 독도를 대한제국으로부터 약탈한 당시의 침략 행위를 뉘우치고 독도를 스스로 한국 영토로 인정하는 것이 일본과 한국 모두를 위한 가장 이상적인 결단이라 하겠다.

– 호사카 유지, 『1500년의 역사 독도』, 교보문고, 2017, 264쪽

독도 문제는 잘못된 역사 청산과 주권확립을 상징

독도공유론 등은 결국 일본의 침략의도를 받아들이는 것에 불과하다. 2006년 4월 25일 노무현 대통령의 특별담화에 독도의 의미가 잘

담겨있다.

> 존경하는 국민여러분, 독도는 우리 땅입니다. 그냥 우리 땅이 아니라 40년 통한의 역사가 뚜렷하게 새겨져 있는 역사의 땅입니다. 독도는 일본의 한반도 침탈과정에서 가장 먼저 병탄되었던 우리 땅입니다. 일본이 러일전쟁 중에 전쟁 수행을 목적으로 편입하고 점령했던 땅입니다. 러일전쟁은 제국주의 일본이 한국에 대한 지배권을 확보하기 위해 일으킨 한반도 침략전쟁입니다. 일본은 러일전쟁을 빌미로 우리 땅에 군대를 상륙시켜 한반도를 점령했습니다. 지금 일본이 독도에 대한 권리를 주장하는 것은 제국주의침략 전쟁에 대한 점령지의 권리, 나아가서는 과거 식민지 영토권을 주장하는 것입니다. 우리 국민에게 독도는 완전한 주권의 상징입니다. 우리에게 독도는 단순히 조그마한 섬에 대한 영유권의 문제가 아니라, 일본과의 관계에서 잘못된 역사의 청산과 주권확립을 상징하는 문제입니다.
> – 2006년 4월 25일 노무현 대통령의 특별담화 중에서

　그러나 노무현 대통령의 담화 이후 이명박 정부가 들어서면서 한국 정부는 독도문제를 위해 한 일이 없었다. 오히려 한국은 강단사학자들에게 혈세를 들여 독도를 우리 역사 강역에서 배제하는 프로젝트를 진행했다. 일본은 한국정부를 두려워하지 않았다. 아베는 2018년 2월 9일 한일정상 회담에서 위안부 문제는 불가역적이라고 말하고, 평창올림픽 기간에도 한미군사훈련을 진행하는 것이 중요하다고 발언했다. 일본이 가장 두려워하는 것은 촛불혁명의 주역인 한국 국민이다. 대한민국의

모든 권력은 국민으로부터 나오기 때문이다.

촛불들이 세계와 연대해 독도문제를 해결해 나가야 한다. 가장 좋은 동맹은 북한이다. 우리는 같은 민족이고 운명공동체이기 때문이다. 2018년 평창 동계올림픽에서 IOC(국제올림픽위원회)의 권고를 수용해 남북한은 독도가 삭제된 한반도기를 공동으로 사용했지만, 북한 응원단은 독도가 그려진 한반도기를 들고 응원했다. "北 매체, 한반도기에 독도 표기 못할 근거 없어" 제하의 언론기사다.

> 북한이 선전 매체를 통해 "이번 올림픽경기대회에서 북과 남이 이용할 통일기(한반도기)에 독도를 표기하지 못할 근거는 전혀 없다."고 주장했다. 북한의 대남 선전 매체 '우리민족끼리'는 10일 논평에서 "이번에 우리는 겨울철올림픽경기대회에서 이용할 통일기에 독도를 표기할 데 대한 원칙적 요구를 지속적으로 제기하였다."면서 이같이 밝혔다. 이어 "독도는 법적 근거로 보나 역사적 근거로 보나 우리 민족 고유의 영토로서 그 영유권은 우리 민족이 가지고 있다."면서 "이번 겨울철올림픽경기대회 기간에 통일기에 독도를 표기하는 것은 누구도 이해하지 못할 문제도 아니고 또 따지고들 문제는 더더욱 아니다."라고 강조했다. 또 "국제올림픽위원회(IOC)는 정치적 사안을 스포츠와 연결하는 것이 부적절하다고 하면서 독도가 표기되지 않는 통일기를 이용할 데 대한 그릇된 결정을 채택하였다."며 "이 부당한 결정의 배후에는 다름 아닌 일본 반동들이 있다."고 주장했다.
>
> - 「연합뉴스」, 2018년 2월 10일

북한은 일본의 항의에도 계속 독도가 그려진 한반도기를 들고 응원했다. 2006년 토리노 동계올림픽, 2007년 창춘 동계아시안게임 때 국민 여론을 반영해 독도를 표기한 한반도기를 사용했었다. 2018 평창 동계패럴림픽 개회식의 남북 공동입장은 무산됐다. 한반도기의 독도 표기와 관련해 북한은 "자국 개최 대회에서 정치적 이유로 독도를 표기 못하는 것은 수용할 수 없다. 우리의 국토를 표기하지 못하는 점을 자존심이 허락하지 않는다."고 밝혔다.

한반도기, 통일기에 독도 표기해야

국제올림픽위원회(IOC)가 권고한다고 헌법에 명시돼 있는 국가의 영토를 스스로 부정하는 일이 다시 반복되어서는 안 된다. 국제올림픽위원회가 한국의 주권과 헌법 위에 있지 않다. 일본은 독도가 삭제된 한반도기를 통해 독도를 한국이 불법점유하고 있다는 주장을 세계에 알리고, 이후 독도 분쟁에서 유력한 근거로 활용할 것이다.

독도와 위안부 문제를 비롯한 우리 역사에 대한 공동인식은 남북한과 세계에 있는 동포를 연결하고 결집하는 강고한 바탕이 될 것이다. 우리 민족의 비극인 분단을 극복하고, 통일 이후의 여러 과제들을 해결해나가는 데도 역사인식 공유는 가장 근본적인 힘이다. 독도문제를 남북이 공동으로 대처해나가는 과정은 인류평화를 앞당기는 길이기도 하다.

2018년 3월 1일, 문재인 대통령은 우리에겐 3·1운동이라는 거대한 뿌리가 있다면서 잘못된 역사를 우리의 힘으로 바로 세우자면서 다음과 같이 선언했다.

> 독도는 일본의 한반도 침탈 과정에서 가장 먼저 강점당한 우리 땅입니다. 우리 고유의 영토입니다. 지금 일본이 그 사실을 부정하는 것은 제국주의 침략에 대한 반성을 거부하는 것이나 다를 바 없습니다. 위안부 문제 해결에 있어서도 가해자인 일본정부가 "끝났다"라고 말해서는 안 됩니다. 전쟁 시기에 있었던 반인륜적 인권범죄행위는 끝났다는 말로 덮어지지 않습니다. 불행한 역사일수록 그 역사를 기억하고 그 역사로부터 배우는 것만이 진정한 해결입니다.
> – 2018년 3월 1일. 문재인 대통령의 3·1절 기념사 중에서

문재인 대통령은 1,700만 개의 촛불이 가장 평화롭고 아름다운 방식으로 국민주권의 역사를 펼쳐보였다면서 "저와 우리 정부는 촛불이 다시 밝혀준 국민주권의 나라를 확고하게 지켜나갈 것입니다. 3·1운동의 정신과 독립운동가들의 삶을 대한민국 역사의 주류로 세울 것입니다."고 천명했다. 독도와 위안부 문제 해결의 새로운 전환점이 마련됐다. 촛불이 잘못된 역사를 바로잡고 인류의 평화를 실현하는 주체인 것이다.

최근 러시아의 아시아 지역 영토 문제 전문가가 『동해의 울릉도와 독도에서』라는 책을 펴내 화제를 모으기도 했다. 모스크바 물리기술대학 발레리 글루쉬코프(69) 교수는 이 책에서 "독도가 한국 영토이고, '일본해'를 '동해'로 표기해야 한다."고 주장했다.

글루쉬코프 교수는 다년간의 연구와 여러 차례의 현장 답사를 통해 축적한 다양한 논거와 자료를 담은 책에서 울릉도와 독도의 역사와 지리, 풍광 등을 상세히 소개하고 독도가 한국의 고유한 영토임을 설득력 있게 증명하고 있다. 전체 6장(192 페이지)으로 구성된 르포성 보고서와 학술서 성격을 겸한 책에는 저자가 직접 모으거나 확보한 150여 점의 각종 고문서·지도 사본, 사진 등이 풍부하게 들어가 있다. 저자는 서문에서 "1943~1951년 사이에 옛 소련, 미국, 영국, 중국 등의 국가 간에 체결된 각종 조약과 협정, 선언 등에 근거한 국제법에 따르면 독도는 한국의 뗄 수 없는 일부이고 일본의 영유권 주장은 위법이고 전망이 없는 것"이라고 강조하고 있다.

－「연합뉴스」, 2018년 2월 14일

러시아대학의 교수가 10년 이상 독도문제를 연구해서 독도의 영유권 문제를 학술적으로 심도 있게 다뤄 단행본 책을 발간했다. 독도가 한국의 영토임을 다각도로 분석했고 풍부한 자료를 곁들였다고 한다. 그는 이를 한국어와 영어로 번역해 출간하고 한국에 와서 대학생들을 상대로 강연도 할 예정이라고 한다. 한국의 학자들이 못하는 일을 러시아의 학자가 하고 있다. 한국에도 글루쉬코프처럼 독도를 연구하고 알리기 위해 노력하는 학자들이 있다. 그러나 강단사학계엔 그런 인물을 찾아보기가 드물다. 부끄러운 일이다.

오히려 한국의 강단사학자들은 동북아역사재단에서 만든 지도에서 독도를 의도적으로 누락시키기까지 했다. 앞서 언급했던 동북아역사재단에서 『동북아역사지도』 제작을 담당했던 배성준은 「'독도 문제'를 보는 비판적 시각을 위하여」라는 글에서 이렇게 주장하기도 했다.

> 독도를 일본에 빼앗기는 경우는 국제사법재판소의 판정과 전쟁 등 두
> 가지 방법이 있는데, 전자는 한국이 응하지 않으면 실현될 가능성이
> 없고, 후자는 평화헌법 아래서는 불가능하고 설사 평화헌법이 개정된
> 다고 하더라도 (일본이) 전쟁을 일으킬 가능성은 거의 없다.

이런 주장에 대해 신운용(안중근평화연구원 책임연구원)은 박유하와 배성
준 같은 독도공유론자의 주장은 친일파 일진회의 주장과 같다고 비판
했다.

> 일제는 한국을 병탄하기 전에 동양평화를 주장하면서 한국을 장악해
> 들어간 것이 역사적 사실이다. (…) 과거처럼 한국을 병탄하기 위한 첫
> 번째 조치로 독도를 침탈하지 않으리라는 보장은 전혀 없다. 박유하와
> 배성준의 주장은 100년 전 일진회의 그것과 같다고 하면 지나친 말일
> 까?
> ─「독도 일본 극우 논리와 국내학계 대응의 문제점(학술대회 자료집)」, 2015년 10월
>   16일, 46쪽

신운용은 위 학술대회에서 배성준의 독도관련 주장의 최종 기착점은
"독도를 '우정의 섬'으로 만들자는 와카미야 요시부미「아사히신문」논
설주간의 목소리도 들어봄직하다."라고 한데서 알 수 있듯이 '독도 공
유'라고 말했다.

바로 이런 이유에서 우리가 강단사학계 역사학자들에게 경계의 눈길을 거둘 수 없다. 그리고 민중 주체의 역사혁명이 필요한 이유이기도 하다. 독도를 우리의 눈으로 바라보면 우리의 역사와 미래가 보인다. 독도는 하나의 섬이 아니라 우리 역사를 새롭게 만들어나가는 관문이다.

나의 눈으로 역사 바로보기

1. 독도가 한국령임을 증언하는 일본의 기록에는 어떤 것이 있나요?

2. 동북아역사재단 독도연구소 연구위원이었고, 2013년까지 『동북아역사지도』 제작을 담당했던 배성준은 「'독도 문제'를 보는 비판적 시각을 위하여」라는 글에서 "선입관을 버리고 찬찬히 독도 자료를 읽어본 사람이라면 곧 독도의 '진실'이 그렇게 명명백백한 것은 아니라는 점을 느끼게 된다."라고 했는데, 이에 관해 어떻게 생각하나요?

3. 노무현 대통령은 2006년 특별담화에서 "지금 일본이 독도에 대한 권리를 주장하는 것은 제국주의침략 전쟁에 대한 점령지의 권리, 나아가서는 과거 식민지 영토권을 주장하는 것"이라고 했는데, 이는 어떤 역사적 배경에서 나온 말인가요?

8장
일본군'위안부'
문제와 '신친일파'

대한민국의 지식인 194명이 학자의 주장을 사법적 잣대로 평가하는 것은 시대착오적이며 사상과 표현의 자유를 침해한다고 박유하 교수를 옹호하는 성명을 발표했다. (…) 진정한 학문의 영역에 속하는 이덕일의 연구를 기소한 것에 대해 지식인들은 아무 말이 없다. 일본 극우파 식민사관을 옹호하면 나서서 두둔하고, 비판하면 나서지 않는 대한민국 지식인들의 모습을 어디서 그 연유를 찾아야 할까? 정말 이상하다.

– 「경기일보」, 2015년 12월 8일, 허성관

박유하 유죄 판결을 '광기 어린 반일'로 모는 지식인들

2018년 1월 4일 문재인 대통령은 신촌 세브란스 병원에 입원한 김복동 할머니를 찾았다. 대통령의 건강하시라는 격려에 할머니는 "총알이 쏟아지는 곳에서도 살아났는데 이까짓 것을 이기지 못하겠는가. 일본의 위로금을 돌려보내 주어야 한다. 법적 사죄와 배상을 하면 되는 일이다. 그래야 우리가 일하기 쉽다."라고 말했다.

청와대에 초청된 이용수 할머니는 "2015년 12월 28일 합의 이후 매일 체한 것처럼 답답하고 한스러웠다. 그런데 대통령께서 이 합의가 잘못되었다는 것을 조목조목 밝혀주어 가슴이 후련하고 고마워서 그날 펑펑 울었다."며 "대통령께서 여러 가지로 애쓰시는데 부담 드리는 것 같지만 이 문제는 해결해 주셔야 한다. 소녀상을 철거하라고 하는데, 소녀상이 무서우면 사죄를 하면 된다. 국민이 피해자 가족이다. 위안부 문제가 해결되면 세계평화가 이루어진다."고 말했다.

이옥선 할머니도 "어린아이를 끌어다 총질, 칼질, 매질하고 죽게까지 해놓고, 지금 와서 하지 않았다는 게 말이 되나. 우리가 살면 얼마나 살겠나. 사죄만 받게 해 달라. 대통령과 정부를 믿는다."고 말했다(『미디어 오늘』 2018년 1월 4일).

위안부 피해자들은 우리 역사의 무거운 짐을 지고 온 주역들이다. 그러나 이분들에게는 이제 시간이 많지 않다. 한국의 현실은 어떻게 돌아가고 있을까. 2017 년 "노암 촘스키 등 98명, '제국의 위안부' 소송 지원 모임 발족… 사상 통제 부활" 제하의 「조선일보」 기사를 보자.

지난 10월 항소심에서 일본군 위안부 피해자의 명예를 훼손한 혐의로 유죄 판결을 받은 '제국의 위안부'의 저자 박유하(60) 세종대 교수의 상고심을 지원하는 모임이 발족했다. '제국의 위안부 소송 지원 모임' 은 7일 서울 중구 프레스센터에서 기자회견을 열고 "2심 유죄 선고에 심각한 우려를 금할 수 없다."며 "이 판결은 우리 학계와 문화계에 중대한 위기를 초래할 것"이라고 밝혔다. 모임에는 김영규 인하대 명예교수, 강신표 인제대 명예교수 등 국내 인사 50명, 아사노 토요미 와세다대 교수 등 일본 인사 28명, 노암 촘스키 MIT 교수 등 미국 인사 20명 등 국내외 학자·예술인 등 98명이 참여했다. 모임은 "주류 집단의 이익이나 견해와 상치되는 모든 연구는 처벌의 대상이 될 것"이라며 "시대착오적 유죄 판결로 인해 사상적 통제가 다시금 부활하고 획일적 역사 해석이 또다시 강제되는 듯한 느낌을 받는 사람은 한둘이 아닐 것"이라고 비판했다.

-「조선일보」, 2017년 12월 7일, 최락선 기자

이 기사에 따르면 이날 모임에 참가한 김영규 인하대 명예교수는 "학문의 해석은 학자들의 토론에 맡겨 달라"며 "우리 사회의 과도하고 잘못된 민족주의와 애국주의는 도태돼야 한다."고 말했다.

그리고 강신표 인제대 명예교수는 "사법부는 우리나라의 학문적·문화적 수준이 어떠한가를 세계가 지켜보고 있다는 사실을 인지해야 한다."며 "박 교수는 위안부 피해자에 대해 통속적인 관점과 사실에 의존하지 않고 객관적으로 기술하고자 했다."고 말했다 한다.

서명에 참여한 지식인들은 대체로 민족주의에 대한 강한 거부감을 보였는데, 김향훈 변호사 역시 마찬가지의 주장을 폈다. 김 변호사는 "항소심 재판부가 극단적 민족주의와 광기 어린 반일이라는 폐기돼야 할 여론에 휩쓸렸다."며 반일 자체를 반시대적인 정신으로 비판했다.

하나의 사건을 볼 때는 그 사건의 역사적 맥락과 배경을 우선 살펴봐야 한다. 왜 이런 일이 발생했고 핵심적인 쟁점은 무엇인가. 누구의 입장과 관점에서 볼 것인가 등이 사건을 해석하는 데 있어서 중요하다. 이 사건은 박유하와 위안부 피해자 간의 개인 문제가 아니다. 위의 기사는 위안부 피해자가 아니라 20세기 최대 인권 유린을 자행한 일제의 시각에서 썼다. 독일, 프랑스, 오스트리아 등 유럽의 국가들은 헌법에서 학문과 표현의 자유를 보장하고 있다. 그러나 그들 국가는 나치를 찬양하거나 나치의 유대인 대학살을 부인하는 것을 학문과 표현의 자유에 포함하지 않고 범죄행위로 처벌한다. 학문과 표현의 자유를 폭넓게 인정하는 국가들이 학문의 자유를 무조건 보장하지는 않는다.

박유하는 피해자, 이덕일은 가해자?

위안부 피해자들은 학자가 아니다. 교수가 글을 썼다고 그 글을 다 학문이라고 할 수도 없다. 설령 그것을 학문이라 해도 위안부 피해자들의 명예가 사실 왜곡 등 부당한 표현으로 훼손되었을 때 그들에게 이를 논문, 저술 등 학문적으로 대응하라고 요구해서는 안 된다. 그것은 피해자들에 대한 2, 3차 가해다. 위안부 피해자들은 잘못된 사실들을 바로잡기 위해 국민으로부터 나온 권력을 위임받은 사법부에 호소했다. 이는 헌법에서 보장하는 위안부 피해자들의 권리다. 그들은 일제의 침략 행위와 인권유린이 인류 역사에서 더 이상 반복되어서는 안 된다는 신념과 사명감으로 나섰다. 일제에 잔혹한 국가폭력을 당한 피해자들에게 이를 국가폭력의 개입이라고 보는 것은 본말을 전도한 주장이다. 일본의 공식적인 사과와 반성이 없는 상태에서 피해자들이 이를 요구하는 것은 공공의 이익과 인류 보편의 가치에 부합한다.

또한 2심 재판부는 박유하의 책 내용 중 11곳의 표현은 명백한 허위 사실이라고 했다. 명백한 허위 사실을 학문이라는 이유로 무조건 허용할 수는 없다. 명예훼손죄가 존립하는 한 허위사실은 보호받을 수가 없다. 박유하는 『제국의 위안부』에서 "그리고 '자발적으로 간 매춘부'라는 이미지를 우리가 부정해온 것 역시 그런 욕망, 기억과 무관하지 않다." 라고 말했고, 1심 재판부는 '자발적으로 간 매춘부'라는 구절 등 34곳을 삭제하라고 명령했다.

앞서 이덕일과 김현구의 소송은 학자 대 학자가 학문적 논쟁을 했는데 김현구가 고소를 했고, 사법부가 사실관계를 확인한 결과 이덕일이 사실에 의거해 학문적인 비판을 했다고 판결을 내렸다는 것을 살폈다. 당시 2심 재판부는 학문적 논쟁을 사법부로 가져온 것 자체를 문제시했다. 그러나 강단사학계와 일부 언론은 '학문과 표현의 자유'를 옹호하기는커녕 이덕일을 가해자로 김현구를 억울한 피해자로 둔갑시켰다. 그런데 학문의 자유를 내세우며 박유하의 주장을 지지하는 이들은 위안부 피해자를 가해자로 몰고 있다.

이 같은 한국 지식인들의 이중적 태도를 허성관 전 행정자치부 장관은 "대한민국의 이상한 지식인들"이란 제목의 칼럼을 통해 신랄하게 비판했다.

> 대한민국의 지식인 194명이 학자의 주장을 사법적 잣대로 평가하는 것
> 은 시대착오적이며 사상과 표현의 자유를 침해한다고 박유하 교수를
> 옹호하는 성명을 발표했다. (…)
> 　진정한 학문의 영역에 속하는 이덕일의 연구를 기소한 것에 대해
> 지식인들은 아무 말이 없다. 일본 극우파 식민사관을 옹호하면 나서서
> 두둔하고, 비판하면 나서지 않는 대한민국 지식인들의 모습을 어디서
> 그 연유를 찾아야 할까? 정말 이상하다.
> ―「경기일보」, 2015년 12월 8일

학문의 자유를 주장하는 이들의 입장은 일관성이 전혀 없다. 나는
그들이 박유하의 책을 제대로 읽었을지도 의심한다. 그들이 끌어드린
촘스키도 박유하의 책을 자세히 봤을지 의문이다.

위안부 피해자들은 일제 황군의 '성 위안'을 위해 군사정부가 체계적
으로 성노예를 강요한 전쟁범죄 및 반인륜적인 폭력에 맞서 세계의 인
권과 평화를 위해 힘겨운 투쟁을 하고 있다. 그들은 청산하지 못한 역사
는 반드시 반복된다고 주장한다.

박유하의 상고심을 지원하는 모임은 "2심 유죄 선고에 심각한 우려를
금할 수 없다.", "이 판결은 우리 학계와 문화계에 중대한 위기를 초래할
것"이라고 했는데, 누구에게 "심각한 우려"와 "중대한 위기"를 초래한다
는 것인지 우리는 궁금하다. 그들은 "주류 집단의 이익이나 견해와 상치
되는 모든 연구는 처벌의 대상이 될 것"이라고 했는데, 구체적으로 들어

가면 위안부 피해자가 주류요, 일제가 소수 피해자라는 주장이다.

앞서 봤듯이 한국사회의 주류지식인들은 늘 "학문의 해석은 학자들의 토론에 맡겨 달라, 우리 사회의 과도하고 잘못된 민족주의와 애국주의는 도태돼야 한다."라고 주장한다. 사건의 핵심을 흐리는 프레임이다. 이들은 무엇이 "극단적 민족주의"이고 "광기 어린 반일"인지 구체적으로 밝혀야 한다. 나는 "일본군 위안부가 '매춘'이자 '일본군과 동지적 관계'였고, 일본제국에 의한 강제 연행이 없었다."는 박유하의 주장이야말로 일본의 '광기 어린 극우 민족주의요 일본 애국주의, 제국주의라고 본다. 그리고 박유하가 『화해를 위해서』에서 한 주장들도 마찬가지 선상에서 본다.

> 일본의 교과서에 위안부에 대해 기술하도록 요구한다면, 이때 아버지에 의해 팔려간 여성도 있었고 위안부로 자원한 여성도 있었다는 사실이 기술될 가능성도 감수해야 할 것이다.
> – 박유하, 『화해를 위해서』, 뿌리와이파리, 2005, 51쪽

> 한국이 식민지 지배하에서 어떤 고통을 당했는지를 쓴다면, 동시에 일본이 쫓겨갈 때 조선인들이 어떤 보복을 가했는지에 대해서도 기술해야 할 것이다.
> – 위의 책, 51쪽

박유하는 2016년 2월 1일 온라인판에 『제국의 위안부』를 무료로 배포하면서 "고통스런 '위안부' 경험을 하셔야 했던 분들과 전 세계에 계신 한국분들께, 이 책을 바칩니다."라는 인사말을 붙였다. 『제국의 위안

부』삭제판 발행 소식을 들은 위안부 피해자들은 "우리를 두 번 죽이는 일"이라며 분통을 터뜨렸다. 박유하는 자신의 그릇된 신념(학문의 외피를 쓴)을 위해서 위안부 피해자들의 입장과 일제의 패륜적인 전쟁범죄를 반인륜적으로 외면·용인했다. 화해와 용서는 피해자가 할 말이지 박유하처럼 가해자가 피해자에게 요구하거나 강요해서는 안 된다. 황진미(영화평론가)의 글이다.

박유하는 '위안부' 문제에 관해 한국인들이 일면적으로 품고 있는 인식에서 벗어나야 한다면서, 국가주의, 제국주의, 민족주의, 계급구조, 가부장제, 식민주의에 대해 전방위적인 비판을 펼친다. 조선인 업자, 조선인 군인, 조선인 아버지의 인신매매와 가난, 계급 등을 언급하면서 가부장제를 비난하고, 한국 전쟁 시에 있었던 한국군 '위안부', 양공주, 한국의 성매매 관행 등을 말한다. 물론 '위안부' 문제를 논함에 있어서, 이러한 문제들을 두루 고찰하는 것은 의미 있는 일이다. 단순히 '일본은 악이요, 조선은 선'이라는 민족주의적 도식은 문제를 바로 보지 못하게 한다. 조선인 업자나 조선인 군인, 딸을 팔아넘긴 조선인 아버지 등을 고찰하는 것은 여성주의적 관점에서 필요한 작업이다. 그래서 일본의 법적 책임을 묻는 것과 별개로, 한국 사회 내부를 돌아보는 반성이 필요하다는 주장이 여성주의 담론에서 꾸준히 제기되어 왔다. 박유하의 저작이 문제적인 이유는 그의 파상공세가 단순히 한국사회의 자성을 끌어내는 데 초점을 두는 것이 아니라, 궁극적으로 일본정부의 책임을 흐리는 데 목표를 두기 때문이다.
- 황진미 외, 『제국의 변호인 박유하에게 묻다』, 도서출판 말, 2016, 185쪽

강단사학계와 같은 방식으로 박유하는 구체적인 사실을 호도할 때 국가주의, 민족주의 등의 개념을 앞세운다. 위안부 피해자들의 주장을 폄훼하고 일제의 전쟁 범죄의 본말을 전도하기 위한 허구적인 프레임 공세다. 위안부 피해자들이야말로 일제의 국가주의, 제국주의, 민족주의, 계급구조, 가부장제, 식민주의의 최대 희생자들인데 이를 뒤집어 허수아비 이념 공세를 취하는 것이다. 조선인들에게 책임을 전가하면서 일본정부에 면죄부를 주기 위한 교묘한 논리를 박유하는 구사하고 있다. 집에 몰래 들어온 강간범이 왜 문을 잠그지 않았느냐고 피해자를 비난하는 태도와 같다.

당신은 누구 편인가?

이런 박유하 교수의 태도에 대해 『제국의 변호인 박유하에게 묻다』에서 이재승 교수(건국대학교 법학과)는 "박 교수는 근본적으로 침략과 전쟁을 억압받는 여성이나 주권을 박탈당한 민족의 관점이 아니라 제국의 시선에서 제국의 변호사로서 다루고 있다."고 비판한다.

'위안부 문제의 진정한 해결을 위하여!'라는 거창한 목표를 내세우면서 『제국의 위안부』를 펴낸 당신은 누구 편인가? 엄연히 전쟁 범죄 피해자가 실재하는 문제에서 '당신은 누구 편인가'라는 질문은 단지 민족주의적이고 국가주의적인 질문은 아니다. 한국과 일본의 테두리를 넘어서는 보편적 가치의 문제, 인권의 문제다.

박유하는 무슨 이유에선가 전쟁 범죄 피해자의 편이 아닌 가해자인 일본제국주의의 편에 서서 글을 쓰고 말을 한다. 화해를 말하지만 사죄와 보상을 원하는 피해자에겐 불편한 화해이고, 가해자의 범죄를 망각하게 하는 화해이다. 이런 관점은 일본군'위안부' 문제에 국한되지 않는다. 박유하는 독도 문제에 있어서도 화해를 말하면서 결과적으로 일본의 입장을 대변한다.

차라리 독도를 양국의 공동영역으로 하면 어떨까.

전쟁을 하면서까지, 즉 평화를 훼손하면서까지 '지킬' 가치가 있는 영토란 없다. (…) 현재의 독도가 낳을 수 있는 최상의 가치는 한일 간의 평화다.
－ 박유하, 『화해를 위해서』, 뿌리와이파리, 2005, 216쪽, 217쪽

박유하는 『화해를 위해서』 서문에서 스스로를 '신친일파'라 부르기도 했다. 그런데 이런 신친일파가 박유하만은 아닌 것 같다. 위안부 할머니들의 명예를 훼손한 박유하에게 학문의 자유라는 이름으로 면죄부를 주고, 민족주의를 폄하하며 박유하의 『제국의 위안부』를 옹호하는 지식인들, 대한민국 지도에 독도 그리기를 망설이는 역사학자들, 이들은 어쩌면 스스로 공개하든 공표하지 않든 '신친일파'일지도 모른다.

진보적인 경제학자로 손꼽히는 윤소영 교수(한신대학교 경제학과)가 올 3월 대학 강의 중에 "위안부는 일본군에게 자발적으로 성을 제공했고, 이것이 국제사회에서 통용되는 상식"이라고 주장했으며, 작년에도 이 같은 주장을 수차례 반복했다는 사실이 알려져 사회적으로 큰 파장을

불러일으켰다.

2018년 3월 18일자 「아시아경제」 보도에 따르면, 한신대학교 총학생회는 성명서를 통해 "위안부가 성을 자발적으로 제공했다는 것은 일본이 자신의 잘못을 덮기 위한 비겁한 변명이자 거짓 선동"이라며 "이러한 무지한 발언이 강단에서 유포되고 있다는 점에 심각한 우려를 표한다."는 성명서를 발표하고, "성범죄를 옹호하고 국제범죄를 날조로 날치기 하는 비학자적 태도를 가진 이가 교수의 탈을 썼다는 것이 믿기힘들 따름"이라고 비판했다.

> 총학생회는 또 "윤 교수는 위안부 피해자의 명예를 훼손하고 제국주의와 성범죄를 옹호하는 반인륜적 견해를 지위를 이용해 강요했으며, 학생들의 정당한 문제제기를 일방적으로 일축했다."며 "명예를 훼손당한 피해자들과 반인륜적 역사관을 강요당한 학생들 모두에게 사과하라"고 촉구했다.

윤소영은 자신의 발언이 개인 소신이라고 밝혔다고 한다. 그는 국내 마르크스주의 경제학파의 거두로 꼽힌다. 자신이 발 딛고 선 현실에서 주체의 눈으로 세계를 해석하고 자본주의의 부조리와 억압에 맞선 마르크스가 이 얘기를 들었다면 무덤에서 통곡할 일이다. 한국의 지식인 중에는 서구와 일본 등의 이론을 번역하고 수입하는 것을 학문으로 아는 이들이 있다. 그들은 이 땅의 역사와 현실을 중심으로 보지 않으면서도 자신을 진보라고 착각한다.

윤소영의 허무맹랑한 발언을 통해 우리는 한국 '유사 진보'의 속살을 들여다 볼 수 있다. 이들은 서구의 몇몇 이론, 이념으로 진보 행세를 하지만 민족의 아픔에 공감하는 능력이 현저히 떨어진다. 그들 중에는 위안부 문제를 말할 때 그것의 역사적·현실적 의미를 희석하기 위해 한국의 저항적 민족주의가 문제라고 강변하는 이들도 있다. 자신들이 피해자가 아니라 가해자인 일제의 입장에 서 있으면서 이를 교활하게 은폐하는 행태다. 그러나 감추어진 것은 드러나게 마련이다. 젊은 학생들의 날선 비판처럼 우리에게는 진실과 정의라는 강력한 무기가 있다.

나의 눈으로 역사 바로보기

1. 2017년 12월 『제국의 위안부』 소송 지원 모임 발족식에서 김향훈 변호사는 "항소심 재판부가 극단적 민족주의와 광기 어린 반일이라는 폐기돼야 할 여론에 휩쓸렸다."며 박유하 교수에 유죄 판결을 한 사법부를 비판했는데, 이에 대해 어떻게 생각하나요?

2. 학문의 자유, 표현의 자유를 내세우며 박유하 교수를 변호, 지원했던 지식인들이 정작 이덕일 소장이 『우리 안의 식민사관』(2014년)을 펴낸 직후 김현구 교수에게 명예훼손으로 고소당하고, 재판을 받을 때는 침묵했는데, 그 이유는 무엇일까요?

9장

『한겨레21』과
한국언론에 묻는다

한사군 한반도설과 임나일본부설은 일제가 정립한 식민사학의 핵심 사항
들이다. 이에 대한 학문적 비판을 『한겨레21』은 '집착', '사이비역사학',
'국뽕'으로 매도했다. 『한겨레21』이 말하는 '일본주류학계에서 사실상 폐
기된 임나일본부설'의 근거는 무엇인가? 임나일본부설의 핵심은 가야가
임나라는 전제다. 이 '설'을 입증할 1차 문헌사료와 고고학자료 등은 없다.

장르의 중요성

'마플토프의 살인'Murder at Marplethorpe이라는 제목이 붙은 다음 글을 읽어보자.

벽로 선반의 시계는 열 시 삼십 분을 가리키고 있었다. 그런데 누군가가 최근에 그 시계가 고장 났다고 말한 적이 있었다. 죽은듯한 여자의 형체가 거실의 침대 위에 드리우자, 그녀만큼 음산한 모습을 지닌 어떤 사람이 재빨리 그 집을 빠져 나갔다. 그 시계가 똑딱거리는 소리와 어린 아기가 크게 우는 소리 외에는 아무 소리도 들리지 않았다.

생각해보자. 죽은 여자는 누구일까, 왜 죽었을까? 집을 재빨리 빠져 나간 음산한 모습의 사람은 누구일까? 시간은 어떤 의미가 있을까?

이 글의 제목은 추리소설이라는 실마리를 준다. 죽은 여인은 살해당했고, 집을 빠져나간 이는 살인자일 것으로 인지된다. 아기는 불현 듯 난입한 살인자에 놀라 울부짖는 것으로 추정된다. 사건이 발생한 시간은 사건을 추적하는 데 중요한 단서이기 때문에 그 시계의 정확도가 중요하다. 이제 이 이야기를 깨끗이 잊어버리자.

위의 글에 '데이비드 마플토프의 이력서'(The Personal History of David Marplethorpe)라는 제목을 달고 읽어보자. 그리고 위의 글에 나오는 똑같은 질문을 던져보자. 다른 해석이 나올 것이다. 전기들이 흔히 주인공의 비상한 출생으로 시작하는 것을 고려하면, 이 아기가 바로 데이비드 마플토프임을 알 수 있다. 죽은 여인은 애석하게도 그를 낳다 사망한 그의 어머니임이 틀림없다. 집을 빠져 나간 익명의 인물은 아마도 슬픔에 빠진 산파로 추정된다. 그리고 그 시간은 마플토프가 출생한 시간이다.

　이 예는 장르의 중요성을 잘 보여준다. 장르를 어떻게 생각하는가에 따라 해석이 달라진다. 장르를 의식적으로 분류하든 무의식으로 분류하든 그것이 해석에 영향을 미치는 것은 분명하다. 신문을 읽을 때 "이것은 신문이다. 나는 신문에서 어떤 사람이 전날 일어난 사건들을 묘사하고 해석한 것을 읽고 있다. 상당한 반대 증거가 없다면 사건 보도가 진실이라고 믿고 신문을 읽겠다."라고 말하지는 않는다. 의식적으로 이런 생각을 하지는 않지만, 신문을 읽을 때 보통 이와 같은 태도를 취하는 것이 사실이다.

　윗글은 트렘퍼 롱맨Tremper Longman 3세의 『어떻게 시편을 읽을 것인가?』(한화룡 옮김, 한국기독교학생회출판부, 1993) 23~25쪽에서 따왔다. 한국의 언론 기사는 어떤 장르에 속할까? 소설인가? 언론은 중대한 전환점에 서 있다. 대중들이 직접 언론이 되면서 기존 주류언론은 위기에 처했다. 언론은 정확한 사실을 확인하고 보도해야 한다. 집단지성이 신문을 읽는 태도가 예전과 다르다. 언론을 어떻게 읽을 것인가? 「한겨레」를 비롯한 언론들이 한국사를 어떻게 다루는가를 보면 우리사회를 움직이는 낡은 구조가 보인다.

　「한겨레」, 「경향신문」, 「조선일보」, 「한국일보」 등의 많은 신문이 2016 ~2017년에 '사이비역사학'이라는 허무맹랑한 개념을 남발하며 조선총독부 이론을 비판한 학자들을 공격했다. 언론의 생명은 사실보도에 있다. 그러나 이들 언론은 사실관계를 확인하지 않았다. 객관적인 취재와 공정한 보도는 애초에 실종되었다. 이를 살피면 언론이 강단사학계와 오랜 세월에 걸쳐 공조해온 사실들이 드러난다. 관과 밀착한 강단사학계는 조선총독부가 정립한 침략이론을 정·선, 독립혁명가의 역사학을 사이비·악의 프레임으로 몰아 조선총독부 역사관을 유지해 왔다. 언론이 그들의 주장을 여과 없이 받아쓰기 했다. 언론은 학문을 전문 학자에게 맡기라면서 헌법이 명시한 국회의 책무도 부정하는 주장을 반복했다. 일제는 1906년 통감부를 설치한 이후부터 학제를 개편하고 교과서 검정제를 실시해 사상통제를 했다.

독립혁명가 후손을 '국뽕'이라 비판한 『한겨레21』

일제는 교과서를 조선총독부가 직접 편찬하거나 일본 문부성 검정을 거쳐 조선총독부가 인가한 것만을 허용했다. 그리고 "부질없이 사이비 애국심을 도발하여 현재의 국가 방침에 반하고, 교육과 정치를 혼동하고 있다."고 했다.

광복 후 미군정과 이승만·박정희 정부를 거치며 이병도·이기백 등이 조선총독부의 관제역사학을 계승했다. 강단사학계는 광복 후 황국사관을 국사로 편찬하면서 조선총독부의 식민사학을 정설화하고, 이에 비판적인 역사학자들을 '재야사학자', '국수주의자', '사이비 역사학자'로 몰았다. 2017년 6월 19일 『한겨레21』 표지제목은 "사이비역사의 역습"이었다.

근래 강단사학자들의 입장을 앞장서서 대변한 매체는 『한겨레21』이다. 『한겨레21』 길윤형 편집장은 권두발언 제목을 '국뽕 3각 연대'로 달고 이렇게 주장했다.

아베 정권의 역사 왜곡에 맞서야 할 특위는 뜬금없이 '고대사 논쟁'을 시작합니다. 특위에 유사역사학에 경도된 것으로 보이는 일군의 학자들이 영향을 끼친 것으로 판단됩니다. 이들이 집착한 문제는 한사군의 하나였던 낙랑군의 위치 비정 문제와 일본 주류 학계에선 사실상 폐기된 임나일본부설이었습니다. 낙랑군이 평양이 아닌 요동 지방에 있었다면 얼마나 좋았겠습니까마는, 지금까지 북한 지역에서 진행된 고고학 발굴 결과 평안도와 황해도 일대에 2,600여 기의 낙랑고분이 확인됩니다. 옛 사서의 기록과 이 성과를 근거로 한국의 고대 사학자들은 대부분 낙랑군의 위치를 평양 인근으로 비정합니다. 이것이 '일군의 학자'들 눈에는 견디기 힘든 '식민사학'의 잔재로 비친 것이지요.

정치인과 유사역사학의 결합에 결정적으로 힘을 보탠 것은 독립운동가 후손입니다. 2014년 3월 '식민사학해체 국민운동본부' 발대식에 참석한 독립운동가 이회영 선생의 손자 이종찬 전 국가정보원장은 "한수 이북은 중국에서 지배했고, 또 일본놈은 이 밑에 있는 모든 나라 임나왕국을 지배했다. 그럼 우리 민족은 어디서 정통성을 찾아요? 이번 기회에 이런 식민사학을 완전히 청산하고 국민운동을 하자, 이 말씀입니다."라고 말합니다(같은 한국인으로 말씀의 선의는 이해합니다).

이를 통해 대한민국에서 신성불가침의 '국뽕 3각 연대'가 완성됩니다. 그리고 이들은 2008년부터 진행되던 '동북아역사지도' 사업을 폐기했습니다. 이 사업에 참여한 학자들은 억울함을 호소합니다. 여러분의 의견은 어떠신지요.

이 날짜 『한겨레21』은 "권력과 사이비역사가 쓴 고대사 침탈사", "고대사의 위험한 파쇼 판타지", "환상적 민족주의에 젖은 위대한 상고사", "드라마 속 '국뽕'의 향연" 등의 선정적 제목을 붙여 특집기사를 게재했다. 『한겨레21』은 국회 동북아역사왜곡대책특위가 독도를 동북아역사지도에 넣어야 한다고 문제 제기한 것을 뜬금없다고 했다. 도대체 아베의 역사왜곡에 대응하는 것이 무엇이 문제일까? 국회 특위의 활동이 어떤 문제가 있었던 것인지 구체적인 사실과 근거를 들지 않았다. 막연한 수사와 편향적인 단정만 있었다.

예를 들어 「한겨레」를 '세계화 시대에 한겨레라니, 혈통에 입각한 순혈주의요, 민족우월주의다, 열등감에서 나온 위대한 상고사 집착이다, 나치주의와 같고 박근혜 정부와 연결된 위험한 사이비 신문이다.'라고 말하는 바와 같다. '빨갱이'라는 프레임이 얼마나 지긋지긋한 것인지 『한겨레21』도 잘 알고 있을 것이다. 한사군 한반도설과 임나일본부설은 일제가 정립한 식민사학의 핵심 사항들이다. 이에 대한 학문적 비판을 『한겨레21』은 '집착', '사이비역사학', '국뽕'으로 매도했다. 『한겨레21』이 말하는 '일본주류학계에서 사실상 폐기된 임나일본부설'의 근거는 무엇인가? 임나일본부설의 핵심은 가야가 임나라는 전제다. 이 '설'을 입증할 1차 문헌사료와 고고학자료 등은 없다. 『한겨레21』이 6하 원칙에 따라 하루만이라도 제대로 취재했다면 이런 기사를 쓰지 못했을 것이다. 「한겨레」는 임나일본부설에 대해 다음과 같이 보도한 바 있다.

일본 역사학계에선 이를 실증할 역사적 근거가 빈약해 최근 들어선 대외적으로는 이런 주장을 삼갔으나, 일본 교과서 등에는 '야마토 정권이 한반도 남부로 진출해 영향력을 행사했다'는 식의 기술을 여전히 하고 있다. 교육계뿐만 아니라 일본인들 사이에서도 '임나일본부설'이 지배적인 정서로 자리 잡고 있다.

–「한겨레」, 2010년 3월 22일, "한·일 역사연구위, 임나일본부 용어 부적절", 이용인 기자

일본의 교과서는 학계의 정론이나 통설을 다룬다. 일본의 학계와 교육계에서 임나일본부설은 유지되고 있는 것이다. "야마토 정권이 한반도 남부로 진출해 영향력을 행사했다." 이것이 임나일본부설의 핵심이다.

『한겨레21』은 북한 지역에서 진행된 고고학 발굴로 낙랑고분이 확인된다고 하는데, 누가 어떻게 무엇을 확인했다는 것인지 그 과정을 밝히지 않았다. 『한겨레21』은 북한학계가 해방 후 3천여 기에 달하는 고고학 유물 발굴로 평양지역을 낙랑군 지역으로 확정한 것처럼 단정했다. 사실보도에서 벗어났다. 북한학계는 낙랑군이 평양지역에 있었다는 것이 어처구니없는 궤변의 핵심이며, 이는 광복 후 북한학계의 집중적인 고고학 발굴 결과가 말해준다고 했다. 이것이 북한학계가 발굴한 3천여 기에 달하는 고고발굴로 평양이 낙랑군임이 입증되었다는 주장으로 '젊은역사학자모임'이 탈바꿈시킨 것이고, 이를 『한겨레21』이 아무런 검토 없이 반복한 것이다.

또 『한겨레21』은 독립혁명가의 후손을 능멸하고 모독했다. "정치인과 유사역사학의 결합에 결정적으로 힘을 보탠 것이 독립운동가 후손"

이라고 아무런 근거 없이 비난했다. "신성불가침의 '국뽕 3각 연대'가 완성되었다는 것이 어떤 의미이고, 그 판단의 근거는 무엇인지 밝히지도 않았다. 누가 어떻게 취재했고, 취재원은 누구이며, 어떤 사실들을 취재했는지 아무것도 알 수가 없다. 언론으로서 이와 같은 논조를 펼치려면 최소한 객관적이고 공정한 취재가 있어야 한다.

『한겨레21』은 이종찬 위원장의 의견을 청취하지도 않았다. 그가 의장으로 활동한 식민사학해체국민운동본부에 대한 취재도 없었다. "같은 한국인으로 선의는 이해한다."는 것은 오만한 태도다. 2014년에 이종찬 위원장은 식민사학해체국민운동본부 의장을 맡았고, 나는 대변인으로 활동했다. 『한겨레21』은 당시 단 한 번도 우리를 취재한 바가 없다. 2014년에 동북아역사재단이 추진한 '한국고대사프로젝트'와 관련한 사실을 소개하겠다.

2014년 당시 동북아역사재단이 출간한 『한국고대사의 한나라 영지들』에 대한 비판 여론이 일었다. 동북아역사재단이 추진해온 '한국고대사프로젝트'에 따라 출간된 책들에는 (고)조선은 없고 한사군이 있었다. 한국사는 중국의 식민지로 발전이 시작했다는 조선총독부의 정설을 그대로 따른 것이다. 낙랑군이 중국 하북성에 있었다는 중국의 1차 사료는 반영되지 않았다. 한사군의 위치를 중국의 동북공정보다 더 한반도 안쪽으로 위치 지었다. 또 이 프로젝트에는 삼국이 없고 삼한 편이 있었다. 임나일본부설을 위해 쓰다 소키치 등이 고안한 『삼국사기』 불신론에 따른 것이다. 동북아역사재단에서 발간한 이 책자에는 하버드 이름이 없고, 출판사 이름도 없다. 인쇄는 국내에서 하고 하와이대학이 배부처였다. 조선총독부의 정설을 세계에 알리려는 사업이었다.

토론을 회피하는 강단사학계

2012년 12월, 『한반도 통일에 대한 중국의 영향과 상원에 제기하는 문제』라는 미 상원외교위원회 보고서가 발간되었다. '북한 영토에 대한 중국의 영유권 주장'이 보고서의 핵심이었습니다. 당시 언론은 다음과 같이 보도했다.

새해 벽두부터 미국 의회가 중국이 향후 한반도 통일을 막는 걸림돌이 될 것이라고 주장했다. 미 의회가 중국의 역사관과 한반도 문제를 이처럼 지적한 것은 이번이 처음이다. 미 상원 외교위원회는 지난달 31일 (현지시간) 『한반도 통일에 대한 중국의 영향』이란 보고서를 발표하며 "북한 영토에 대한 중국의 영유권 주장과 중국의 북한 내 경제적 영향력 확대는 한반도 통일을 막는 요인이 될 수 있다."고 지적했다. 보고서는 "통일의 단초가 남북관계 개선이든, 북한 내 격변상황이든 중국은 통일과정을 관리하거나 막으려 할 수 있다."며 "중국이 북한 내 자산을 지키고 한반도 북쪽에 대한 권리를 주장하며 역내 안정을 확보한다는 이유로 자신들의 행동을 정당화하려 할 것"이라고 밝혔다. 보고서는 또 "중국의 북한 광산 투자는 향후 중국이 북한 내 천연자원 접근권을 주장하는 근거가 될 것"이라고 덧붙였다. 리처드 루거 상원의원 (공화)은 보고서에서 "한반도 통일을 생각할 때 보통 동·서독 통일을 떠올리지만 다른 결과가 빚어질 수도 있다."고 말했다.
－「아시아경제」, 2013년 1월 2일, 오진희 기자

그런데 문제는 동북아역사재단이 한사군의 위치와 (고)조선의 강역을 중국측에 유리하게 제공했다는 사실이다. 동북아역사재단은 미 의회에 한사군이 한반도에 있었다고 확인해주었다. 대한민국의 국민들은 평화적인 통일을 원하고 있다. 그러나 통일과정에서 중국은 동북아역사재단의 주장을 근거로 북한의 영유권을 주장할 근거를 얻었다.

식민사학해체국민운동본부는 2014년 5월 19일 동북아역사재단에 '한사군의 위치는 어디인가'라는 주제로 다음과 같이 학술 토론회를 제안했다.

이번 학술 대토론회는 귀 재단과 국민운동본부가 공동으로 한사군 문제에 대한 학술토론회를 개최함으로써 이 문제에 대한 앞으로의 진행 방향을 설정하자는 것입니다. 따라서 그간 직·간접적으로 한사군이 한반도 북부에 있었다는 논지를 귀 재단의 하나뿐인 정설로 만드는 데 영향력을 끼쳐왔던 학자들(서영수·노태돈 교수 등)과 『The Han Commanderies in Early Korean History(한국고대사의 한나라 영지들)』에 같은 주장을 펼쳤던 저자들이 반드시 참여해서 1차 사료를 토대로 학문적인 토론을 전개하자는 의도입니다. 본 국민운동본부측의 학자들은 이번 학술 토론회에 적극 참여하겠습니다. 본 국민운동본부는 광복 69년을 맞는 올해 제헌절에 이 주제를 가지고 학술토론회를 개최하는 것이 앞으로 대한민국이 나아갈 방향을 정하는데 중요한 계기가 될 수 있다고 생각합니다. 본 국민운동본부는 언제라도 이 문제에 대한 토론회에 나설 준비가 되어 있습니다.

2014년 6월 9일 동북아역사재단은 다음과 같은 답변을 보내왔다.

말씀하신 한사군의 위치 문제와 관련한 학술회의 개최 필요성에 대해서는 전적으로 공감합니다. 5월 19일자 서한에서 거명하신 학자들(서영수, 노태돈 교수 등과 『The Han Commanderies in Early Korean History』에 참가한 저자들)의 참석을 위해 재단으로서는 최선을 다하겠습니다만, 참석여부는 궁극적으로 당사자들이 결정할 것인 만큼 재단에서 지나치게 강요할 수는 없다는 점을 헤아려 주시리라 믿습니다. 바라건대 국민운동본부측에서도 그분들이 학술회의에 참여할 수 있도록 함께 노력해 주시기를 기대합니다.

이에 대해 식민사학해체국민운동본부는 재차 동북아역사재단의 책임 있는 토론을 제기했다.

저희 본부가 학술토론회에 서영수·노태돈 교수와 『The Han Commanderies in Early Korean History』에 참가한 저자들이 반드시 참여해야 한다고 제안한 이유가 있습니다. 저희가 거명한 이들은 동북아역사재단에 지원된 국민세금으로 '한사군 한반도설'을 주장해온 대표적인 학자들입니다. 학자는 자신의 학문에 책임을 다해야하고, 특히 국가기관인 동북아역사재단의 기금으로 발표된 연구결과에 대해서는 학계와 국민 앞에 적극적으로 해명하고 설명해야 할 의무가 당연히 있는 것입니다. 동북아역사재단이 제공한 기금으로 연구하고 저술한 학자들에 대해 재단은 그들의 공개적인 학술토론 참여도 필수적이고 의무적인 활동으로 규정해야 합니다. 그들의 연구는 개인적인 차원이 아니라 국가기관의 공적인 사업으로 진행한 것이기 때문에 개인을 내세워 최소한의 공적 의무를 지지 않겠다고 한다면 재단은 애초에 그런 이들에게 기금을 지원해서는 안 되는 것입니다. 재단은 이에 대해 명확한 공적 책임을 져야 합니다. 이는 한 개인의 호불호에 의거할 바가 아니라 재단이 견지해야 할 학문과 국민에 대한 최소한의 예의인 것입니다. 왜 동북아역사재단에서 활약한 학자들은 떳떳하고 당당하게 자신의 연구 결과를 국민 앞에 밝히지 못할까요?

동북아역사재단의 지원으로 활약한 대표적인 학자들은 토론과 소통을 다양한 방식으로 회피해 왔다. 이와 같은 상황이 수십 년간 지속되었다. 일본과 중국의 역사왜곡에 대응하기 위해 설립된 동북아역사재단은 먼저 도움을 요청해야 할 최재석, 윤내현, 이덕일 등의 역사학자들을 2014년 당시까지 단 한번도 학술대회나 토론회 등에 부른 적이 없었다. MBC 라디오에선 이런 일도 있었다.

손석희 앵커 이런 생각이 듭니다. 평일에 또 다루기는 그렇고 언젠가 명절 특집이 돌아오면 반대편에 서계신 분과 한번 토론을 하면 좋겠습니다.
이덕일 소장 좋죠. 1차 사료를 기반으로 1차 사료에.
손석희 저희가 한번 알아보겠습니다. 반론을 제시할 분이 역사학계에는 이덕일 소장과 다른 의견을 가지신 분이 많기 때문에 얼마든지 나오실 수 있다고 생각하는데 그때 한번 해보죠. 이 소장께서는 배워왔

던 거와는 다르게 말씀하시니까 헛갈리는 분들도 많으실 텐데 양쪽의
토론을 통해서 해소할 수 있는 기회를 가졌으면 좋겠네요.

이덕일 바라마지 않는 바입니다."

– 2012년 10월 2일 MBC라디오 '손석희의 시선집중' 이덕일 "동북아역사재단 국민세
금 써가며 동북공정에 장단 맞추고 있다." 중에서

손석희 앵커와 담당 방송의 관계자들은 동북아역사재단의 출연을 적
극 추진했으나 끝내 성사되지 못했다고 전해왔다. 언론 중에서는 손석
희 앵커가 거의 유일하게 동북아역사재단에 대해 집중적으로 다뤘지,
다른 언론은 그렇지 않았다. 동북아역사재단 등 강단역사학계는 단 한
번도 학술토론에 응하지 않았고, 그 유력한 방책이 바로 토론을 요구하
는측을 '사이비 역사학자'로 몰아세우는 것이다. 어떻게 수십 년간 이것
이 가능했을까? 「한겨레」 등의 언론이 신층 취재는 안 하고, 6하 원칙
에 입각한 객관적인 보도 없이 식민사학을 비판하는 학자들을 비난했
기 때문이다.

『한겨레21』 보도에 대해 2017년 7월 5일 생존 애국지사 및 순국선열,
애국지사 후손 대표들은 '『한겨레21』은 누구를 위해 독립운동가 후손들
을 모독하는가?'라는 제하의 성명서를 발표했다.

우리는 지난 6월 21자 『한겨레21』의 '사이비역사학의 역습'이란 특집
을 보고 경악을 금치 못했다. 국조 단군의 초상화와 민족의 성지인 백
두산 사진을 표지에 내세워놓고는 '사이비역사학의 역습'이라는 제목
을 달다니, 조선총독부에서도 민족 감정을 자극할까 하지 못했던 짓거

리를 『한겨레21』이 버젓이 자행한 것이었다. 『한겨레21』 편집장 길윤형은 '국뽕 3각연대'라는 칼럼으로 정치인들과 역사학자는 물론 우리 독립운동가 후손들까지 공개적으로 모독하고 조롱했다. 박근혜 정권 때 건국절을 주도하던 뉴라이트들도 감히 독립운동가 후손들은 모독하지 못했는데, '국뽕'이란 자극적인 용어로 매도하고 나섰으니 21세기 대한민국 한복판에서 벌어진 일이라고는 믿어지지 않는다. 더구나 『한겨레21』이 문제 많은 '동북아역사지도' 사업을 옹호하기 위해서 이런 짓거리를 자행했다는 대목에서는 온몸이 떨린다.

이 성명서는 광복 후 친일파 청산을 못해 독립운동가 후손들이 힘겹게 살면서도 독립운동가 후손이라는 자부심 하나로 험한 세월을 버텨왔는데 자신들을 마음껏 조롱하고 모독했다고 『한겨레21』 특집을 비판했다. 또한 새 정부가 들어서서 온 민족의 성원을 모아 민족정기를 바로 세우려는 마당에 반국가, 반민족적인 행태를 자행한 『한겨레21』이 변화하지 않으면 친일파의 세상이 영원할 것이기에 결코 좌시하지 않겠다고 했다. 민족을 잊은 '관념적 진보' 성향의 매체에 경고장을 날렸다.

『한겨레21』은 누구의 눈으로 세상을 보는가

『한겨레21』은 '국뽕 3각연대'에 이어 '식뽕'을 권두발언에 실었다. 『한겨레21』 길윤형 편집장은 어느 책을 읽고 그동안 한국의 역사교과서에 왜 단군신화가 들어가게 됐는지 의아했는데 궁금증이 풀렸다며 이렇게 말했다.

이는 1981년 안호상 등 유사역사에 경도된 인물들이 전두환 군사정권을 상대로 진행한 '국사교과서 내용 시정 요구에 대한 청원' 운동 등 로비의 결과였습니다. 이를 통해 1982년 간행된 국사교과서부터 단군신화가 교과서에 포함되며 한군현(한사군)의 위치 등이 생략됩니다. 국수주의적 역사교육을 받은 일본 아이들은 "우리 천황폐하는 신의 자손이다.", "신국인 일본이 전쟁에 질 리 없다.", "천황을 위해 죽어 야스쿠니에서 만나자."라고 믿게 됐습니다. 그 결과는 참혹한 전쟁과 처절한 패배였습니다. 한국의 '위대한 상고사'는 일본 우익이 믿었던 일왕 절대주의와 얼마나 다른가요? '위대한 상고사' 논의는 공허합니다. 개인적으로 한사군이 어디에 있었건 관심 없습니다. 저는 그저 제가 속한 대한민국이 강자에게 떳떳하고 약자에게 관대한 품격 있는 나라였으면 좋겠습니다. 저는 구제할 길 없는 형편없는 '식뽕'(식민주의+히로뽕) 기자인가요?

– 『한겨레21』, 2017년 7월 10일

일제는 식민 지배를 위해 (고)조선 역사는 고려인들이 조작한 것이고, 조선은 중국과 일본의 식민지로 역사를 시작했다는 논리를 내세웠다. 세계 학계는 각 민족이 오랜 세월을 통해 전승해 온 문헌기록은 물론 다양한 구비전승을 역사적 사실로 인정한다. 또한 단군조선을 기록한 『삼국유사』는 국존이었던 당대 최고의 지식인이 왕실의 자료와 평생에 걸쳐 수집한 자료에 입각해 상세하게 주를 달아 편찬해 왕에게 올린 우리 민족의 대표적인 사서다. 그리고 단군조선의 역사를 뒷받침하는 고고학적 유물들로 계속 발견돼 왔다. 1차 사료나 고고학자료에서 (고)조선 건국이 서기전 24세기경이 아니라 서기전 10세기 전후나 서기전 2세기 무렵이라는 기록이나 여타의 반증이 발견되지 않는 한, 단군조선의 역사를 기록한 『삼국유사』, 『제왕운기』, 『세종실록지리지』, 『응제시주』, 『동국여지승람』, 『동국통감』 등의 기록들을 그저 부정해서는 안 된다. 『조선왕조실록』은 철저하게 사실적인 기록으로 세계기록문화유산이다.

그런데 『한겨레21』은 이런 사실을 전면 부정했다. 단군조선은 우리 민족 최초의 국가이기 때문에 교과서에 들어간 것이다. 유럽 각국과 미국 등도 자기 민족과 나라를 주체로 보고 이를 민족사가 아니라 보편적인 세계사라고 한다. 세계사도 특정한 관점에서 보는 하나의 시각이다. 인류전체가 획일적으로 존재하는 것이 세계사가 아니라 각 민족과 나라가 고유한 역사성을 갖고 세계의 일원이 되는 것이다. 현재 민족과 국가를 뛰어넘는 현실적인 존재는 없다. 이 구체적인 현실에서 인류보편의 가치를 추구해나가야 한다.

잘못된 한사군의 위치추정을 교과서에 넣을 이유도 없다. (고)조선이 일왕 절대주의와 어떻게 같다는 것인가? 일제가 (고)조선의 역사를 부정한 이유를 잘 생각해 보면 이런 주장이 나올 수가 없다. 『한겨레21』은 단군조선이 일왕 절대주의와 같고, 위험한 '위대한 상고사'라고 했다. 아무런 논거 없이 논리가 계속 비약한다. 여기에 사실관계 확인은 없다. 6하 원칙 실종이다. 누가, 언제, 어디서, 무엇을, 어떻게, 왜 단군신화가 황국사관과 같은 것으로 확인되었는지 아무것도 취재한 것이 없다. 『한겨레21』은 이를 어떻게 조사했고, 다른 견해를 가진 이들의 주장은 어떻게 취합해 이를 공정하고 객관적으로 다루려 했는지 그 흔적을 전혀 찾을 수 없다.

'위대한 상고사' 논의는 공허하다는 주장도 어불성설이다. '위대한 상고사' 논의가 무엇인지 그 사실관계를 밝히지도 않았다. 만약 '위대한 상고사'가 일왕 절대주의와 같다는 취재결과가 나왔다면 이것은 심층적으로 다룰 중차대한 문제다. 언론이 기획팀을 꾸려 집요하게 추적해야 할 사안이다. 『한겨레21』 편집장이 개인적으로 한사군의 위치 문제에 관심이 없을 수는 있다. 그러나 『한겨레21』 편집장은 한사군 위치 문제와 관련해 '젊은역사학자모임'의 왜곡된 주장을 여과 없이 다루며 사실로 단정했다. 그것이 문제이지, 개인의 관심사가 중요치 않다. 무책임한 발언이다.

한편 젊은역사학자모임의 연구원들은 동북아역사지도사업에 대해 이렇게 말한 바 있다.

지도 사업에서 논란이 됐던 낙랑군 위치 문제는 어떻게 보나.

안정준 낙랑군이 평양에 있다는 건 우리뿐 아니라 제대로 된 학자는 모두 동의한다. 100년 전에 이미 논증이 다 끝났다. 바뀔 가능성이 거의 없다고 보면 된다.

김재원 100년 전이라 하니까 자꾸 '친일 사학' 소리 듣는다. 하하.

기경량 그러면 200년 전 조선 실학자들이 논증을 끝냈다라고 하자.

－「한국일보」, 2017년 6월 5일, "도종환 후보자님 '위대한 상고사'는 안됩니다", 조태성 기자

젊은역사학자모임은 낙랑군의 위치를 조선총독부가 논증을 다 끝냈다고 하는데, 그것이 어떤 근거로 누가 어떻게 끝냈는지 『한겨레21』 등 언론이 따져 묻지 않는다. 조선후기에 학자들 사이에서 낙랑군이 평양 일대가 아니라 요동에 있었다는 주장이 많았다. 정약용도 『아방강역고』에서 "지금 많은 사람들은 낙랑군 소속의 여러 현이 요동에 있었다고 생각한다."고 기록했다. 그리고 조선 후기 학자들의 주장은 1차 사료가 아니라 하나의 해석이고 견해다. 논증은 끝난 것이 아니라 지금도 이어지고 있다.

역사학은 1차 사료를 중요하게 다룬다. 2, 3차 사료는 1차 사료에 대한 하나의 해석이다. 낙랑군의 위치를 조선 후기 실학자들의 해석에서 찾고 그들이 논증을 끝냈다고 주장하는 것은 역사학을 포기했다는 말과 같다. 강단사학계는 사실상 조선총독부가 결론 냈다고 보면서 이를 희석하기 위해 일부 실학자들의 견해를 끌어댄다. 조선후기에도 한사군이 요동에 있었다고 주장한 학자들의 견해는 다루지 않고 일부의 주장만 취해 결론이 다 난 것처럼 치부해서는 안 된다.

"조선의 강토는 싸우지도 않고 저절로 줄어들었다"

실학의 선구자 이익은 한사군이 요동에 있었다고 했다. 김경선은 북경에 사신으로 다녀오면서 "오호라! 후세 사람들이 땅의 경계를 자세히 알지 못하고 한사군의 땅을 망령되게 파악해서 모두 압록강 안에 국한해 억지로 사실에 끌어 맞춰서 구구하게 분배했다."라고 말했다. 박지원은 중국을 오가면서 쓴 『열하일기』 「도강록」에서 패수와 평양이 여러 곳에 있는데, (고)조선의 패수는 요동에서 찾아야 한다면서 이렇게 말했다.

> 그러나 우리나라 선비들은 단지 지금의 평양만 평양인 줄 알고서, 기자가 평양에 도읍했다고 말하면 이를 믿고, 평양에 정전법이 있었다고 말하면 이를 믿고, 평양에 기자의 무덤이 있었다고 말하면 이를 믿지만, 봉황성이 평양이라고 말하면 크게 놀라고, 요동에 다시 평양이 있다고 말한다면 해괴한 말을 한다고 꾸짖을 것이다.
>
> 다만 요동이 본시 조선의 옛 땅이고, 숙신, 예맥 동이의 여러 나라들이 모두 위만조선에 복속되었던 사실을 모르고, 또한 오랄, 영고탑, 후춘 등의 땅이 본래 고구려 옛 영토인 줄도 모른다.
>
> 아! 후세에 땅의 경계를 상세하게 알지 못하고서 한사군의 땅을 모두 함부로 압록강 안으로 한정해 사실을 억지로 끌어다 합치시키고 구구하게 배분하고는, 그 안에서 패수가 어디인지 찾으려고 한다. 압록강을 패수라 말하기도 하고, 청천강을 패수라 말하기도 하며, 대동강을 가리켜 패수라 말하기도 한다.
>
> 이는 조선의 옛 영토를 전쟁도 하지 않고 줄어들게 만든 격이 되었다.
> – 박지원 지음, 김혈조 옮김, 『열하일기』 1, 돌베개, 2017, 92~93쪽

조선시대 사대주의에 빠진 유학자들의 역사인식을 질타한 박지원의 한탄이다. 앞서 살펴봤듯 낙랑군을 평양일대로 확정한 것은 조선총독부가 세키노 다다시 등을 동원해 발표한 고고학 유물들이었다. 한편 송호정은 (고)조선 연구 방법에 대해 다음과 같이 제시한 바 있다.

특히 고조선 연구의 최종적인 판단은 문헌에 근거를 두어야 하며, 이 때 제일 염두에 두어야 할 것은 후대의 믿을 만한 사료에 근거해야 한다는 점이다.

– 송호정, 『한국 전근대사의 주요 쟁점』, 역사비평사, 2008, 41쪽

(고)조선 연구뿐만 아니라 역사학의 근간은 1차 사료지 윗글처럼 '후대의 믿을 만한 사료'가 아니다. 이는 역사학의 기초를 부정하는 말이다. 결국 (고)조선 연구를 조선총독부의 발표에 근거하자는 말을 에둘러 표현한 것으로 볼 수 있는데 젊은역사학자모임이 이를 반복하고 있다.

『한겨레21』 편집장은 위대한 상고사 논의는 공허하다느니, 개인적으로 한사군이 어디에 있었건 관심 없느니 하며 언론의 책임을 피해나갔다. 이후 『한겨레21』은 "앞으로 7회, 젊은역사학자모임' 연구자들이 사이비 역사가가 사료 오독으로 오염시킨 한국고대사의 진짜 모습을 드러낼 계획"이라며 지속해서 젊은역사학자모임에 지면을 할애했다. 한쪽 주장만 전달하는 편파보도의 전형이다.

이 연재는 "임나일본부설 추종 학자 일본에도 없다"는 제목으로 시작했는데, 뒤이은 제목들은 다음과 같다.

"정치적인, 너무나 정치적인 광개토왕비"
"낙랑군은 평양에 있었다"
"가짜가 내세우는 '가짜' 프레임"
"한국과 중국, '국뽕'은 통한다"
"아직도 역사학계가 친일로 보이나요?"

"'민족사관' 아니라 '반공−냉전사관'이다"

첫 회의 내용을 '임나일본부설'로 설정한 것도 의미심장하다. 이것이 강단사학계의 아킬레스건이기 때문이다. 위가야가 이렇게 썼다.

> 역사학자들은 굴절된 『일본서기』에서 역사적 실체를 찾아내기 위해 노력했다. 이것이 역사 기록의 성격을 분석해 합리적으로 해석하는 '사료 비판' 작업이다. 그 결과 『일본서기』에 기록된 임나일본부의 실체를 '사신 또는 외교교섭단체'로 보는 연구가 제출됐고, 한·일 양국의 많은 역사학자가 이 관점에서 연구 중이다. 사신을 파견한 주체와 사신의 성격에 대해 한국과 일본역사학자들 사이에 의견 차이가 여전히 있는 것은 사실이다. 하지만 적어도 현시점에서 스에마쓰가 처음 제기한 '일본이 설치한 임나일본부가 한반도 남부를 지배했다'는 학설에 동의하는 학자는 한국이나 일본 어디에도 존재하지 않는다고 봐도 무방하다.
> – 『한겨레21』, 2017년 7월 25일

앞서 봤듯이 김현구가 스에마쓰의 설을 사실상 따르고 있다고, 그가 제기한 소송에서 재판부는 밝혔다. 또 재판부는 학문의 영역을 사법부로 가져오면 소수학설을 억압한다고 질타했다. 그런데 위가야는 이렇게 주장했다.

학문영역에서 비주류라고 배척되는 일이 있어서는 안 된다. 단 그것이 학문영역에 들어와 있을 때의 이야기다.

-『한겨레21』, 2017년 7월 25일

젊은이들이 학문의 영역을 마음대로 정하고, 자신들의 견해와 다르면 학문이 아니라고 재단한다. 기경량은 "낙랑군은 평양에 있었다" 제하의 기고문에서 북한학계의 연구결과에 대해서는 이렇게 이념공세를 펼쳤다.

북한은 공산주의 국가이므로 국가에서 공인된 학설만이 정설로 살아남을 수 있었다. '낙랑군 평양설'은 북한 학계에서 일체 배제돼 사라지고 말았다.

-『한겨레21』, 2017년 8월 14일

자신의 필요에 따라 북한학계의 발표를 입맛에 맞춰 갖다 붙이는 것이 강단사학계의 오랜 관행이다. 마음대로 북한의 주장을 갖다 붙이고 재단한다. 스스로 판단하기에 불리하면 북한은 공산주의 국가라서 믿을 수 없다는 논리를 펼친다. 강단사학계가 이념공세를 꺼내들면 "뭔가 불리한 것이 나왔구나"라고 생각하면 된다.

미국의 진보적인 역사학자 하워드 진은 "미국의 미래는 우리가 과거를 어떻게 이해하고 있는가 하는 문제와 연결되어 있다."고 말했다. 그래서 그는 역사에 대해 쓰는 일이 결코 중립적인 행위가 아니고, 자신은 역사를 씀으로써 인종차별, 성 편견, 계급불평등, 그리고 국가의 오만함 같은 문제들에 중대한 인식 변화를 일으킬 수 있기를 희망한다고 말했다. 그런데 한국의 소위 진보언론들은 중대한 시점에서 진보와 역행하는 행보를 한다. 세계화 시대를 내세우며 면면히 이어온 겨레의 정체성을 훼손하고, 역사의 진실을 호도하는 시도가 계속한다.

보기 드문 보수·진보 신문의 연대, 합작

「한겨레」, 『한겨레21』 외에도 진보매체로 분류되는 「프레시안」, 「경향신문」 등도 강단사학계 입장을 거의 전적으로 옹호하는 기사를 연이어 실었다. 「프레시안」 기사를 보자.

> 고대사 연구자들은 일본으로부터 연구비를 지원받은 대가로 임나일본부설을 옹호한 학자가 실제로 있느냐는 질문에 대해 '금시초문'이라며 황당해 했다. (…) 문재인 대통령이 지난 1일 '가야사 복원'을 주문한 데 대해서도, 비슷한 불안을 느끼는 연구자들이 있다. 하일식 한국고대사학회 회장(연세대학교 교수)는 지난 4일 학회 홈페이지에 "대통령의 가야사 연구, 복원 '지시'가 부적절한 이유"라는 글을 게재했다. "어떤 이유건, 대통령이 특정 시기 역사연구에 대해 지시하는 것은 '역사를 도구화'하는 것이라는 비판이다. 박근혜 정부가 국정 역사교과서 도입 등을 통해 역사를 통치 도구로 삼으려 한 데 대해, 역사학자 및 역사교사들이 전면 저항에 나섰는데, 다시 '역사를 도구화' 하는 시도가 있어서야 되겠느냐는 힐난이다.
> – 「프레시안」, 2017년 6월 13일, "역사학계 입장 발표, 도종환 후보자 '역사관' 논란

일본으로부터 연구비를 지원받은 대가로 임나일본부설을 옹호한 학자가 실제로 있느냐는 질문을 누구에게 하는가? 강단사학계가 답하면 그것이 사실인가. 경찰은 현장에서 잡은 도둑에게 훔친 게 무엇인지 묻고, 도둑이 부인한다고 수사를 종결하지 않는다. 언론은 밀착 취재를 해서 밝혀야 할 것을 형식적으로 묻고 마친다.

강단사학계는 도종환 장관의 정상적인 국회 특위 활동을 정치권력의 개입이라는 프레임으로 공격하고, 문재인 대통령의 가야사 발언을 박근혜 정부의 국정교과서 추진과 연결해 비난해온 바를 앞서 살펴봤다. 국가가 하나의 교과서로 역사를 획일적으로 통제하려는 박근혜 정부의 기도와 문 대통령의 가야사 복원은 관련이 없는 것인데 마치 같은 차원의 것인양 호도했다. 그런데도 강단사학계와 언론이 문제의 핵심을 흐리는 허수아비 프레임을 썼다.

「경향신문」도 지속적으로 강단사학계의 주장에 근거한 기사를 실었다. 2016~2017년에 「경향신문」은 「한겨레」, 「조선일보」와 함께 '3각 연대'를 이뤄 강단사학계의 주장을 그대로 옮겼다. 보기 드문 보수·진보 신문의 합작과 연대이다.

강단사학계의 주장을 하나의 견해로 받아들이는 것이 아니라 확정된 사실로 받아쓰기했다. 2016년 3월의 "사이비역사학은 왜 위험한가?", 2017년 6월에 실은 "역사학자들은 '유사역사학'에 왜 민감하게 반응했을까" 같은 「경향신문」의 기사도 그런 편향된 기사에 속한다. 기자들은 기사에서 '유사역사학', '사이비역사학'이라고 따옴표 처리를 했지만, 거의 전적으로 강단사학계의 관점에서 기사를 썼다. 2016년 4월에는 강단 역사학계 입장을 대변하는 젊은역사학자모임 3인(기경량 강원대 강사, 연세대 박사과정 안정준, 성균관대 박사과정 위가야 등 30대 역사학자-2016년 당시의 직함)의 방담을 내보냈는데, 이들의 편파적인 주장을 어떠한 비평이나 검증 없이 전재했다.

> 기경량 지난해 4월에 국회 동북아역사왜곡대책특위가 이덕일 소장과 동북아역사지도 편찬위원인 서울교대 임기환 교수를 불러서 동북아역 사지도에 대해 물은 적이 있다. 회의록을 읽어 봤는데 굉장히 끔찍하 다는 생각이 들었다. 여야를 막론하고 임 교수에게 질문을 던지는 게 '이렇게 우리한테 유리한 사료가 있다고 하는데 왜 불리한 사료를 인 용하나' 이런 식이더라.
> – 「경향신문」, 2016년 4월 11일, "정치외교 이득 따라 움직이는 게 진짜 학문 맞나" 젊은 역사학자들 방담. 심진용 기자

보통 제대로 된 언론이라면 이 같은 발언에 대해 팩트체크를 한다. 먼저 국회 특위 회의록을 정밀하게 살핀다. 그리고 이덕일과 국회 특위 위원들을 찾아간다. 그들의 증언을 듣고, 임기환의 주장을 듣는다. 그리고 다시 기경량에게 다른 이들의 견해는 이런데 어떻게 생각하느냐고 묻는다. 기경량의 답변에 대해 다시 이덕일 소장과 국회 특위 위원들의 입장은 어떤지 확인한다. 만약 찾아가기 어려운 여건이라 전화라도 하면 반드시 통화가 된다. 사안이 중차대하기 때문이다. 기타 동북아역사 재단에서 재심사에 참여했던 이들, 강단사학계와 다른 견해를 갖고 있

는 제3자의 주장을 청취한다. 이러한 과정을 거쳐 담당 기자가 기사를 작성하면 담당 부서장과 데스크는 이런 팩트들을 정확하게 취재한 것인지 검토한다. 사실관계 확인이 다소라도 부족하면 기사 보도를 보류하고 취재 보완과 지상논쟁을 마련하라고 지시한다. 이렇게 하는데 시간이 얼마나 걸릴까? 내가 보기에 하루면 충분하다.

SNS에 글을 쓰는 이들 대다수도 스스로 이 같은 과정을 거친다. 그런데 한국의 언론들은 각 개인도 하는 최소한의 과정을 생략하고 일방적인 주장을 그대로 기사의 논조로 삼아 그것을 독자에게 계몽한다.

국회 특위에서 임기환은 지금까지 밝혀진 1차 문헌사료와 고고학자료 등을 도외시하고 조선총독부가 정립한 황국사관과 중국의 동북공정에 일방적으로 기댄 논리로 일관했다. 당시 국회 특위위원들은 모두 충격에 빠졌다. 왜 중국과 일본의 역사왜곡에 대응해 설립된 동북아역사재단이 막대한 국민세금으로 1차 문헌사료와 고고학자료 등을 무시하고 일제와 중국의 패권주의 관점에서 북한을 중국 강역으로, 독도를 일본 땅으로 하는가 하는 상식적인 질문을 특위위원들이 제기한 것이다.

청와대 주인들은 역사에서 손 떼라?

앞서 봤듯이 문재인 대통령이 청와대에서 수석보좌관회의를 주재하며 가야사 복원과 연구를 언급하자 강단사학계는 벌집을 쑤신 듯 반발하고 나섰다. 한국고대사학회장인 하일식은 「조선일보」와 6월 6일자 인터뷰에서 "대통령이 역사의 특정 시기나 분야 연구와 복원을 지시하는 것 자체가 적절치 않다."고 주장했다.

세상에 특정 시기나 분야 없는 역사는 없다. 고조선, 고구려, 백제, 신라, 가야, 발해, 고려, 조선, 대일항쟁기, 독도, 박정희 정부, 세월호, 박근혜게이트 등 다 특정 시기와 분야의 역사다. 「조선일보」는 6월 7일 임지현(서강대학교 사학과 교수)의 "청와대 주인들은 역사에서 손 떼라"라는 시론을 실었다.

나는 박근혜 정권의 국정교과서 프로젝트에 반대했다. 문 대통령의 선의를 의심할 생각은 추호도 없다. 그러나 대통령이 가진 지나치게 소박한 역사의식은 문제다. 지옥으로 가는 길은 선의로 포장돼 있다. 정작 큰 문제는 다른 데 있다. 국회에서 여야 합의로 결성된 '동북아 역사 왜곡 대책 특별위원회'가 그것이다. 문제는 고구려와 한사군의 영역을 둘러싼 역사가들의 동북아 역사 지도 논쟁에 대해 국회의원들이 '판결'을 내리는 나쁜 선례를 남겼다는 점이다. 문화체육관광부장관 후보로 내정된 도종환 의원이 이 위원회에서 하버드대의 고대 한국 프로젝트나 동북아 역사 지도 폐지에 맹활약한 것은 잘 알려진 사실이다. 국회 특위에서의 판단 경험과 결합한 그의 국수주의적 역사관이 위험하게 느껴지는 것도 이 때문이다.
   -「조선일보」, 2017년 6월 7일 기사

"청와대 주인들은 역사에서 손 떼라"는 무슨 말인가. 청와대의 주인들은 누구인가? 대한민국 국민들이다. 이 말은 국민들이 역사에서 손을 떼라는 주장과 같다. 이 글에 팩트는 하나도 없다. 임지현은 문 대통령의 선의에 대한 의심을 추호도 놓지 않고 있다. 문 대통령의 역사의식이 소박하다는 것도 주관적인 견해다. 임지현이 자신을 선의로 포장하고 지옥 길을 걷고 있는 것이다. 그는 헌법이 보장한 국회의 기본적인 책무인 국정감시를 나쁜 선례로 봤다.

도종환 장관이 하버드대의 고대 한국 프로젝트 폐지에 맹활약했다는 주장도 전혀 사실이 아니다. 도종환 장관은 아무 연관이 없는데도 그의 맹활약이 잘 알려진 사실이라고 임지현은 왜곡했다. 도장관의 역사관이 국수주의적이라는 주장도 억지스럽다. 독도를 우리 강역에 넣으라는 것 등의 사료를 무시하고 일본과 중국의 역사왜곡을 그대로 따르면 안 된다는 그의 견해가 위험하다는 것인가? 역사학을 하려면 팩트에 충실해야 한다. 2017년 6월 12일자 「중앙일보」의 "[팩트체크] 역사관 논란 빚은 도종환 문체부장관 후보자, 회의 자료 살펴보니" 제하의 기사를 보자.

본지는 도 후보자가 더불어민주당 의원으로 활동한 2015~2016년 국회 교문위·동북아역사왜곡대책특위(동북아특위) 회의록을 분석하고, 도 후보자가 개입해 중단됐다는 의혹이 제기된 동북아역사재단의 동북아역사지도 편찬사업의 조사자료를 입수해 검토했다. 진실은 무엇일까. 취재 결과 도 후보자는 몇몇 발언에서 학계 의견과 다른 고대사 인식을 보였다. 그러나 역사학계의 영역을 부당하게 침범한 사례는 찾을 수 없었다. (…)

바로잡을 것도 있다. 도 후보자의 고대사 관련 발언이 알려지면서 하버드대 한국고대사 프로젝트에 도 후보자가 개입했다는 소문이 SNS를 통해 퍼지고 있다. 하버드대 프로젝트는 한사군의 위치가 논란

이 됐고 끝내 중단됐다. 그러나 국회 회의록에서 도 후보자가 하버드
대 프로젝트와 관련해 발언한 기록은 없었다. 도 후보자도 8일 발표한
해명문에서 "관여하지 않았다."고 밝혔다.

-「중앙일보」, 2017년 6월 12일, 손민호 기자

이래서 기자에겐 '팩트체크'가 중요한 것이다. 기자가 동북아특위 회
의록을 분석하고 동북아역사지도 편찬사업의 조사자료를 검토해보니
일부 언론 등이 보도한 내용과 달리 도종환 장관의 문제가 없었다고
한다. 자료와 관계자들의 의견을 다 취재했다. 이렇게 하는데 많은 시간
이 걸리지 않았을 것이다. 최소한 전화기만 들어도 두루 견해를 듣고
자료를 제공받을 수 있다. 조금 열의를 가진 기자라면 몇 시간 내에
충분히 파악할 수 있는 사안이다.

기존의 학설과 다른 주장을 하면 이단시 하고 '사이비 역사학', '국뽕',
'유사 역사학'이라는 딱지를 붙이는 강단사학계는 신운용(안중근평화연구
원 책임연구원)의 말을 귀담아 들을 필요가 있다.

학문 용어로 성립될 수 없는 '유사역사학'이라는 용어를 만들어 대중을
현혹시키려는 안 씨 등의 행위는 마치 일제가 민족운동을 이끌었던
대종교를 '유사종교'라는 라벨을 붙여 탄압했던 역사를 떠올리게 하는
이유는 무엇일까? 일각에서 역사학계 전체를 친일사학 또는 매국사학
으로 낙인찍는 우를 안 씨 등도 범하고 있는 것이 아닌지 양식 있는
역사학자들은 걱정하고 있다.

-「통일뉴스」, 2017년 6월 13일, "안정준이 말하는 '진보적' 역사학이란 무엇인가!"

신운용은 「통일뉴스」(2017년 6월 10일)와의 인터뷰를 통해서 "왜 고대사하는 분들이 친일사학, 매국사학 평가를 일반 국민들로부터 받고 있는지 냉정하게 볼 필요가 있다.", "다른 설을 전혀 존재할 수 없게 일종의학문 독재를 했다."고 지적했다. 이와 함께 "오늘날 역사연구의 문제는이미 전문 학자의 문제를 벗어났다. 국민들도 얼마든지 공부할 수 있고판단할 수 있는 문제다. 학자들이 강요할 수 없는 시대가 돼 버렸다."는점을 강조했다. 자신들의 이론을 반대하면 '환빠'로 매도하고, 학문이아니라고 심판하는 강단사학계와 일부 언론은 겸허히 경청해야 할 말이다.

나의 눈으로 역사 바로보기

1. 일제가 정립한 식민사학의 핵심 사항인 한사군 한반도설과 임나일본부설에 대해 학문적 비판을 하는 역사학자와 독립혁명가 후손을 향해 『한겨레21』(2017년, 7회의 연재기사)이 '집착', '사이비역사학', '국뽕'이라는 말을 써가며 비난한 것에 대해 어떻게 생각하나요?

2. 최근 동북아역사재단 문제, 식민사학 논쟁에서는 다른 정치, 사회적인 사안과는 달리 상당수 보수·진보 신문이 연대해서 강단사학자의 편에서 일제의 식민사학을 고발하는 학자들을 비판했는데, 그 원인과 배경이 무엇일까요?

3. 젊은역사학자모임에 속한 위가야는 "학문영역에서 비주류라고 배척되는 일이 있어서는 안 된다. 단 그것이 학문영역에 들어와 있을 때의 이야기다."라고 하면서 식민사학을 비판하는 학자들을 폄훼했는데, 이를 어떻게 바라봐야 할까요?

10장

우리 모두 '시대의 행운아'이자
역사혁명의 주체

강단사학계가 "역사는 학자에게 맡기라"고 거듭 강변하는 이유가 여기에 있다. 지식과 지혜는 집단 전체의 공유물이다. 계급모순과 분단모순, 교육과 언론모순이 뒤엉킨 한국사회는 지금 촛불혁명의 과정에 놓여있다. 조선총독부와 독립혁명가가 총과 칼, 역사에 사투를 벌인 전쟁의 최전선이 지금 어떻게 똑같이 반복되고 있는지 기억하자. 모든 사람은 자기 삶의 주인이고 역사가다. 그런 점에서 우리 모두가 역사의 주체이고, 역사혁명의 주체도 민중이다

촛불혁명의 원천이 된 동학혁명

한용운이 1929년 1월 새해를 맞아 「조선일보」에 쓴 글이다.

현대의 조선청년을 가리켜 불운아라고 말하는 사람이 있다면 그것은
누구냐? 현금의 조선청년의 주위를 싸고도는 모든 환경이 거슬려 부
딪쳐 하나에서 둘까지, 뒤에서 앞까지 모두가 고르지 못한 역경인 전
차로, 그것을 보고서 현대의 조선청년은 불운아라 할지도 모른다. 그러
나 그것을 가리켜 어리석고 근시안적 소견이라 하는 것이다. 그것은
만지풍설滿地風雪, 차고 거친 뜰에서 바야흐로 맑은 향기를 토하려는
매화나무에 아름답고 새로운 생명이 가만히 움직이고 있는 것과 같은
논법이 될 것이다.

현금의 조선청년은 시대적 행운아이다. 바꾸어 말하자면, 현대는 조
선청년에게 행운을 주는 득의의 시대다. 조선청년의 주위는 역경인 까
닭이다. 역경을 깨치고 아름다운 낙원을 자기의 손으로 건설할 만한
기운에 제회際會하였다는 말이다. 조선청년은 자애하라.

– 「조선일보」, 1929년 1월 기사 중에서

한용운은 조선청년이 역경을 깨치고 새로운 세상을 만들어 갈수 있
기 때문에 불운아가 아니라 시대적 행운아라고 했다. 오늘날 청년들이
이 말을 음미했으면 좋겠다.

동학을 창시한 최제우도 그런 의미에서 '시대적 행운아'다. 몰락한 양
반가문의 서자로 태어난 최제우는 아버지가 사망하자 3년 시묘살이 후,

20세에 도를 찾기 위해 집을 나섰다.

"백천만사를 다 해보았으나 한 가지도 성공하지 못하였다."

31세에 집에 돌아온 그가 한 말이다. 만약 그가 일찍이 뭔가를 성취했다면 동학은 늦게 나왔을지도 모른다. 그러나 그는 끝까지 포기하지 않고 간절하게 세계와 삶의 이치를 구했다. 1860년, 마침내 그는 종교적인 체험을 통해 깨달음을 얻었고, 동학을 창도했다. 민중이 주체가 되어 세상을 바꾸려 했던 동학농민혁명은 오늘날 세계적으로 유래 없는 촛불혁명의 원천이 되어 인류역사를 새롭게 쓰고 있다.

역사혁명의 길

2017년 6월 11일, 한 선배가 6·10민주항쟁에 대한 소회를 담은 글을 보내왔다.

6·10항쟁 30주년 행사가 공중파를 타는 게 세상의 바뀜을 말해준다. 나쁘지는 않다. 그러나 뭔가 허전함이 떠나온 고향처럼 마음 한구석에 자리하고 있다. 그 30년 동안 여러 사람들의 많은 노력이 있어왔는데 때리지 않아도 아프고, 욕하지 않아도 슬픈, 바라만 보아도 짠한 민초는 늘어가고 더 궁핍하다.

우리의 구체적인 현실은 아프고 슬픈 민초는 늘어가고 궁핍하다. 2016~2017년 촛불집회 토론회에서 한 중년 여성이 "이 사회에는 많이 배운 사람들이 적지 않은데, 왜 세상이 더 좋아지지 않느냐."는 요지의 발언에 대해 이광일(『황해문화』 편집위원)은 이렇게 답했다.

원래 세상은 힘없는 사람들이 바꾸는 것이지 많이 배운 자들이 바꾸는 것이 아닙니다. 배운 자들은 배웠다는 것을 무기로 권력과 자본에 가까이 다가갈 수 있고 또 권력과 자본은 그것이 필요하기에 그들에 접근하지요. 그렇기에 대부분은 그들의 편에 서게 됩니다. 가난 하고 고통 받는 이들의 옆에 와서 함께 하는 이들이 많지 않은 이유 입니다. 그래도 함께 힘냅시다.

– 『황해문화』, 2017년 봄, 5쪽

어쩌면 촛불혁명은 이제 첫걸음을 내딛은 것일지도 모른다. 적폐청산, 식민청산, 분단청산의 길은 멀고도 험할 것이다. 그 길에는 역사혁명도 포함될 것이다. 역사혁명은 우리의 삶과 생명을 살리는 과정을 동반할 때 사실과 진실에 다가선다. 지식은 우리의 삶과 생명의 일부일 뿐이다. 낮은 곳을 향해 흐르는 물이 바다를 이루고 짙은 어둠이 새벽을 여는 법이다. 경쟁을 강요하며 사색을 가로막는 교육시스템, 그릇된 역사관과 가치관을 반복하는 언론 등이 고된 삶을 떠받쳐왔다. 모든 사람은 자신의 조상과 자신이 삶을 영위하는 공동체가 있다. 그 공동체는 유구한 역사를 통해 슬픔과 기쁨, 절망과 희망, 고통과 분노를 함께 나눠온 나와 우리이다. 슬픔과 고통은 인간이 피할 수 없는 삶의 깊이고 공동체의 핵심이다.

타자의 관점에 선 역사관과 가치관을 이제는 멈춰야 한다. 사실은 역사학의 출발이자 삶의 근간이다. 사실은 감각과 감성, 직관과 통찰, 이성과 과학, 예술과 상상의 시작이다. 모든 것은 구체적인 사실에서 존재하고 시작한다. 우리는 치밀한 집단지성이다. 역사의 객관성은 여기에 있다.

해월 최시형은 "천지즉부모天地卽父母요 부모즉천지父母卽天地니, 천지부모天地父母는 일체야一體也"라고 했다. 이처럼 우리는 천지와 하나다. 티끌 하나에 시방세계十方世界가 있다는 "일미진중一微塵中에 함시방含十方"이라는 말과 통한다. 이 땅에서 살아온 이들의 감정과 통찰, 지성이 우리와 함께한다. 이것이 우리와 이 땅의 역사를 이어 준다. 모두에게 역사는 흐르고 있다. 이 세상의 비틀어진 시스템을 가동하는 이들의 속도전이 이를 가리고 있다.

촛불은 하나만 켜져도 짙은 어둠을 일소한다. 속도전을 멈추고 천천히 우리를 돌아보자.

일제가 창안한 침략이론들은 우리의 역사를 주체성이 없는 것으로 훼손해 우리의 자주성을 통제하고 지배하려는 제국주의 역사학에서 나왔다. 모두 사실과 무관한 허구적인 이데올로기이다. 역사를 독점하고 통제하려는 이들은 단순한 사실과 진실을 복잡하게 꾸미고 자기들 전문가들에게 맡기라고 한다. 대학이 붕괴되었다는 비판은 이제 진부한 말이 되었다. 자본주의 사회에서 최고 권력인 돈에 대학의 인문학이 죽은 지 오래다. 연구주제는 심사라는 절차를 통해 검열된다. 그중에서도 대학의 강단사학계는 가장 부패한 집단으로 지탄받아왔다. 대학에서 다음과 같은 말은 상식이 되었다.

이제 자문해보자. 국가 기관이 돈을 무기로 관리하고 통제하는 대학의 인문학이 인문학일 수 있는가. 나는 대학 내부의 인문학은 이미 그 속성이 변질되고 있다고 생각한다. 나는 오직 국가가 던지는 연구비를 열망하면서 감격하는, 혹은 정당화하는 인문학을 인문학이라 부르지 않는다. 그것은 관학官學이다. 학진과 여타 국가 기관의 연구비에 목을 매는 인문학은 사실상 벌써 관학이 된 것이다. 인문학자 들은 '관변官邊학자' 혹은 '관학자'라는 지목에 펄쩍 뛰며 명예를 훼손당했다고 분노하겠지만, 그럼 그것이 아니면 무엇인가?

- 강명관 지음, 『침묵의 공장』, 천년의 상상, 2013, 26쪽

위의 강명관(부산대학교 교수)의 증언은 광복 후 한국강단사학계가 관과 긴밀하게 공조해 조선사편수회의 이론을 유지해온 과정과 부합한다. 그러면서 강단사학계는 우리의 정체성과 삶을 자기들에게 맡기라고 한다. 우리의 직관, 통찰, 지성, 사상을 자신들이 결정하겠다고 한다. 그렇게 우리의 존귀함을 억압하고 무시한다.

시민들이 역사에 너무 관심 많아서 문제?

강단사학계 입장에 충실한 젊은역사학자모임의 강진원(서울대학교 강사)은 2017년 7월에 국악방송 '진양혜의 책이 좋은 밤'에 출연해서 자신이 참여해 출간한 책, 『한국고대사와 사이비역사학』을 소개했다. 방송 진행자가 여러 가지 문제점들이 있을 텐데 가장 걱정되는 부분이 뭐라

고 생각하느냐고 묻자 그는 이렇게 답했다.

사실은 이거는 좀 사이비 역사하는 분들뿐만이 아니라 저희 사회 전반에 대해서 좀 말씀 드리고 싶은 부분인데 일단은 이게 어떤 전공을 해서 4년을 해야지 학사학위가 나오는 거고 역사라는 것도. 학사 학위 갖고는 요새는 사실은 뭐 어디서 뭐했다고 하기 좀 민망한 상황이잖아요? 그 정돈데 그래도 고 4년이라도 배워야지 어디 가서 이력서에 쓸 수라도 있는 건데. 그러니까 이게 아무나 할 수 있는 건 아니에요. 누구나 할 수 있지만 아무나 할 수 있는 건 아니거든요. 거기다가 조금 우리 시민 사회의 성격이 우리 시민들이 좀 역사에 대해 지나치게 좀 관심이 많으신 게 아닌가라는 생각도 저는 좀 해요. 솔직히 말씀 드리면 전 좀 일반적인 인식하고 좀 달라요.

우리사회 시민들이 역사에 관심을 갖는 상황. 강진원은 물론 젊은역사학자모임과 강단사학계가 가장 걱정하고 두려워하는 부분이 바로 이것이다. 자신들만이 역사를 전유하고자 하는 의도다. 역사학자라면 시민들이 우리 역사에 더욱 관심을 가져달라, 그래야 역사를 제대로 밝혀나갈 수 있다고 말해야한다. 그러나 한국 강단사학계는 이와 정반대의 입장에 서있다. 일제 조선총독부 이래 지금까지 이어진 풍토다. 방송 진행자가 보통 역사에 관심이 너무 없다고들 얘기하지 않느냐, 역사에 관심이 많은 것이 문제면 그 해결책이 뭐냐고 묻자 강진원은 다음과 같이 말했다.

해결책은 일단은 그냥 좀 담담하게 바라봐 주었으면 해요. 그냥 그 응원을 해주시면 되는 거거든요? 어떤 선수가 있으면 슬럼프가 있을 수도 있고 뭐 그럴 수도 있잖아요. 그냥 또 이렇게 바라봐 주면 되는 거예요. 예. 근데 거기에 막 일희일비하고 막 본인이 거기에 막 몰입이 돼가지고 이른바 자기 객관화를 상실해 버리는 거죠. 그렇게 되면서 접근하면 음, 문제가 있지 않나라고 생각합니다.

시민들이 강단사학계를 그저 응원하고 바라봐주면 되는 거라는 주장은 강진원뿐만 아니라 강단사학계의 지배적인 사상이요 역사인식이다. 그들은 자신들만이 역사를 사고하고 역사를 쓸 수 있다는 역사관과 가치관을 확고한 신념으로 갖고 있다. 우리 역사를 주체적인 시각에서 본 백암 박은식, 석주 이상룡, 단재 신채호, 성재 이시영, 위당 정인보 등 독립혁명가의 역사관과 역사학이 아니라 조선총독부의 식민사학을 광복 후에도 70여 년 간 전수해온 강단사학계의 이 같은 사상과 가치관, 역사관을 이제는 바꿔야 한다.

누군가 자의적으로 해석하고 던져준, 그리고 그것을 암기하는 역사가 아니라 나와 우리가 주체가 되는 역사를 찾아 나설 때 우리의 현재와 미래를 바꾸는 한국사 혁명은 시작된다. 강단사학계와 언론 등이 우리에게 주입한 한국사를 더 이상 용인하지 말고 우리의 시각으로 새로이 써 나가야한다. 혁명은 새롭게 보는 눈에서 비롯한다.

지식과 지혜는 집단 전체의 공유물이다. 계급모순과 분단모순, 교육과 언론모순이 뒤엉킨 한국사회는 지금 촛불혁명의 과정에 놓여있다. 조선총독부와 독립혁명가가 총과 칼, 붓을 들고 사투를 벌인 독립운동,

역사전쟁의 최전선이 지금 어떻게 똑같이 반복되고 있는지 기억하자. 모든 사람은 자기 삶의 주인이고 역사가다.

우리의 역사와 전통에서 배우자

그런 점에서 우리 모두가 역사의 주체이고, 역사혁명의 주체도 민중이다. 그렇다면 어떻게 해야 우리 모두가 삶의 주인이 되고, 역사가가 될 것인가. 다른 무엇보다 우리 역사에서 먼저 배울 일이다.

19세기 조선은 안동 김씨 등 특정문벌의 노론일당독재 아래 백성들의 깊은 신음소리가 그칠 날이 없었다. 노론일당독재의 부정부패, 고혈을 쥐어짜는 궁핍, 엄격한 신분차별과 여성차별, 서세동점의 위기 속에서 마침내 민중들이 역사의 주체로 등장한 것이 동학농민혁명이다.

백범 김구(1876~1949) 선생은 "상놈 된 한이 골수에 사무친 나로서는 동학의 평등주의가 더할 수 없이 고마웠고 또 이 씨의 운수가 다했으니 새 나라를 세운다는 말도 해주의 과거장에서 본 바와 같이 정치의 부패함에 실망한 나에게는 적절하게 들리지 않을 수 없었다."며 동학에 입도한 동기를 밝혔다. 수운 최제우(1824~1864) 선생이 광야에 나서자 가슴이 타들어가던 민중들이 마른 나무뿌리가 물을 빨아들이듯이 몰려들었다. 그가 창도한 동학은 우리 역사에서 깊게 흘러온 전통사상을 바탕에 두었기에 멈출 수가 없었다. "하늘과 땅과 사람은 모두 하나의 이기理氣이다. 사람이 곧 하늘 덩이요, 하늘은 만물의 정기이다. 그러므로 사람이 곧 하늘이요, 하늘이 곧 사람이니 사람 밖에 하늘이 없고 하늘 밖에 사람이 없다."는 해월 최시형(1827~1898) 선생의 언명이 이런 역사에서 나왔다.

민중들은 자연과 사물, 마을공동체와 노동을 통해 문자를 넘어선 교육을 몸으로 체득하고 있었다. 이것이 동학이 내세운 '사람을 한울님처럼 공경하라事人如天', '사람이 곧 하늘이다人乃天'라는 사상으로 면면히 이어졌다. 최제우는 "나는 동에서 태어나 동에서 도를 받았으니 도는 비록 천도이나 학인 즉 '동학'"이라고 말했다. 한민족 전통사상에서 '동'은 만물이 소생하는 곳을 말한다. 동학사상의 원류를 『삼국유사』에서 찾아볼 수 있다.

고기古記에 이렇게 기록되어 있다. 옛날에 환인의 서자 환웅이 계셔 천하에 자주 뜻을 두고, 인간 세상을 탐내어 구했다. 아버지는 아들의 뜻을 알고, 삼위 태백산을 내려다보니 인간 세계를 널리 이롭게 할 만 했다. 이에 천부인 세 개를 주어, 내려가서 세상 사람을 다스리게 했다.

하느님인 환인과 환웅은 '인간 세계를 널리 이롭게 하는' 것에 뜻이 있었다. 그의 자손인 단군왕검도 당연히 그런 존재였다. 하늘에서 비롯한 땅과 인간이 삼위일체로 조화와 균형을 이뤘다. 서로가 서로를 낳고 유지하고 사멸하면서 일원적으로 존재한다. 신화는 그 민족의 역사와 문화, 가치관과 세계관을 함축한 역사의 원형이다. 한민족의 공동체정신, 신명과 풍류, 연대성, 주체성, 평등의식, 강한 영성과 종교성 등 한국사의 가장 큰 특징과 맥락이 바로 이런 역사에서 나왔다.

일제가 가장 집중적으로 왜곡하고 말살하려한 것이 우리 역사의 전통과 문화였음은 주지의 사실이다. 조선 말 나라가 위기에 처하자 독립 혁명가들은 앞 다퉈 학교를 세워 우리 역사를 가르치면서 민중을 일깨우려 했고, 일제가 이를 적극 통제한 이유도 여기에서 나왔다.

"요컨대, 조선의 교육은 이치를 캐는 자를 되도록 적게 해야 한다." 조선총독부의 '조선반도사' 편찬요지를 보자.

> 만약 이와 같은 새로운 사서를 편찬하지 않는다면 조선인은 함부로 합병과 관련이 없는 사서, 또는 합병을 저주하는 서적을 읽을 뿐이며, 이리하여 풀이 무성하여 지듯이 몇 해를 지나면 언제나 눈앞에 보던 습성에 젖어 오늘날의 밝은 세상이 합병의 은혜에 기인된다는 것을 망각하고 함부로 구태를 회상하고 도리어 개진의 기력을 상실할 우려가 없다고 할 수 없다. 이와 같이 된다면 어떻게 동화의 목적을 달성할 수 있을 것인가.
>
> – 이도상, 「일제의 역사침략 120년」 경인문화사, 2003, 102쪽

일제가 실시한 교육방침은 우리의 고유한 역사와 문화를 단절시키는 데 초점이 맞춰졌다. 교육의 목적은 이치를 캐는 데에 있다. 인간은 질문하는 존재이고, 질문이 사라질 때 인간은 비인간화의 길로 접어들게 된다. 질문은 주체성의 다른 표현이다. 우주와 자연, 사회와 사물에 대한 끊임없는 사유와 성찰을 통해 인간은 비로소 삶의 의미와 가치를 찾아낸다. 어떤 가치를 추구하느냐에 따라 삶은 비약하고 탄력을 받는다. 유구한 역사를 통해 간단없이 흘러오던 우리민족의 공동체가치를 파괴한 자리에 일제는 경쟁과 불안, 열패감을 내면화하는 교육방침을

수립했다. 문제는 바로 이 시스템이 일제 패망 70여년이 지난 지금도 우리를 짓누르고 있다는 사실이다.

세상은 무한한 반전의 연속

하지만 우리가 절대 잊지 말아야 할 사실이 있다. 어떠한 비합리적 시스템이 우리를 짓누르고, 어떤 외부 세력이 우리 역사를 억눌러도 그 안에는 늘 새로운 혁명의 씨앗이 자라고 있다는 것이다. 120여 년 전 갑오년에 봉건통치체제의 억압과 외세의 침탈에 맞서 일어난 동학혁명이 그 대표적인 예라 할 수 있다. 우리 역사의 결정적인 사건이었다.

1894년에 봉기한 동학농민군은 수개월 간 전라도에서 농민 자치를 실현했다. "탐관오리와 횡포한 부호 무리를 엄징할 것, 노비문서는 불태울 것, 무명잡세는 일체 거두지 말 것, 왜와 간통하는 자는 엄징할 것, 공사채를 막론하고 기왕의 것은 모두 무효로 할 것, 토지는 평균으로 분작하게 할 것" 등이 농민군이 내세운 폐정개혁안이다. 그러나 농민혁명군은 그해 음력 11월에 공주 우금티 전투에서 관군과 일본군 에게 궤멸적인 패배를 당했다. 이 전투에서 1만여 명의 농민군 중 수백 명만이 살아남았다. 우금티 고개와 골짜기에는 농민군의 시체가 산처럼 쌓이고 피가 바다처럼 흘렀다. 이후 전봉준, 김개남, 손화중 등 농민군 지도자들이 연이어 체포되면서 동학농민혁명의 불길은 스러져갔다.

앞서 동학을 창시한 최제우는 그릇된 도리로 세상을 어지럽혔다는 좌도난정左道亂正 죄목으로 1864년에 효수형을 당했다. 최제우는 참형을 앞두고 자신이 추구한 바는 사심이 아니라 천명이니 이후에 반드시 따르는 이들이 있을 것이라고 예언했다. 동학을 40여 년간 이끈 동학 2세 교주 최시형은 1898년에 고등재판소 판사 조병갑에게 사형선고를 받았다. 동학혁명의 도화선이었던 고부군수 그 조병갑이다. 과연 동학혁명의 주역들은 패배자들인가?

님 웨일즈가 기록한 『아리랑』에서 독립혁명가 김산은 이렇게 말했다. "내 전 생애는 실패의 연속이었다. 또한 우리나라의 역사도 실패의 역사였다. 나는 단 하나에 대해서만-내 자신에 대하여-승리 했을 뿐이다. 그렇지만 계속 전진할 수 있다는 자신을 얻는 데는 이 하나의 작은 승리만으로도 충분하다. 다행스럽게도 내가 경험했던 비극과 실패는 나를 파멸시킨 것이 아니라 강하게 만들어주었다." 그의 말처럼 자신에 대해 승리한 자는 실패자가 아니다. 비록 현실에서 실패했을지라도 영원한 패배자는 아니다. 그들은 파멸의 길을 선택하지 않았기 때문이다.

"승리자들만 가득 찬 세상보다 끔찍한 것은 없다. 그나마 삶을 참을 만하게 만드는 것은 패배자들이다." 볼프 슈나이더가 저서 『위대한 패배자』에서 한 말이다. 그는 몇 사람을 제외하고 우리는 모두 패배자라고 했다. 현상의 실패가 패배가 아님을 통찰한 표현이다.

희망은 희망하는 자의 것이다. 새로운 가치와 의미를 만들어내는 사람은 두려움을 극복하고 자신과 세상의 한계에 도전한다. 이것이 어떤 상황에서도 삶을 헤쳐 나가게 하는 가장 강력한 비결이자 역사의 원동력이었고, 모든 인간이 내재한 근원적인 힘이다. 하늘에서 번쩍하고 번개가 치고 폭풍우가 내리듯이, 고요한 파도가 거대한 해일로 변하듯이, 역사는 늘 반전으로 요동쳐왔다. 지금도 저 깊은 수면 아래에서 시퍼런

물결이 솟구치고 있을 것이다.

촛불혁명, 역사혁명의 완성을 위해

민족의 역사는 역동적인 사회적 실체다. 민족과 역사를 누가 어떻게 주도하는가에 따라 그 내용은 달라진다. 인류공동체가 하나의 문화, 하나의 언어, 하나의 사상으로 단일하게 존재할 수도 없지만 그래서도 안 된다. 한국은 민족과 민주, 민중의 새로운 가치를 역동적으로 만들어가고 있다. 역사상 강대국들은 자국의 역사를 중심으로 세계사를 봐왔다. 신채호는 제국주의 침략에 대항하는 민족주의 사관을 정립하고 이후 역사 발전의 원동력으로서 민중을 역사의 주체로 삼았다. 그가 추구한 민중혁명은 단순히 일본에 대항한 폭력이 아니라, 민족사의 진정한 주체는 민족의 대다수를 점하는 민중이고, 이들이 역사를 바로잡는다는 사상이었다.

신채호가 꿈꾼 이상적인 민중혁명을 우리는 어쩌면 2016~2017 촛불광장에서 역사적으로 체험했는지도 모른다. 이 체험이 우리의 역사를 혁명하는 원천으로 움직일 것이다. 촛불혁명, 역사혁명은 이제 시작에 불과할지도 모른다. 적폐의 뿌리가 깊기 때문이다.

1623년 광해군이 폐위되고 난 뒤로 우리나라의 '정치적 지배 블록'은 바뀐 적이 없습니다. 광해군 폐위 뒤 조선은 노론세력이 거의 지배했고, 일제강점기 때까지도 권력의 상층부를 차지했습니다. 여러분도 아시다시피, 일제강점기의 상층부 권력은 해방 뒤 청산이 안 됐습니다.
– 신영복, 「한겨레」, 2011년 7월 15일

상층부 적폐세력의 청산과 역사혁명을 위해서는 나와 우리에 대한 믿음을 회복하고 끝까지 벽을 타고 넘어야 한다. 만해의 말처럼 "조선 청년에게 행운을 주는 득의의 시대"가 되기를 나는 소망한다. 역사혁명이 촛불혁명을 완수하고, 민족의 통일과 인류평화를 일으키는 해일이 되리라고 나는 믿는다.

상상하지 못했던 세계가 계속 펼쳐질 것이다. 우리의 창조적인 힘이 우리를 그 길로 인도할 것이다. 새로운 반전을 시작하자. 한국사혁명은 시작되었다. 여기까지 함께 해오신 여러분께 고개 숙여 깊은 고마움과 경의를 바친다.

나의 눈으로 역사 바로보기

1. 강단사학계는 과연 누구의 입장과 관점에서 우리 역사를 바라본다고 할 수 있나요?

2. 젊은역사학자모임의 강진원(서울대 강사)이 언론 인터뷰에서 "우리 시민들이 좀 역사에 대해 지나치게 좀 관심이 많으신 게 아닌가"라고 말한 것에 대해 어떻게 생각하시나요?

3. 우리 역사를 주체적인 시각에서 본 백암 박은식, 석주 이상룡, 단재 신채호, 성재 이시영, 위당 정인보 등 독립혁명가의 역사관은 왜 한국 역사학계의 주류가 되지 못했을까요?

참고문헌

강준식, 『독도의 진실』, 소담출판사, 2012

국사편찬위원회, 『한국사』, 탐구당, 2003

권주현, 『가야인의 삶과 문화』, 혜안, 2009

김용섭, 『역사의 오솔길을 가면서』, 지식산업사, 2011

김종성, 『조선상고사』, 역사의 아침, 2014.

김태식, 『미완의 문명 7백년 가야사』 1, 푸른 역사, 2002

김현구, 『김현구 교수의 일본 이야기』, 창비, 1996

김현구, 『백제는 일본의 기원인가』, 창비, 2002

김현구, 『임나일본부는 허구인가』, 창비, 2010

김현구, 『식민사학의 카르텔』, 이상, 2017

낙빈기, 『금문신고』 1, 태산 역주, 미래교통, 2011

노태돈, 「역사적 실체로서의 단군」, 『한국사 시민강좌』 27집, 일조각, 2000

노태돈, 「고조선 중심지의 변천에 대한 연구」, 『단군과 고조선사』, 사계절, 2000

노태돈, 『한국고대사』, 경세원, 2014.

노태돈 교수 정년기념논총간행위원회 엮음, 『한국고대사 연구의 시각과 방법』, 2014

단군학회 엮음, 『남북 학자들이 함께 쓴 단군과 고조선 연구』, 지식산업사, 2006

단재 신채호 원저, 박기봉 옮김, 『조선상고사(외)』, 비봉출판사, 2016

동서엽, 『제요도당씨』, 「명호삭원」, 『영인본 고사변』 제7책 하편, 개명서점, 1941

동학학회 편저, 『동학과 전통사상』, 도서출판 모시는사람들, 2005

린 헌트 외, 『역사가 사라져 갈 때』, 김병화 옮김, 산책자, 2013

문성재, 『한사군은 중국에 있었다』, 우리역사연구재단, 2016

문성재, 『한국고대사와 한중일의 역사왜곡』, 우리역사연구재단, 2018

박석홍, 『건국 60주년 한국의 역사학과 역사의식』, 한국학술정보, 2008

박선희, 「평양 낙랑유적 복식유물의 문화성격과 고조선」 『단군학연구』 20, 2009

박선희, 『한국 고대 복식』, 지식산업사, 2002

박유하, 『화해를 위해서』, 뿌리와이파리, 2005, 51쪽

박유하, 『제국의 위안부』, 뿌리와이파리, 2015

배기동 책임편집, 『고고학 발굴과 연구 50년의 성찰』, 주류성, 2011

부사년, 『이하동서설』, 정재서 역주, 우리역사연구재단, 2011

브라이언 M 페이건, 『세계 선사문화의 이해』, 이희준 옮김, 사회평론, 2011

사회과학원, 『평양 일대의 락랑무덤에 대한 연구』, 중심, 2001.

석문이기동교수정년기념 논총간행위원회, 『한국고대사 연구의 현 단계』, 주류성, 2009

손종업 외, 『제국의 변호인 박유하에게 묻다』, 도서출판 말, 2016

송호정, 『단군, 만들어진 신화』, 산처럼, 2004

송호정, 『한국고대사 속의 고조선사』, 푸른 역사, 2003

신채호, 『신채호 역사 논설집』, 정혜렴 엮어 옮김, 현대실학사, 1995

신채호, 『조선상고사』, 박기봉 옮김, 비봉출판사, 2006

안춘배, 「고고학상에서 본 임나일본부」, 『재상륙한 임나일본부설』, 역사관련단체연합 학술대회
　　자료집, 2016

역사교육연구소, 『우리역사교육의 역사』, 휴머니스트, 2015

역사비평편집위원회, 『한국 전근대사의 주요 쟁점』, 역사비평사, 2008

역사비평편찬위원회, 「역사비평」, 114·115호, 역사비평사, 2016

오영찬, 『낙랑군 연구』, 사계절, 2006

윤내현·박선희·하문식, 『고조선의 강역을 밝힌다』, 지식산업사, 2006

윤내현, 『고조선 연구』, 만권당, 2015

윤내현, 『한국 열국사 연구』, 만권당, 2016

윤종영, 『국사 교과서 파동』, 혜안, 1999

이건무, 조현종, 『선사 유물과 유적』, 솔, 2003

이기백 책임편집, 『한국사 시민강좌』, 1집, 일조각, 1987

이기백 책임편집, 『한국사 시민강좌』, 2집, 일조각, 1988

이기백 책임편집, 『한국사 시민강좌』, 27집, 일조각, 2000

이기백, 『한국사신론』, 일조각, 2001

이기백, 『민족과 역사』, 일조각, 1983

이길상, 『세계의 교과서 한국을 말하다』, 푸른숲, 2009

이덕일, 『고조선은 대륙의 지배자였다』, 역사의 아침, 2006

이덕일, 『매국의 역사학, 어디까지 왔나』, 만권당, 2015

이덕일, 『우리 안의 식민사관』, 만권당, 2014

이덕일, 『한국사, 그들이 숨긴 진실』, 역사의 아침, 2009

이도상, 『일제의 역사 침략 120년』, 경인문화사, 2003

이도상, 『고대조선, 끝나지 않은 논쟁』, 들메나무, 2015

이상시, 『단군실사에 관한 실증 연구』, 고려원, 1990

이병도, 『한국고대사연구』, 한국학술정보, 2012

이병도, 『한국고대사회와 그 문화』, 서문당, 1972

이병도, 「패수고」, 『한국고대사회사론고』, 한국학술정보, 2012

이순자, 『일제 강점기 고적조사사업 연구』, 경인문화사, 2009

이영식 외, 『우리 역사를 의심한다』, 서해문집, 2002

이주한, 『위험한 역사 시간』, 인문서원, 2015

이주한, 『노론300년 권력의 비밀』, 역사의아침, 2011

이주한, 『한국사가 죽어야 나라가 산다』, 역사의 아침, 2013.

이주한 외, 『매국의 역사학자, 그들만의 세상』, 만권당, 2017

이태룡, 『우리의 역사, 이것이 진실이다』, 북스타, 2017

이희수 외, 『오류와 편견으로 가득한 세계사 교과서 바로잡기』, 삼인, 2007

일연, 『삼국유사』, 이재호 옮김, 솔, 1997

장병두 구술 및 감수, 박광수 엮음,『맘 놓고 병 좀 고치게 해주세요』, 정신세계사, 2009

전국역사교사모임,『역사, 무엇을 어떻게 가르칠까』, 휴머니스트, 2008

전상운,『우리과학 문화재의 한길에 서서』, 사이언스북스, 2016

전용신,『완역 일본서기』, 일지사, 2000

젊은역사학자모임,『한국 고대사와 사이비 역사학』, 역사비평사, 2017

정태만,『태정관 지령이 밝혀주는 독도의 진실』, 조선뉴스프레스, 2012

정인성 외,『낙랑고고학개론』, 진인지, 2014구복 외 4인 엮음,『역주 삼국사기』 2, 한국정신문화연
      구원, 2002

정현백 외,『글로벌시대에 읽는 한국여성사』, 사람의무늬, 2016

조희승,『가야사연구』, 사회과학출판사, 1994

존 카터 코벨,『한국문화의 뿌리를 찾아』, 김유경 엮어 옮김, 학고재, 1999

주보돈,『임나일본부설, 다시 되살아나는 망령』, 역락, 2012

주희, 유청지 엮음, 윤호창 옮김,『소학』, 홍익출판사, 2007

최몽룡 편저,『21세기의 한국고학I』, 주류성출판사, 2008

최성락,『한국고고학의 새로운 방향』, 주류성, 2013

최재석,『고대한일관계사연구 비판』, 경인문화사, 2010

최재석,『고대한일관계사연구』, 경인문화사, 2010

최재석,『고대한일관계와 일본서기』, 일지사, 2000

최재석,『백제의 대화왜와 일본화 과정』, 일지사, 1990

최재석,『역경의 행운』, 만권당, 2015

최재석,『일본고대사연구비판』, 일지사, 1990

최재석,『일본고대사의 진실』, 경인문화사, 2010

최재석,『일본서기의 사실기사와 왜곡기사』, 집문당, 2012

최재석,『한국 고대사회사 방법론』, 일지사, 1987

최재석,『삼국사기 불신론 비판』, 만권당, 2016

한국고대사학회,『고조선 연구의 새로운 모색』, 2014

한국고대사학회,『한국고대사 연구의 새 동향』, 서경문화사, 2007

한국고대사학회,『우리 시대의 한국 고대사』 1·2, 주류성, 2017

한국고고학회,『일곱 원로에게 듣는 한국고고학 60년』, 사회평론, 2008

한국고고학회 엮음,『한국고고학 강의』, 사회평론, 2010

한국고고학회 편,『국가 형성의 고고학』, 사회평론, 2008

한명기 외,『쟁점 한국사』, 창비, 2017

한국교원대 역사교육과,『아틀라스 한국사』, 사계절, 2010

한국사특강편찬위원회,『한국사특강』, 서울대학교 출판부, 2007

한민족학회 엮음,『한민족』 제3집, 교문사, 1991

한배달 편집부 엮음,『시원문화를 찾아서』, 한배달, 1995

한일역사공동연구위원회,『한일역사공동연구보고서』 1, 2005

홍태한,「서울 부군당의 실존 인물 숭배 양상」,『남도민속연구』 17호, 남도민속학회, 2008

호사카 유지, 『1500년의 역사 독도』, 교보문고, 2017
황순종, 『식민사관의 감춰진 맨얼굴』, 만권당, 2014
황순종, 『임나일본부는 없었다』, 만권당, 2016
황순종, 「패수·열수에 대한 고찰」, 『제4회 고구려 국제학술 세미나』, 고구려역사문화보전회, 2017
황순종, 『매국사학의 18가지 거짓말』, 만권당, 2017
U. M. 부틴, 『고조선』, 이항재·이병두 옮김, 소나무, 1990

이주한의 한국사 혁명

발행일 | 2018년 4월 3일
지은이 | 이주한
펴낸이 | 최진섭
편　집 | 플랜디자인
펴낸곳 | 도서출판 말

출판신고 | 2012년 3월 22일 제2013-000403호
주소 | 서울시 마포구 토정로 222(신수동 448-6) 한국출판콘텐츠센터 316호
전화 | 070-7165-7510
전자우편 | dream4star@hanmail.net
ISBN | 979-11-87342-09-0